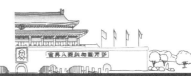

초급

정치시사 中国语

차성만 저

백산출판사

머리말

● 중국 정치의 이해

중국은 현재 경제적 역량이 세계적으로 미국과 견줄 정도로 성장했다. 경제력의 증강에 따라 국제사회에서 중국의 정치적 입지 또한 확대되고 있다. 물론 중국 경제 성장의 배경에는 중국 내부와 외부의 안정적인 정치 환경이 큰 역할을 하고 있다. 때문에 중국의 경제 성장에 발맞춰 중국의 정치 환경을 이해하는 것은 당대 중국의 현황을 파악하는 데 있어 필수 요소가 될 것이다.

중국 정치는 국내분야와 국제분야로 나누어 이해할 수 있다. 국내정치에 있어, 중국은 인민민주독재의 사회주의국가로서 다민족 통일국가라는 특징 하에서 인민대표대회제도와 중국공산당 영도의 다당합작·정치협상제도 및 민족구역자치제도를 실시하고 있으며, 사회의 안정과 통합을 우선시한다. 국제정치에 있어, 중국은 기본적으로 독립자주의 평화외교 정책을 근간으로 평화공존 5항 원칙과 패권반대주의를 추구하며 피압박민족과 개발도상국의 독립쟁취와 경제발전을 지지하면서, 국제 정세의 현상 유지와 중국의 영향력 확대를 중시한다.

1992년 한·중 수교 이후 지금까지 우리나라는 경제분야에서의 성장을 위주로 중국 관계를 개척해 왔다. 양국의 경제 관계가 안정적 상태에 진입하며, 이제는 정치 관계의 성숙을 도모할 때가 되었다. 특히 정치적으로 중국의 국내정치보다는 국제정치가 한반도에 주는 영향력은 매우 중대하다. 경제 성장의 동반자로서 한·중 관계의 안정이 필수적이라면, 한반도의 평화 유지와 통일 달성을 위한 중국의 역할은 절대적이라고 할 수 있다.

이런 한·중 관계의 중요성을 고려하며 중국어를 학습할 때, 실용적 내용으로서의 중국 경제·무역 분야뿐만 아니라, 절대적 요소로서의 중국 정치 분야에 대한 이해가 필요하다. 이미 중국 경제·무역의 이해에 관한 시사중국어는 〈경제시사중국어〉·〈무역시사중국어〉를 펴내어 학습의 기초단계와 진보단계로 제시했고, 이제 그 심화단계로서 정치 관련 시사중국어의 이해를 위해 본서를 펴낸다.

◉ 중국어의 학습 자세

중국어가 어렵다고 사람들은 말한다. 물론 어렵다. 모국어가 아닌데 어찌 쉽겠는가. 하지만 쉽다. 학습 의지가 지속적이고, 학습 방법이 용이하면, 쉬울 수 있다.

먼저 학습 의지는 학습자의 몫이다. 학습자는 중국어 숙달의 목표를 굳게 마음먹어야 한다. 굳게 먹은 마음을 꾸준히 지속해야 한다. 다음으로 학습 방법은 교수자의 몫이다. 교수자는 중국어 숙달을 위한 지식과 정보를 친절히 제공해야 한다. 친절히 제공된 학습 방법이 일반적으로 어렵다는 중국어 숙달을 쉽게 만들어준다.

학습 의지의 견지와 학습 방법의 제공에 의해 중국어 숙달은 쉬워진다. 때문에 중국어 학습 자세는 본인의 의지에 따라 좌우되고, 중국어 학습 효과는 교재의 내용에 의해 결정된다. 교수자의 몫으로 본서의 목표는 시사중국어를 쉽게 설명할 것이다.

◉ 본서의 구성 특징

본서의 대상은 중국어 초급과정을 마친 후 중급과정에 들어선 학습자이다. 본서의 내용은 중국 정치 분야의 일상적 용어를 중심으로 한 시사성 문장에 대한 번역 학습이다. 본서의 목표는 어렵다는 시사중국어를 '문장을 짧게 나누어, 조금씩 설명해서, 쉽게 이해하는 것'이다.

1. **단어 정리** : 각 과마다 모든 단어를 정리하고, 본문에 해당하는 뜻을 새겨놓았다. 비록 앞 과에서 이미 나온 단어라고 해도, 뒤 과에서는 새로이 그 뜻을 정리하여 제시했다. 그러므로 사전 없이도 단어의 의미를 파악하여 본문을 번역할 수 있도록 제공했다.

2. **단문 해설** : 기다란 문단이나 문장이 아니라, 짧은 단문을 번역의 기본으로 삼았다. 또한 단문의 번역은 단문 속의 어법적인 구와 절을 자세히 짧게 나누었고, 여기에 해설을 붙이고 단문 번역의 기초로 삼았다.

3. **문장 번역** : 짧은 단문의 번역을 장문으로 결합하여, 문장의 번역으로 재구성하였다. 앞서 제시한 단문 번역에 추가적으로 장문으로서 갖추어야 할 어법 내용을 덧붙인 의역을 실었다.

4. **읽기 훈련** : 중국어 학습에서 내용의 이해 즉 번역 이외에 또 하나 중요한 점은 머릿속에서 이해한 것을 입 밖으로 말하는 것이다. 중국어 학습의 목표는 중국어를 눈으로 · 귀로 이해하고, 손으로 · 입으로 표현하는 것이다. 우리가 실용적 외국어 학습을 최종 목표로 삼는다면, 눈으로 · 귀로 이해하고 손으로 표현

하는 것을 모두 종합하여 입으로 표현하는 것이 가장 중요한 것이다.

때문에 시사중국어를 학습한다 하더라도, 입 밖으로 소리내어 표현하는 방법을 배우는 것이 중요하다. 본서는 머릿속의 이해뿐만 아니라, 입 밖의 표현도 중시하여 발음을 병기하여 읽기 훈련의 기회를 제공했다.

5. **연습 문제** : 매 과의 뒤에는 본과와 내용적으로 연관된 문장을 제시하여, 본과에서 터득한 번역 요령을 활용할 수 있도록 하고, 그 해답으로 번역을 실었다.

● 본서의 학습 방법

본서의 순서는, 1장 正文은 본문을 제시하고, 2장 生词与解释은 문장, 번역문, 단문, 발음, 단문의 번역, 단어 · 구 · 절의 해설로 구성되고, 3장 번역은 본문을 번역했고, 4장 练习은 연습과 번역문으로 편성되어 있다.

보통 글은 단어 · 구 · 절 · 문장 · 문단 · 글로 구성된다. 본서의 설명 순서는 먼저 단어 · 구 · 절의 뜻을 새기고, 다음으로 이들을 바탕으로 문장을 번역하고, 끝으로 문단의 내용으로 결합되어 있다. 본서는 간편한 번역과 해설을 위해 하나의 문단을 여러 문장으로 나누었다. 하나의 문장은 하나의 마침표를 단위로 나뉘고, 하나의 숫자 번호가 붙여졌다. 예로, 1)이다. 문장은 각각의 단문으로 세분되어 하나의 로마자 번호가 주어졌다. 예로, a)이다.

번역과 해설의 기본 단위는 하나의 단문이다. 단문에는 먼저 발음을 병기하고, 다음으로 단어에 대한 의미 그리고 구와 절에 대한 설명을 구체적으로 하였다. 번역은 직역을 우선으로 하고, 의미의 순조로운 풀이를 위해 문장의 뜻을 새겨서 의역을 첨가했다.

본서의 이해력을 높이기 위한 학습 순서는 첫째 숫자 번호의 문장, 둘째 로마자 번호의 단문, 셋째 단어 · 구 · 절의 뜻, 넷째 단문의 번역, 다섯째 문장의 번역, 여섯째 발음 읽기, 일곱째 본문의 번역을 참고할 수 있고, 마지막에는 연습 문장을 스스로 번역해 보는 것이다.

끝으로, 본서의 집필 과정에서 느낀 빈 · 슬 · 람의 사랑 그리고 본서의 출판을 위해 백산출판사 모든 구성원이 특별히 베풀어주신 배려에 깊은 감사를 드립니다.

2013년 12월

잠실효범재(蚕室晓凡斋)에서

범 례

1) 해설 문장의 구분 방법 :

① 문장 1) 2) 3) 등은 하나의 마침표를 위주로 구분함.

② 어귀 a) b) c) 등은 하나의 개사구 혹은 하나의 서술어를 위주로 구분함.

2) 문장의 뜻 :

문장의 번역은 직역을 위주로 하고, 뜻을 새길 경우에는 의역을 보충으로 함.

3) 기호 :

→는 ① 직역한 뒤에 의역을 뜻함.

② 단어나 어귀의 뜻을 더욱 새겨서 사용함.

( )는 ① 괄호 속의 단어나 어귀가 생략이나 첨가가 가능한 경우 사용함.

② 한자어의 경우에는 그 한자를, 외래어의 경우에는 그 원어를 표시함.

③ 괄호 속의 내용이 단어의 의미를 더욱 구체적으로 설명하는 경우 사용함.

〔 〕는 ① 그중 하나를 선택적으로 사용 가능할 경우를 나타냄.

② 어떤 단어나 어귀를 어법적이나 내용적으로 설명할 경우 사용함.

※는 어떤 단어나 어구를 문법 때문에 번역에서 특별히 해설할 경우에 사용함.

≒는 유사어·비슷한 말을 나타냄.

～는 앞의 단어·어구·문장과 동일함을 표시함.

4) 품사 :

대 대명사	명 명사
수 수사	형 형용사
동 동사	부 부사
개 개사	조 조사
접 접속사	양 양사
접두 접두사	접미 접미사

차 례

제**1**과

中共十八大报告

중국공산당 18대 보고서

1-1 正文 坚定不移沿着中国特色社会主义道路前进，为全面建成小康社会而奋斗

"十八大报告"全称《坚定不移沿着中国特色社会主义道路前进为全面建成小康社会而奋斗》，是胡锦涛同志在2012年11月8日中国共产党第十八次全国代表大会(简称中共十八大)上所进行的演讲。"报告"催人奋进·鼓舞人心，指引了未来五年或更长的中央发展战略，具有重大战略意义。

十年成就经验的科学总结

十八大报告全面审视当今世界和当代中国发展大势，全面把握我国发展新要求和人民群众新期待，深入总结过去五年和十六大以来党领导人民推进改革开放和社会主义现代化建设的生动实践和新鲜经验，从中汲取胜利完成新的历史任务的思想启示和精神力量。当前，我国处于全面建设小康社会关键时期和深化改革开放·加快转变经济发展方式攻坚时期，认真总结历史对于成功开创未来更为关键。十年发展，成就辉煌，中国特色社会主义进入新的发展阶段。成就来之不易，经验弥足珍贵。

十年成就，靠的是党的基本理论·基本路线·基本纲领·基本经验的正确指引，靠的是新中国成立以来特别是改革开放以来奠定的深厚基础，靠的是全党全国各族人民的团结奋斗，最重要靠的是勇于推进实践基础上的理论创新，围绕坚持和发展中国特色社会主义提出一系列紧密相连·相互贯通的新思想·新观点·新论断，形成和贯彻了科学发展观，为推动科学发展·促进社会和谐提供了重要指导方针，有力指导了中国特色

社会主义新的伟大实践。

党的指导思想的与时俱进

中国共产党是十分重视理论指导的党。改革开放以来，我们党在建设中国特色社会主义中所肩负任务的艰巨性和繁重性世所罕见，在改革发展稳定中所面临矛盾和问题的规模和复杂性世所罕见，在前进中所面对的困难和风险世所罕见。这就迫切要求党不断推进马克思主义中国化，实践创新不停滞，理论创新不止步，以党的指导思想与时俱进，推动改革开放和社会主义现代化建设创新发展。

党的十五大的一大历史性贡献，是把邓小平理论确立为党的指导思想；党的十六大的一大历史性贡献，是把"三个代表"重要思想确立为党必须长期坚持的指导思想。十八大报告高度评价科学发展观的重大理论贡献和实践价值，着眼坚持和发展中国特色社会主义的战略全局，明确提出科学发展视同马克思列宁主义·毛泽东思想·邓小平理论·"三个代表"重要思想一道，是党必须长期坚持的指导思想。

* 출처 : http://baike.baidu.com/view/9566565.htm

1-2 生词与解释

1) 坚定不移沿着中国特色社会主义道路前进，为全面建成小康社会而奋斗

jiāndìng bùyí yánzhe zhōngguó tèsè shèhuìzhǔyì dàolù qiánjìn, wèi quánmiàn jiànchéng xiǎokāng shèhuì ér fèndǒu

확고부동하게 중국 특색 사회주의 노선에 따라 전진하고, 소강사회를 전반적으로 건설하기 위해 분투하다

坚定不移(jiāndìng bùyí) : (입장·주장·의지 등이) 확고부동하여 조금도 흔들림이 없다.
→ 확고부동하게.

沿着(yánzhe) : [개] (일정한 노선을) 따라서[끼고].

特色(tèsè) : [명] 특색. 특징. [형] 독특한. 특별한.

社会主义(shèhuìzhǔyì) : [명] 사회주의.

中国特色社会主义(zhōngguó tèsè shèhuìzhǔyì) : 중국적 특색을 구비한 사회주의.
→ 중국 특색 사회주의. 중국적 사회주의.

道路(dàolù) : [명] 도로. 길. (사상·정치·일 등의) 노선. 노정. 경로. 과정.

前进(qiánjìn) : [동] 전진하다. 앞으로 나아가다. 발전하다.

为(wèi) : [개] …하기 위하여. …때문에. …을 위하여 (…을 하다). …에 대해서.

全面(quánmiàn) : [명] 전면. 전반. 전체. [형] 전반적이다. 전면적이다.
→ 전반적으로.

建成(jiànchéng) : [동] 건설하다. 준공하다. 낙성하다. 확립하다.

小康社会(xiǎokāng shèhuì) : [명] 소강(小康)사회. 중류 수준의 사회.

而(ér) : 1.[접] 목적 또는 원인 등을 나타내는 성분을 연결시킴.
2.[접] …(하)고(도). 그리고.
3.[접] …지만. …나. …면서. 그러나.
4.[접] 긍정과 부정으로 서로 보충하는 성분을 연결시킴.

奋斗(fèndǒu) : [명] [동] (일정한 목적을 달성하기 위해) 분투(하다).

2) "十八大报告"全称《坚定不移沿着中国特色社会主义道路前进 为全面建成小康社会而奋斗》，是胡锦涛同志在2012年11月8日中国共产党第十八次全国代表大会(简称中共十八大)上所进行的演讲。

'18대 보고서'의 정식 명칭은 〈확고부동하게 중국 특색 사회주의 노선에 따라 전진하고, 소강 사회를 전반적으로 건설하기 위해 분투하다〉이고, 후진타오 동지가 2012년 11월 8일 중국공산당 제18차 전국대표대회(약칭 중공 18대)에서 행한 연설이다.

a) "十八大报告"全称《坚定不移沿着中国特色社会主义道路前进，为全面建成小康社会而奋斗》，

'shí bā dà bàogào' quánchēng 〈jiāndìng bùyí yánzhe zhōngguó tèsè shèhuìzhǔyì dàolù qiánjìn, wèi quánmiàn jiànchéng xiǎokāng shèhuì ér fèndǒu〉

'18대 보고서'의 정식 명칭은 〈확고부동하게 중국 특색 사회주의 노선에 따라 전진하고, 소강사회를 전반적으로 건설하기 위해 분투하다〉이고,

十八大(shí bā dà) : 中国共产党第十八次全国代表大会(중국공산당 제18차 전국대표대회)의 약칭. 18대. 2012년 11월.

报告(bàogào) : 명 보고. 보고서. 리포트. 동 보고하다. 발표하다. 연설하다.

全称(quánchēng) : 명 (기관·단체 등의) 정식 명칭.

b) 是胡锦涛同志在2012年11月8日中国共产党第十八次全国代表大会(简称中共十八大)上所进行的演讲。

shì hú jǐn tāo tóngzhì zài èr líng yī èr nián shí yī yuè bā rì zhōngguó gòngchǎndǎng dì shí bā cì quánguó dàibiǎo dàhuì (jiǎnchēng zhōnggòng shí bā dà) shang suǒ jìnxíng de yǎnjiǎng

후진타오 동지가 2012년 11월 8일 중국공산당 제18차 전국대표대회(약칭 중공 18대)에서 행한 연설이다.

胡锦涛(hú jǐn tāo) : Hu Jintao, 후진타오. 호금도. 2003년~2013년 3월 중국 국가주석 역임. 2002년~2012년 11월 중국공산당 총서기 역임

同志(tóngzhì) : 명 동지.

在(zài)…上(shang) : …(위)에서. …(위)에.

中国共产党(zhōngguó gòngchǎndǎng) : 중국공산당. 약칭 중공, 중공당.

第十八次全国代表大会(dì shí bā cì quánguó dàibiǎo dàhuì) : 제18차 전국대표대회. 약칭 18대(18大).

简称(jiǎnchēng) : 명 약칭. 동 간단하게 부르다. 약칭하다.

中共(zhōnggòng) : 명 중국공산당의 약칭.

所(suǒ) : 조 한정어(수식어)로 쓰이는 주술구조의 동사 앞에 쓰여, 즉 명사＋所＋동사＋的＋명사의 형태로써, 뒤의 명사를 수식함.

进行(jìnxíng) : 동 진행하다. 전진하다. 행진하다. 종사하다. →(행)하다.

演讲(yǎnjiǎng) : 명 동 강연〔하다〕. 연설〔하다〕. 웅변〔하다〕.

3) "报告"催人奋进·鼓舞人心，指引了未来五年或更长的中央发展战略，具有重大战略意义。

'보고서'는 분발적이고 고무적이며, 미래 5년 혹은 더욱 긴 시간의 당중앙 발전 전략을 인도했고, 중대한 전략적 의미를 지닌다.

a) "报告"催人奋进·鼓舞人心,
'bàogào' cuīrén fènjìn · gǔwǔ rénxīn
'보고서'가 분발적이고 고무적이며,

> 催(cuī) : 통 재촉하다. 독촉하다. 다그치다. 촉진시키다.
> 奋进(fènjìn) : 통 용감하게〔기운을 떨쳐〕 나아가다. 분발하다. 진작하다.
> 催人奋进(cuīrén fènjìn) : 타인을 격려하여 전진〔분발〕하게 하다. → 진취적이다.
> 鼓舞(gǔwǔ) : 통 격려하다. 고무하다. 분발하게 하다. 용기를 북돋우다.
> 鼓舞人心(gǔwǔ rénxīn) : 격려하고 용기를 북돋아 주다. → 고무적이다.

b) 指引了未来五年或更长的中央发展战略,
zhǐyǐn le wèilái wǔ nián huò gèng cháng de zhōngyāng fāzhǎn zhànlüè
미래 5년 혹은 더욱 긴 시간의 당중앙 발전 전략을 인도했고,

> 指引(zhǐyǐn) : 통 인도하다. 지도하다. 안내하다. 이끌다.
> 未来(wèilái) : 명 미래. 미래의. 향후. 형 머지않은. 조만간.
> 更(gèng) : 부 더욱. 더. 훨씬. 다시. 또. 또한.
> 更长 : 더욱 긴 (시간).
> 中央(zhōngyāng) : 명 중공중앙위원회(당중앙)의 약칭.
> 发展(fāzhǎn) : 명 통 발전(하다). 발전〔확대〕시키다. 개발.
> 战略(zhànlüè) : 명 전략. 형 전략적인.

c) 具有重大战略意义。
jùyǒu zhòngdà zhànlüè yìyì
중대한 전략적 의미를 지닌다.

> 具有(jùyǒu) : 통 있다. 가지다. 지니다. 구비하다.
> 重大(zhòngdà) : 형 중대하다. 무겁고 크다.
> 意义(yìyì) : 명 의의. 의미. 뜻.

4) 十年成就经验的科学总结
shí nián chéngjiù jīngyàn de kēxué zǒngjié
10년 성과 경험의 과학적 총결산

> 成就(chéngjiù) : 명 성과. 성취. 업적. 통 성취하다. 이루다.
> 经验(jīngyàn) : 명 경험. 체험. 통 몸소 경험하다. 직접 체험하다.
> 科学(kēxué) : 명 형 과학(적이다).
> 总结(zǒngjié) : 명 총결산. 최종 결론. 총괄. 통 총괄〔총결산·총정리〕하다.

5) 十八大报告全面审视当今世界和当代中国发展大势，全面把握我国发展新要求和人民群众新期待，深入总结过去五年和十六大以来党领导人民推进改革开放和社会主义现代化建设的生动实践和新鲜经验，从中汲取胜利完成新的历史任务的思想启示和精神力量。

18대 보고서는 오늘날 세계와 당대 중국의 발전 대세를 전반적으로 자세히 살펴보고, 우리 나라 발전의 새 요구와 국민 대중의 새 기대를 전반적으로 파악하고, 과거 5년과 16대 이래 당이 국민을 영도하여 개혁개방과 사회주의 현대화 건설을 추진한 생생한 실천과 신선한 경험을 철저히 총결산하여, 새 역사적 임무를 성공적으로 완성한 사상적 계시와 정신적 역량을 그 중에서 흡수했다.

a) 十八大报告全面审视当今世界和当代中国发展大势，

shí bā dà bàogào quánmiàn shěnshì dāngjīn shìjiè hé dāngdài zhōngguó fāzhǎn dàshì

18대 보고서는 오늘날 세계와 당대 중국의 발전 대세를 전반적으로 자세히 살펴보고,

审视(shěnshì) : 동 자세히 살펴보다.
当今(dāngjīn) : 명 지금. 현재. 오늘날. 요즘.
当代(dāngdài) : 명 당대. 그 시대.
大势(dàshì) : 명 대세. 추세.

b) 全面把握我国发展新要求和人民群众新期待，

quánmiàn bǎwò wǒguó fāzhǎn xīn yāoqiú hé rénmín qúnzhòng xīn qīdài

우리 나라 발전의 새 요구와 국민 대중의 새 기대를 전반적으로 파악하고,

把握(bǎwò) : 동 파악하다. 장악하다. 쥐다. 잡다. 명 가망. 믿음. 가능성.
要求(yāoqiú) : 명 동 요구(하다). 요망(하다).
人民(rénmín) : 명 인민. 국민. 국민 대중.
群众(qúnzhòng) : 명 대중. 군중. 민중 비간부. 비당원.
期待(qīdài) : 명 기대. 동 기대하다. 기다리다. 고대하다. 바라다.

c) 深入总结过去五年和十六大以来党领导人民推进改革开放和社会主义现代化建设的生动实践和新鲜经验，

shēnrù zǒngjié guòqù wǔ nián hé shí liù dà yǐlái dǎng lǐngdǎo rénmín tuījìn gǎigé kāifàng hé shèhuìzhǔyì xiàndàihuà jiànshè de shēngdòng shíjiàn hé xīnxiān jīngyàn

과거 5년과 16대 이래 당이 국민을 영도하여 개혁개방과 사회주의 현대화 건설을 추진한 생생한 실천과 신선한 경험을 철저히 총결산하여,

深入(shēnrù) : 혱 깊다. 철저하다. 투철하다. 툉 깊이 들어가다. → 철저히.

过去(guòqù) : 몡 과거. 툉 지나가다. 지나다.

十六大(shí liù dà) : 제16차 전국대표대회. 약칭 16대(16大). 2002년 11월.

以来(yǐlái) : 몡 이래. 동안.

党(dǎng) : 몡 당(중국공산당의 약칭). 정당.

领导(lǐngdǎo) : 툉 지도하다. 영도하다. 몡 영도. 지도, 영도자. 지도자. 리더.

推进(tuījìn) : 툉 추진하다. 추진시키다. 밀고 나아가다. 진격하다.

改革(gǎigé) : 몡 툉 개혁(하다).

开放(kāifàng) : 몡 툉 개방(하다).

现代化(xiàndàihuà) : 몡 현대화.

建设(jiànshè) : 몡 건설. 툉 건설하다. 세우다. 창립하다.

生动(shēngdòng) : 혱 생동감 있다. 생동하다. 생생하다.

实践(shíjiàn) : 몡 툉 실천(하다). 실행(하다). 이행(하다).

新鲜(xīnxiān) : 혱 신선하다. 싱싱하다.

---

d) 从中汲取胜利完成新的历史任务的思想启示和精神力量。

cóngzhōng jíqǔ shènglì wánchéng xīn de lìshǐ rènwu de sīxiǎng qǐshì hé jīngshén lìliang

새 역사적 임무를 성공적으로 완성한 사상적 계시와 정신적 역량을 그 중에서 흡수했다.

※ 본문의 시제 : 본 보고서는 2012년 11월 8일 발표되었고, 2002년부터 2012년까지의 활동을 담고 있어, 그 활동 내용에 대한 일반적인 시제의 표현은 과거형이다.

从中(cóngzhōng) : 뷔 중간에서. 가운데에서.

汲取(jíqǔ) : 툉 흡수하다. 빨아들이다. 끌어내다. 얻다. (물을) 긷다.

胜利(shènglì) : 몡 승리. 툉 승리하다. 이기다. 성공하다. → 성공적으로.

完成(wánchéng) : 툉 완성하다. (예정대로) 끝내다. 완수하다.

历史(lìshǐ) : 몡 역사. 역사적 기록. 과거.

任务(rènwu) : 몡 임무. 책무.

胜利完成新的历史任务 : 새 역사적 임무를 성공적으로 완성하다.

思想(sīxiǎng) : 몡 사상. 의식. 생각. 견해. 마음. 툉 생각하다. 고려하다.

启示(qǐshì) : 몡 계시. 툉 계시하다. 시사하다. 계발하다.

精神(jīngshén) : 몡 정신. 주요 의미. 주지(主旨).

力量(lìliang) : 몡 힘. 능력. 역량. 작용. 효과. 효능. 효력.

---

6) 当前, 我国处于全面建设小康社会关键时期和深化改革开放·加快转变经济发展方式攻坚时期, 认真总结历史对于成功开创未来更为关键。

현재, 우리 나라는 소강사회를 전반적으로 건설하는 관건 시기 및 개혁개방을 심화하고 경제 발전 방식을 빠르게 바꾸는 공격 시기에 처해 있고, 역사를 진지하게 총결산하는 것은 미래를 성공적으로 창업하는 데 있어 더욱 관건이 된다.

a) 当前，我国处于全面建设小康社会关键时期和深化改革开放·加快转
变经济发展方式攻坚时期，

dāngqián, wǒguó chǔyú quánmiàn jiànshè xiǎokāng shèhuì guānjiàn shíqī hé
shēnhuà gǎigé kāifàng · jiākuài zhuǎnbiàn jīngjì fāzhǎn fāngshì gōngjiān shíqī

현재, 우리 나라는 소강사회를 전반적으로 건설하는 관건 시기 및 개혁개방을 심화하고 경
제 발전 방식을 빠르게 바꾸는 공격 시기에 처해 있고,

当前(dāngqián) : 몡 현재. 현 단계. 오늘. 동 직면하다. 눈앞에 닥치다.
处于(chǔyú) : 동 (…에) 처하다. 놓이다.
关键(guānjiàn) : 몡 관건. 열쇠. 키포인트. 톙 매우 중요하다. 관건적이다.
时期(shíqī) : 몡 (특정한) 시기.
全面建设小康社会关键时期 : 소강사회를 전반적으로 건설하는 관건 시기.
深化(shēnhuà) : 동 심화되다. 심화시키다.
加快(jiākuài) : 동 속도를 올리다. 빠르게 하다. → 빠르게.
转变(zhuǎnbiàn) : 몡 동 전변(하다). 변화(하다). 바꾸다. 바뀌다.
方式(fāngshì) : 몡 방식. 방법. 패턴.
攻坚(gōngjiān) : 동 공격하다. 난관을 돌파하다. 돌격하다. → 공격.
深化改革开放·加快转变经济发展方式攻坚时期 : 개혁개방을 심화하고 경제 발전
방식을 빠르게 바꾸는 공격 시기.

b) 认真总结历史对于成功开创未来更为关键。

rènzhēn zǒngjié lìshǐ duìyú chénggōng kāichuàng wèilái gèngwéi guānjiàn

역사를 진지하게 총결산하는 것은 미래를 성공적으로 창업하는 데 있어 더욱 관건이 된다.

认真(rènzhēn) : 톙 진지하다. 착실하다. 진솔하다. 동 정말로 여기다.
对于(duìyú) : 개 …에 대해(서). …에 대하여. → …에 있어(서).
成功(chénggōng) : 몡 동 성공(하다). 이루다. 톙 성공적이다.
开创(kāichuàng) : 동 창립〔창설·창업·창건〕하다. 시작하다. 일으키다. 열다.
更为(gèngwéi) : 뷔 더욱 더. 한층 더. ≒ 更加(gèngjiā).
更为关键 : 더욱 관건이 되다.

7) 十年发展，成就辉煌，中国特色社会主义进入新的发展阶段。

10년의 발전은 성과가 눈부시고, 중국 특색 사회주의는 새 발전 단계로 진입했다.

a) 十年发展，成就辉煌，

shí nián fāzhǎn, chéngjiù huīhuáng

10년 동안 발전했고, 성과는 눈부시다 → 10년의 발전은 성과가 눈부시고,

辉煌(huīhuáng) : 톙 휘황찬란하다. 눈부시다.

⏩ b) 中国特色社会主义进入新的发展阶段。

zhōngguó tèsè shèhuìzhǔyì jìnrù xīn de fāzhǎn jiēduàn

중국 특색 사회주의는 새 발전 단계로 진입했다.

进入(jìnrù) : 통 (어떤 시기·어떤 상태·어떤 범위에) 들다〔진입하다〕.
阶段(jiēduàn) : 명 단계. 계단. 계제. 국면.

8) 成就来之不易，经验弥足珍贵。

chéngjiù láizhībúyì, jīngyàn mízú zhēnguì

성과는 얻기가 쉽지 않고, 경험은 매우 진귀하다.

来之不易(láizhībúyì) : 성공을 거두거나 손에 넣기가 쉽지 않다.
弥足(mízú) : 부 매우. 아주. 대단히. 심히. ≒ 十分(shífēn). 非常(fēicháng).
珍贵(zhēnguì) : 형 진귀하다. 귀중하다. 통 아끼고 사랑하다. 중시하다.

9) 十年成就，靠的是党的基本理论·基本路线·基本纲领·基本经验的正确指引，靠的是新中国成立以来特别是改革开放以来奠定的深厚基础，靠的是全党全国各族人民的团结奋斗，最重要靠的是勇于推进实践基础上的理论创新，围绕坚持和发展中国特色社会主义提出一系列紧密相连·相互贯通的新思想·新观点·新论断，形成和贯彻了科学发展观，为推动科学发展·促进社会和谐提供了重要指导方针，有力指导了中国特色社会主义新的伟大实践。

10년의 성과가, 의지하는 것은 당의 기본 이론·기본 노선·기본 강령·기본 경험의 정확한 인도이고, 의지하는 것은 신중국 수립 이래 특히 개혁개방 이래 다진 견실한 기초이고, 의지하는 것은 전당·전국·각 민족 국민의 단결 분투이고, 가장 중요하게 의지하는 것은 실천에 기초를 둔 이론의 혁신을 용감하게 추진한 것이고, 중국 특색 사회주의의 견지와 발전을 중심에 놓고 일련의 긴밀히 연결되고 상호 관통하는 새 사상·새 관점·새 판단을 제시하며, 과학발전관을 형성하고 관철시켰고, 과학 발전을 추진하고 사회 조화를 촉진하기 위해 중요한 지도 방침을 제공했고, 중국 특색 사회주의의 새 위대한 실천을 힘있게 지도했다.

⏩ a) 十年成就，靠的是党的基本理论·基本路线·基本纲领·基本经验的正确指引，

shí nián chéngjiù, kào de shì dǎng de jīběn lǐlùn·jīběn lùxiàn·jīběn gānglǐng·jīběn jīngyàn de zhèngquè zhǐyǐn

10년의 성과가, 의지하는 것은 당의 기본 이론·기본 노선·기본 강령·기본 경험의 정확한 인도이고,

靠(kào) : 동 기대다. 의지하다. 기대어 두다. 접근하다. 다가서다. 닿다.
基本(jīběn) : 형 기본의. 기본적인. 중요한. 부 대체로. 거의. 기본적으로.
理论(lǐlùn) : 명 이론. 동 논쟁하다. 따지다.
路线(lùxiàn) : 명 노선. 원칙. 방침. 방법. 연줄. 연고. 친분. 처세의 길.
纲领(gānglǐng) : 명 강령. 대강(大纲). 지도 원칙.
正确(zhèngquè) : 형 정확하다. 올바르다.

b) 靠的是新中国成立以来特别是改革开放以来奠定的深厚基础,
kào de shì xīn zhōngguó chénglì yǐlái tèbié shì gǎigé kāifàng yǐlái diàndìng de
shēnhòu jīchǔ
의지하는 것은 신중국 수립 이래 특히 개혁개방 이래 다진 견실한 기초이고,

成立(chénglì) : 동 창립하다. 설립하다. 수립하다. 성립되다. 근거가 있다.
特别(tèbié) : 부 특히. 더욱. 아주. 유달리. 각별히. 형 특별하다. 특이하다.
奠定(diàndìng) : 동 다지다. 닦다. 안정시키다.
深厚(shēnhòu) : 형 (기초가) 견실하다. 튼튼하다. 두껍다. (감정이) 깊다.
基础(jīchǔ) : 명 기초. 바탕. 밑바탕. 기틀. 토대. 기반. 하부 구조, 경제 토대.

c) 靠的是全党全国各族人民的团结奋斗,
kào de shì quándǎng quánguó gèzú rénmín de tuánjié fèndǒu
의지하는 것은 전당 · 전국 · 각 민족 국민의 단결 분투이고,

全党(quándǎng) : 명 전당. 당 전체.
全国(quánguó) : 명 전국. 나라 전체.
各(gè) : 대 각. 여러. 갖가지. 여러 가지. 부 각자. 각기. 각각. 저마다.
族(zú) : 명 민족. 부족. 가족. 족.
团结(tuánjié) : 동 단결〔단합〕하다. 뭉치다. 형 화목하다. 우호적이다.

d) 最重要靠的是勇于推进实践基础上的理论创新,
zuì zhòngyào kào de shì yǒngyú tuījìn shíjiàn jīchǔ shang de lǐlùn chuàngxīn
가장 중요하게 의지하는 것은 실천에 기초를 둔 이론의 혁신을 용감하게 추진한 것이고,

最(zuì) : 부 가장. 제일. 아주. 매우. 명 최고. 으뜸.
重要(zhòngyào) : 형 중요하다. → 중요하게.
勇于(yǒngyú) : 동 용감하게〔과감하게, 뱃심 좋게, 겁내지 않고〕 …하다.
勇于推进 : 용감하게 추진하다.
创新(chuàngxīn) : 명 혁신. 창의(성). 창조(성). 동 새로 창조하다.
实践基础上的理论创新 : 실천 기초 위의 이론 혁신. → 실천에 기초를 둔 이론의 혁신.

e) 围绕坚持和发展中国特色社会主义提出一系列紧密相连·相互贯通的
新思想·新观点·新论断,

wéirào jiānchí hé fāzhǎn zhōngguó tèsè shèhuìzhǔyì tíchū yíxìliè jǐnmì xiānglián·
xiānghù guàntōng de xīn sīxiǎng·xīn guāndiǎn·xīn lùnduàn

중국 특색 사회주의의 견지와 발전을 중심에 놓고 일련의 긴밀히 연결되고 상호 관통하는
새 사상·새 관점·새 판단을 제시하며,

围绕(wéirào): 통 (문제나 일을) 둘러싸다. …을 중심에 놓다. 주위를 돌다.
坚持(jiānchí): 통 견지하다. 굳건히 유지하다. 단호히 지키다. 고수하다.
坚持和发展中国特色社会主义 : 중국 특색 사회주의를 견지하고 발전시키다.
　　　　　　　　　　　　　　　　→ 중국 특색 사회주의의 견지와 발전.
提出(tíchū): 통 제시하다. 제출하다. 제의하다. 신청하다. 제기하다.
一系列(yíxìliè): 형 일련의. 연속의.
紧密(jǐnmì): 형 긴밀하다. 굳다. 밀접하다. 끊임없다. 잦다. → 긴밀히.
相连(xiānglián): 통 연결되다. 연속되다. 연접되다. 이어지다.
相互(xiānghù): 부 상호(간에). 서로(간에). 피차(간에).
贯通(guàntōng): 통 관통하다. 연결되다. 통하다. 잇다. 통달하다.
观点(guāndiǎn): 명 관점. 견지. 견해.
论断(lùnduàn): 명 판단. 단정. 평가. 통 단정하다. 판단(단정)을 내리다.

f) 形成和贯彻了科学发展观,

xíngchéng hé guànchè le kēxué fāzhǎnguān

과학발전관을 형성하고 관철시켰고,

形成(xíngchéng): 통 형성하다(되다). 이루(어지)다. 구성하다.
贯彻(guànchè): 통 관철시키다. 철저하게 실현하다.
发展观(fāzhǎnguān): 명 발전관.

g) 为推动科学发展·促进社会和谐提供了重要指导方针,

wèi tuīdòng kēxué fāzhǎn·cùjìn shèhuì héxié tígōng le zhòngyào zhǐdǎo fāngzhēn

과학 발전을 추진하고 사회 조화를 촉진하기 위해 중요한 지도 방침을 제공했고,

推动(tuīdòng): 통 추진하다. 나아가게 하다. 촉진하다. 조장하다.
促进(cùjìn): 통 촉진시키다. 촉진하다. 재촉하다. 독촉하다.
社会(shèhuì): 명 사회.
和谐(héxié): 형 잘 어울리다. 조화롭다. 잘 맞다. → 조화. 어울림.
提供(tígōng): 통 제공하다. 공급하다. 내놓다.
指导(zhǐdǎo): 통 지도하다. 이끌어 주다.
方针(fāngzhēn): 명 방침.

h) 有力指导了中国特色社会主义新的伟大实践。

yǒulì zhǐdǎo le zhōngguó tèsè shèhuìzhǔyì xīn de wěidà shíjiàn

중국 특색 사회주의의 새 위대한 실천을 힘있게 지도했다.

有力(yǒulì)：혱 힘이 있다. 힘이 세다. → 힘있게.

伟大(wěidà)：혱 위대하다.

10) 党的指导思想的与时俱进

dǎng de zhǐdǎo sīxiǎng de yǔshíjùjìn

당 지도사상의 동시대성

与时俱进(yǔshíjùjìn)：시대와 함께 전진하다〔나아가다〕. → 동시대성(同时代性).

11) 中国共产党是十分重视理论指导的党。

zhōngguó gòngchǎndǎng shì shífēn zhòngshì lǐlùn zhǐdǎo de dǎng

중국공산당은 이론 지도를 매우 중시하는 정당이다.

十分(shífēn)：뮈 매우. 아주. 대단히. 충분히.

重视(zhòngshì)：동 중시하다. 중요시하다.

12) 改革开放以来，我们党在建设中国特色社会主义中所肩负任务的艰巨性和繁重性世所罕见，在改革发展稳定中所面临矛盾和问题的规模和复杂性世所罕见，在前进中所面对的困难和风险世所罕见。

개혁개방 이래로, 우리 당이 중국 특색 사회주의를 건설하는 중에서 맡고 있는 임무의 막중함과 번잡함은 세상에서 보기 힘들고, 개혁 발전의 안정 속에서 직면한 모순과 문제의 규모와 복잡성은 세상에서 보기 힘들고, 전진 중에서 직면한 곤란과 위험은 세상에서 보기 힘든 것이다.

a) 改革开放以来，

gǎigé kāifàng yǐlái,

개혁개방 이래로,

b) 我们党在建设中国特色社会主义中所肩负任务的艰巨性和繁重性世所罕见,

wǒmén dǎng zài jiànshè zhōngguó tèsè shèhuìzhǔyì zhong suǒ jiānfù rènwu de jiānjùxìng hé fánzhòngxìng shìsuǒhǎnjiàn

우리 당이 중국 특색 사회주의를 건설하는 중에 맡고 있는 임무의 막중함과 번잡함은 세상에서 보기 힘들고,

在(zài)···中(zhong) : ···(중)에서. ···(중)에.

肩负(jiānfù) : 동 맡다. 짊어지다.

艰巨(jiānjù) : 형 어렵고 힘들다. 어렵고도 무겁다. 막중하다.

性(xìng) : 1.접미 성. 〔명사·형용사·동사 뒤에 쓰여, 사물의 성질·성능·범위·방식 등을 나타냄〕
　　　　　2.명 본성. 성별. 성질. 성격. 특징. 성.

艰巨性(jiānjùxìng) : 막중함.

繁重(fánzhòng) : 형 (임무나 업무가) 번잡하고 무겁다. 힘들다. 고생스럽다.

繁重性(fánzhòngxing) : 번잡함.

世所罕见(shìsuǒhǎnjiàn) : 세상에서 보기 힘들다.

罕见(hǎnjiàn) : 형 보기 드물다. 희한하다.

c) 在改革发展稳定中所面临矛盾和问题的规模和复杂性世所罕见,

zài gǎigé fāzhǎn wěndìng zhōng suǒ miànlín máodùn hé wèntí de guīmó hé fùzáxing shìsuǒhǎnjiàn

개혁 발전의 안정 속에서 직면한 모순과 문제의 규모와 복잡성은 세상에서 보기 힘들고,

稳定(wěndìng) : 형 안정되다. 안정적이다. 동 진정시키다. → 안정.

面临(miànlín) : 동 (문제·상황에) 직면하다. 당면하다. 앞에 놓여 있다.

矛盾(máodùn) : 명 모순. 갈등. 대립. 배타. 불화. 반목. 형 모순적이다.

问题(wèntí) : 명 문제. 숙제. 고장.

规模(guīmó) : 명 규모. 형태. 범위. 영역.

复杂(fùzá) : 형 복잡하다.

d) 在前进中所面对的困难和风险世所罕见。

zài qiánjìn zhong suǒ miànduì de kùnnan hé fēngxiǎn shìsuǒhǎnjiàn

전진 중에서 직면한 곤란과 위험은 세상에서 보기 힘들다.

面对(miànduì) : 동 마주 보다. 마주 대하다. 직면하다. 직접 대면하다.

困难(kùnnan) : 명 곤란. 어려움. 애로. 빈곤. 형 곤란하다. 어렵다. 빈곤하다.

风险(fēngxiǎn) : 명 위험(성). 모험.

13) 这就迫切要求党不断推进马克思主义中国化，实践创新不停滞，理论创新不止步，以党的指导思想与时俱进，推动改革开放和社会主义现代化建设创新发展。

당이 맑스주의 중국화를 부단히 추진하고, 실천의 혁신이 정체되지 않고, 이론의 혁신이 멈추지 않고, 당의 지도사상에 따라 시대와 함께 전진하고, 개혁개방과 사회주의 현대화 건설의 혁신적 발전을 추진하는 것을, 이것은 바로 간절히 요구한다.

a) 这就迫切要求

zhè jiù pòqiē yāoqiú

우리 당은 ……을 바로 간절히 요구한다

这 : 이것. → (우리 당이 직면한 상황들)

迫切(pòqiē) : 혱 절박하다. 긴박하다. 절실하다. 간절히 …하고 싶어하다.

b) 党不断推进马克思主义中国化，

dǎng búduàn tuījìn mǎkèsīzhǔyì zhōngguóhuà

당이 맑스주의 중국화를 부단히 추진하고,

不断(búduàn) : 뷰 계속해서. 부단히. 끊임없이. 동 끊임없다.

马克思主义(mǎkèsīzhǔyì) : 몡 맑스주의. 마르크스주의.

中国化(zhōngguóhuà) : 몡 중국화.

c) 实践创新不停滞，

shíjiàn chuàngxīn bù tíngzhì

실천의 혁신이 정체되지 않고,

停滞(tíngzhì) : 동 정체되다. 막히다. 침체하다.

d) 理论创新不止步，

lǐlùn chuàngxīn bù zhǐbù

이론의 혁신이 멈추지 않고,

止步(zhǐbù) : 동 걸음을 멈추다. 통행을 금지하다.

e) 以党的指导思想与时俱进，

yǐ dǎng de zhǐdǎo sīxiǎng yǔshíjùjìn

당의 지도사상에 따라 시대와 함께 전진하고,

以(yǐ) : 1.깨 …에 의해. …에 따라. …에 근거하여.

2.깨 …(으)로(써). …을 가지고. …을 근거로.

3.개 …에게 …을 주다.
4.개 …때문에. …까닭에. …로 인하여.

f) 推动改革开放和社会主义现代化建设创新发展。
tuīdòng gǎigé kāifàng hé shèhuìzhǔyì xiàndàihuà jiànshè chuàngxīn fāzhǎn
개혁개방과 사회주의 현대화 건설의 혁신적 발전을 추진하다.

14) 党的十五大的一大历史性贡献，是把邓小平理论确立为党的指导思想；
dǎng de shí wǔ dà de yídà lìshǐxìng gòngxiàn, shì bǎ dèng xiǎo píng lǐlùn quèlì wéi dǎng de zhǐdǎo sīxiǎng
당 15대의 아주 큰 역사적 공헌은, 등소평이론을 당의 지도사상으로 확립한 것이고,

十五大(shí wǔ dà) : 제15차 전국대표대회. 약칭 15대(15大). 1997년 9월.
一大(yídà) : 아주 큰. 아주 굉장한. 일대(一大).
贡献(gòngxiàn) : 통 공헌하다. 기여하다. 헌납하다. → 공헌.
把(bǎ) : 개 …을. …으로. …을 가지고.
邓小平理论(dèng xiǎo píng lǐlùn) : 등소평이론, 떵샤오핑이론.
　　1980년대 이후 중국 특색의 사회주의 현대화를 건설하는 과정 중에 확립된 등소평의
　　통치이론.
邓小平(dèng xiǎo píng) : Deng Xiaoping, 떵샤오핑, 등소평.
　　1980년 이후 중국의 최고 권력자. 1904년 8월~1997년 2월.
确立(quèlì) : 통 확립하다. 확고하게 세우다. 수립하다.
为(wéi) : 통 …(으)로 변하다. …이 되다.

15) 党的十六大的一大历史性贡献，是把"三个代表"重要思想确立为党必须长期坚持的指导思想。
dǎng de shí liù dà de yí dà lìshǐxìng gòngxiàn, shì bǎ 'sān ge dàibiǎo' zhòngyào sīxiǎng quèlì wéi dǎng bìxū chángqī jiānchí de zhǐdǎo sīxiǎng
당 16대의 아주 큰 역사적 공헌은, '3개 대표' 중요사상을 당이 반드시 장기적으로 견지해야 하는 지도사상으로 확립한 것이다.

三个代表重要思想(sān ge dàibiǎo zhòngyào sīxiǎng) : 3개 대표 중요사상.
　　江泽民이 2000년 2월 제시한 중국공산당의 지도사상.
　　①中国共产党要始终代表中国先进生产力的发展要求.
　　　　중국공산당은 중국의 선진 생산력의 발전 요구를 시종 대표해야 한다.
　　②中国共产党要始终代表中国先进文化的前进方向.
　　　　중국공산당은 중국의 선진 문화의 전진 방향을 시종 대표해야 한다.

③中国共产党要始终代表中国最广大人民的根本利益.
　　중국공산당은 중국의 가장 많은 인민의 근본 이익을 시종 대표해야 한다.
必须(bìxū)：튀 반드시〔꼭, 기필코〕(…해야 한다).
长期(chángqī)：명 장시간. 장기간.

16) 十八大报告高度评价科学发展观的重大理论贡献和实践价值，着眼坚持和发展中国特色社会主义的战略全局，明确提出科学发展视同马克思列宁主义·毛泽东思想·邓小平理论·"三个代表"重要思想一道，是党必须长期坚持的指导思想。

18대 보고서는 과학발전관의 중대한 이론적 공헌과 실천적 가치를 높게 평가하고, 중국 특색 사회주의를 견지하고 발전시키는 전략적 대세에 착안하여, 과학 발전을 맑스레닌주의·모택동사상·등소평이론·'3개 대표' 중요사상으로 같이 여기며, 당이 반드시 장기적으로 견지하는 지도사상이라고 명확히 제시했다.

a) 十八大报告高度评价科学发展观的重大理论贡献和实践价值，
shí bā dà bàogào gāodù píngjià kēxué fāzhǎnguān de zhòngdà lǐlùn gòngxiàn hé shíjiàn jiàzhí
18대 보고서는 과학발전관의 중대한 이론적 공헌과 실천적 가치를 높게 평가하고,

高度(gāodù)：형 정도가 매우 높다. 명 고도. 높이. →높게.
评价(píngjià)：명 동 평가(하다).
价值(jiàzhí)：명 가치. 값어치. 값. 가격.

b) 着眼坚持和发展中国特色社会主义的战略全局，
zhuóyǎn jiānchí hé fāzhǎn zhōngguó tèsè shèhuìzhǔyì de zhànlüè quánjú
중국 특색 사회주의를 견지하고 발전시키는 전략적 대세에 착안하여,

着眼(zhuóyǎn)：동 고려하다. 관찰하다. 착안하다. 주의해서 보다.
全局(quánjú)：명 전체 국면. 대세. 전체적인 판국.

c) 明确提出科学发展视同马克思列宁主义·毛泽东思想·邓小平理论·"三个代表"重要思想一道，是党必须长期坚持的指导思想。
míngquè tíchū kēxué fāzhǎn shìtóng mǎkèsī lièníng zhǔyì·máozédōng sīxiǎng·dèngxiǎopíng lǐlùn·'sān ge dàibiǎo' zhòngyào sīxiǎng yídào, shì dǎng bìxū chángqī jiānchí de zhǐdǎo sīxiǎng.
과학 발전을 맑스레닌주의·모택동사상·등소평이론·'3개 대표' 중요사상으로 같이 여기며, 당이 반드시 장기적으로 견지하는 지도사상이라고 명확히 제시했다.

明确(míngquè) : 형 동 명확[확실]하(게 하)다. 확실하다. → 명확하게.

视同(shìtóng) : 동 (…로) 여기다. …처럼 보다. 간주하다.

马克思列宁主义(mǎkèsī lièníng zhǔyì) : 명 맑스레닌주의. 맑스주의와 레닌주의.

毛泽东思想(máozédōng sīxiǎng) : 명 모택동사상.

一道(yídào) : 부 같이. 함께.

1-3 번 역 확고부동하게 중국 특색 사회주의 노선에 따라 전진하고, 소강사회를 전반적으로 건설하기 위해 분투하다

'18대 보고서'의 정식 명칭은 〈확고부동하게 중국 특색 사회주의 노선에 따라 전진하고, 소강사회를 전반적으로 건설하기 위해 분투하다〉이고, 후진타오 동지가 2012년 11월 8일 중국공산당 제18차 전국대표대회(약칭 중공 18대)에서 행한 연설이다. '보고서'는 진취적이고 고무적이며, 미래 5년 혹은 더욱 긴 시간의 당중앙 발전 전략을 인도했고, 중대한 전략적 의미를 지닌다.

10년 성과 경험의 과학적 총결산

18대 보고서는 오늘날 세계와 당대 중국의 발전 대세를 전반적으로 자세히 살펴보고, 우리 나라 발전의 새 요구와 국민 대중의 새 기대를 전반적으로 파악하고, 과거 5년과 16대 이래 당이 국민을 영도하여 개혁개방과 사회주의 현대화 건설을 추진한 생생한 실천과 신선한 경험을 철저히 총결산하여, 새 역사적 임무를 성공적으로 완성한 사상적 계시와 정신적 역량을 그 중에서 흡수했다. 현재, 우리 나라는 소강사회를 전반적으로 건설하는 관건 시기 및 개혁개방을 심화하고 경제 발전 방식을 빠르게 바꾸는 공격 시기에 처해 있고, 역사를 진지하게 총결산하는 것은 미래를 성공적으로 창업하는 데 있어 더욱 관건이 된다. 10년의 발전은 성과가 눈부시고, 중국 특색 사회주의는 새 발전 단계로 진입했다. 성과는 얻기가 쉽지 않고, 경험은 매우 진귀하다.

10년의 성과가 의지하는 것은 당의 기본 이론·기본 노선·기본 강령·기본 경험의 정확한 인도이고, 의지하는 것은 신중국 수립 이래 특히 개혁개방 이래 다진 견실한 기초이고, 의지하는 것은 전당·전국·각 민족 국민의 단결 분투이고, 가장 중요하게 의지하는 것은 실천에 기초를 둔 이론의 혁신을 용감하게 추진한 것이고, 중국 특색 사회주의의 견지와 발전을 중심에 놓고 일련의 긴밀히 연결되고 상호 관통하는 새 사상·새 관점·새 판단을 제시하며, 과학발전관을 형성하고 관철시켰고, 과학 발전을 추진하고 사회 조화를 촉진하기 위해 중요한 지도 방침을 제공했고, 중국 특색 사회주의의 새 위대한 실천을 힘있게 지도했다.

당 지도사상의 동시대성

중국공산당은 이론 지도를 매우 중시하는 정당이다. 개혁개방 이래로, 우리 당이 중국 특색 사회주의를 건설하는 중에서 맡고 있는 임무의 막중함과 번잡함은 세상에서 보기 힘들고, 개혁 발전의 안정 속에서 직면한 모순과 문제의 규모와 복잡성은 세상에서 보기 힘들고, 전진 중에서 직면한 곤란과 위험은 세상에서 보기 힘든 것이다. 당이 맑스주의 중국화를 부단히 추진하고, 실천의 혁신이 정체되지 않고, 이론의 혁신이 멈추지 않고, 당의 지도사상에 따라 시대와 함께 전진하고, 개혁개방과 사회주의 현대화 건설의 혁신적 발전을 추진하는 것을, 이것은 바로 간절히 요구한다.

당 15대의 아주 큰 역사적 공헌은, 등소평이론을 당의 지도사상으로 확립한 것이고, 당 16대의 아주 큰 역사적 공헌은, '3개 대표' 중요사상을 당이 반드시 장기적으로 견지해야 하는 지도사상으로 확립한 것이다. 18대 보고서는 과학발전관의 중대한 이론적 공헌과 실천적 가치를 높게 평가하고, 중국 특색 사회주의를 견지하고 발전시키는 전략적 대세에 착안하여, 과학 발전을 맑스레닌주의 · 모택동사상 · 등소평이론 · '3개 대표' 중요사상으로 같이 여기며, 당이 반드시 장기적으로 견지하는 지도사상이라고 명확히 제시했다.

1-4 练习

中共部署十八大代表选举，确定代表名额为2270名。

党的十七届六中全会作出决定，党的十八大于2012年下半年在北京召开。最近，中共中央印发了«关于党的十八大代表选举工作的通知»，对党的十八大代表选举工作作出全面部署。中央组织部近日召开专门会议，安排部署党的十八大代表选举有关工作。

党的十八大是我们党在全面建设小康社会的关键时期和深化改革开放·加快转变经济发展方式的攻坚时期召开的一次十分重要的会议，是全党全国各族人民政治生活中的一件大事，对于我们党团结带领全国各族人民继续全面建设小康社会·加快推进社会主义现代化·开创中国特色社会主义事业新局面具有重大而深远的意义。中央政治局最近研究了党的十八大代表选举工作，提出了十八大代表选举工作任务，并要求做好这一重要工作，为开好党的十八大奠定基础。

中央确定，党的十八大代表名额共2270名，由全国40个选举单位选举产生。中央提出，党的十八大代表应是共产党员中的优秀分子，在坚持先进性的同时应具有广泛的代表性。要有经济·科技·国防·政法·教育·宣传·文化·卫生·体育和社会管理等各方面的代表。代表中，既要有各级党员领导干部，又要有生产和工作第一线的党员。适当增加生产和工作第一线代表名额，注意推荐工人党员·农民党员和专业技术人员党员中的先进模范人物作为代表人选；女党员代表所占比例应有所提高，少数民族党员代表应占一定比例。

* 출처: 新华网-2011年11月01日
http://politics.people.com.cn/GB/70731/16100337.html

단어 정리

- 部署(bùshǔ) : 명 동 배치(하다). 안배(하다).
- 名额(míngé) : 명 정원. 인원 수.
- 届(jiè) : 양 회(回). 기(期). 차(次). 동 (예정된 때에) 이르다. 다다르다.
- 中全会(zhōngquánhuì) : 중국공산당 중앙위원회 전체회의. 약칭은 중전회.
- 十七届六中全会 : 17기 6중전회.
- 作出(zuòchū) : …을 하다.   作出决定 : 결정을 하다.
- 下半年(xiàbànnián) : (일년의) 하반기.
- 召开(zhàokāi) : 동 (회의를) 열다. 개최하다. 소집하다.
- 印发(yìnfā) : 동 인쇄 발행〔배포〕하다.
- 工作(gōngzuò) : 명 동 업무. 근무. 작업〔하다〕. 일〔하다〕. 노동〔하다〕. 직업.
- 通知(tōngzhī) : 명 통지. 통지서. 통고서. 동 통지하다. 알리다.
- 中央组织部(zhōngyāngzǔzhībù) : 중국공산당 중앙위원회 조직부.
       약칭은 중공중앙조직부 혹 중조부(中组部).
- 近日(jìnrì) : 명 요 며칠〔사이〕. 근일. 근래. 최근.
- 专门(zhuānmén) : 형 전문적이다. 부 전문적으로. 오로지. 특별히. 일부러.
- 专门会议(zhuānmén huìyì) : 전문회의. 분과회의.
- 专门委员会(zhuānmén wěiyuánhuì) : 분과위원회.
- 安排(ānpái) : 명 동 안배(하다). 마련하다. 준비하다. 꾸리다.
- 按排部署 : 배치하다. 안배하다.
- 全面建设小康社会 소강사회를 전반적으로 건설하다
- 带领(dàilǐng) : 동 인솔하다. 이끌다. 인도하다. 거느리다. 데리다. 안내하다.
- 深远(shēnyuǎn) : 형 (의의나 영향 등이) 심원하다. 깊고 크다.
- 中央政治局(zhōngyāngzhèngzhìjú) : 중국공산당 중앙정치국. 약칭은 중앙정치국.
- 做好(zuòhǎo) : 잘 (완성)하다.
- 开好(kāihǎo) : 잘 열다. 잘 개최하다.
- 开好党的十八大 : 당의 18대를 잘 개최하다. → 당의 18대의 양호한 개최.
- 为开好党的十八大奠定基础 : 당의 18대의 양호한 개최를 위해 기초를 닦다.
- 单位(dānwèi) : 명 직장. 기관. 단체. 회사. 부처. 부서. 부문. 단위.
- 产生(chǎnshēng) : 동 생기다. 발생하다. 나타나다. 출현하다. → 탄생하다.
- 优秀(yōuxiù) : 형 아주 뛰어나다. 우수하다.
- 分子(fēnzǐ) : 명 (전체를 구성하는 개체, 혹 어떤 특징을 지닌) 사람. 분자. 인(人).
- 优秀分子(yōuxiùfēnzǐ) : 우수한 사람. 우수자(优秀者).

- 在(zài)⋯的同时(de tóngshí) : ⋯하는 동시에.
- 广泛(guǎngfàn) : 혱 광범(위)하다. 폭넓다. 두루 미치다.
- 生产(shēngchǎn) : 명 동 생산(하다). 출산(하다). 몸풀다. 해산(하다).
- 生产和工作 : 생산과 작업.
- 适当(shìdāng) : 혱 적절하다. 적합하다. 알맞다. 적당하다.
- 增加(zēngjiā) : 동 증가하다. 더하다. 늘리다.
- 注意(zhùyì) : 동 주의하다. 조심하다.
- 推荐(tuījiàn) : 동 추천하다. 천거하다. 소개하다.
- 专业(zhuānyè) : 명 전공. 전문. 혱 전문의.
- 专业技术(zhuānyè jìshù) : 전문기술.   专业技术人员 : 전문기술자.
- 模范(mófàn) : 명 모범. 혱 모범적인. 모범이 되는.
- 人选(rénxuǎn) : 명 후보. (입)후보자. 선출된 사람. 선발〔참가〕인원. 적임자. 인선.
- 有所提高(yǒusuǒtígāo) : 어느 정도 향상되다.

번 역

중국공산당은 18대 대표 선거를 안배하고, 대표 정원을 2,270명으로 확정하다.

당의 17기 6중전회는, 당의 18대가 2012년 하반기 북경에서 개최되는 결정을 했다. 최근 중국공산당 중앙위원회는 〈당의 18대 대표 선거 업무에 관한 통지〉를 인쇄 발행했고, 당의 18대 대표 선거 업무에 대해서 전반적인 안배를 했다. 중앙조직부는 요 며칠 분과회의를 개최하여, 당의 18대 대표 선거의 관련 업무를 안배했다.

당의 18대는, 우리 당이 소강사회를 전반적으로 건설하는 관건 시기와 개혁개방을 심화하고 경제 발전 방식을 빠르게 바꾸는 공격 시기에 개최하는 매우 중요한 회의이고, 전당·전국·각 민족 국민의 정치 생활 중의 큰일이고, 우리 당이 전국·각 민족 국민을 단결하고 인솔하여, 소강사회의 전반적 건설을 계속하며, 사회주의 현대화를 빠르게 추진하며, 중국 특색 사회주의 사업의 새 국면을 창업하는 것에 대해서 중대하고 깊은 의미를 갖고 있다. 중앙정치국은 최근 당의 18대 대표 선거 업무를 연구했고, 18대 대표 선거 업무의 임무를 제시했고, 또한 이 중요 업무를 잘 완성하고, 당의 18대의 양호한 개최를 위해 기초 닦기를 요구했다.

중앙당은, 당의 18대 대표 정원이 모두 2,270명이고, 전국 40개 선거 단위에서 선거해서 탄생한다고 확정했다. 당중앙은 다음과 같이 제시했다. 즉, 당의 18대 대표는 반드시 공산 당원 중의 우수한 사람이어야 하고, 선진성을 견지하는 동시에 광범위한 대표성을 구비해야 한다. 경제·과학기술·국방·정치법률·교육·선전·문화·위생·체육과 사회관리 등 각 방면의 대표가 있어야 한다. 대표 중에는, 각급 당원 지도간부가 있어야 할 뿐만 아니라, 생산과 작업 제일선의 당원도 있어야 한다. 생산과 작업 제일선 대표의 정원을 적당히 증가시키고, 노동자 당원·농민 당원과 전문기술자 당원 중의 선진적인 모범인물을 대표 후보자로 추천하는 것을 주의하며, 여성 당원 대표가 점유하는 비례는 마땅히 어느 정도 향상되어야 하고, 소수민족 당원 대표는 일정한 비례를 점유해야 한다.

제2과

中国国家高层人事交替

중국 국가 권력층 교체

2-1 正文 中国完成十年来最大规模国家高层人事交替

随着新一届国家主席·国务院总理和全国人大常委会委员长等国家机构领导人员以及全国政协领导人员的全部产生，中国完成了十年来最大规模的高层人事交替。

四个月前当选中共中央总书记和中共中央军委主席的习近平，众望所归地在十二届全国人大一次会议上当选为国家主席和中央军委主席；他提名的李克强也经中国最高国家权力机关近三千名代表表决，成为新一任国务院总理。

人代会还选举张德江为新一届全国人大常委会委员长，并选举产生了全国人大常委会其他组成人员·国家副主席·中央军委副主席·最高人民法院院长和最高人民检察院检察长，并决定了国务院其他组成人员和中央军委其他组成人员。

全国政协十二届一次会议选举俞正声为新一届全国政协主席，选举产生了全国政协的其他领导人员。

参加了会议人事酝酿并投票的全国人大代表·中国社会科学院法学研究所民法室主任孙宪忠说："此次人事交替给人的印象是平稳·透明。"

　　分析人士认为，新领导集体是一个强有力的执政团队，它将率领世界最大发展中国家的13亿人民，在推动中华民族夏兴的征程上迈出新的步伐。英国广播公司的报道说，"新人马将决定中国未来十年的走向"。

　　经过这次交替，一批"50后"·"60后"领导干部登上了中国政治舞台的中央。他们年富力强，阅历丰富，大量进入国家立法·行政和司法机关，成为实现"中国梦"的具体操作者。

　　孙宪忠代表认为，他们都经过基层锻炼，了解中国国情，体察民生疾苦，明晰未来要走的道路。他们富有才华也富有施政经验。尤其从十八大到两会，他们给人民群众的印象是讲求实干·措施得力，既注重传承，也强调创新，让人看到了治国理政的新思惟·新做法。

* 출처: 新华网-2013年03月16日
http://news.xinhuanet.com/2013lh/2013-03/16/c_124467379.htm

2-2 生词与解释

1) 中国完成十年来最大规模国家高层人事交替

zhōngguó wánchéng shí nián lái zuìdà guīmó guójiā gāocéng rénshì jiāotì

중국은 10년 이래 최대 규모의 국가 고위층 인사 교체를 완성했다

来(lái) : 1.명 …동안. …이래.

　　　 2.동 다른 동사 앞에 쓰여 어떤 일을 하려는 것을 나타냄.

　　　 3.동 동사구〔개사구〕와 동사〔동사구〕사이에 쓰여 전자가 방법·태도,

　　　　　 후자가 목적임을 나타냄.

　　　 4.동 다른 동사나 동사구 뒤에 쓰여 온 목적을 나타냄.

　　　 5.동 어떤 동작을 하다.〔의미가 구체적인 동사를 대체함〕

高层(gāocéng) : 형 고층의. 고위(층)의. 명 높은 층(수). 고층.

人事(rénshì) : 명 인사.〔직원의 임용·해임·평가 등과 관계되는 행정적 일〕

交替(jiāotì) : 동 교체하다. 교대하다. 번갈아 교대하다. 바꾸다. 대신하다.

2) 随着新一届国家主席·国务院总理和全国人大常委会委员长等国家机构领导人员以及全国政协领导人员的全部产生, 中国完成了十年来最大规模的高层人事交替。

새로운 임기의 국가주석·국무원 총리와 전국인대상무위원회 위원장 등 국가 기구의 지도자 및 전국정협 지도자의 전체적인 탄생에 따라, 중국은 10년 이래 최대 규모의 고위층 인사 교체를 완성했다.

> a) 随着新一届国家主席·国务院总理和全国人大常委会委员长等国家机构领导人员以及全国政协领导人员的全部产生,
>
> suízhe xīnyíjiè guójiā zhǔxí · guówùyuàn zǒnglǐ hé quánguó réndà chángwěihuì wěiyuánzhǎng děng guójiā jīgòu lǐngdǎo rényuán yǐjí quánguó zhèngxié lǐngdǎo rényuán de quánbù chǎnshēng,
>
> 새로운 임기의 국가주석·국무원 총리와 전국인대상무위원회 위원장 등 국가기구의 지도자 및 전국정협 지도자의 전체적인 탄생에 따라,

随着(suízhe) : 동 (…에) 따르다. 개 …따라서. …뒤이어. …에 따라.

新一届(xīnyíjiè) : 새로운 (회기의, 임기의).

届(jiè) : 기(期). 회(回). 차(次). 1-四.

国家主席(guójiā zhǔxí) : 국가주석.

主席(zhǔxí) : 명 (회의를 주재하는) 의장. 주석. 위원장.

国务院(guówùyuàn) : 명 국무원.〔중화인민공화국의 최고 행정 기관〕

总理(zǒnglǐ) : 圐 (국가의) 총리.

全国人大(quánguó réndà) : 全国人民代表大会(전국인민대표대회)의 약칭.
　　전국인대.

常委会(chángwěihuì) : 常务委员会(상무위원회)의 약칭. 상위회.

委员长(wěiyuánzhǎng) : 圐 위원장.

国家机构(guójiā jīgòu) : 圐 국가기구.

领导人员(lǐngdǎo rényuán) : 圐 지도자.

领导(lǐngdǎo) : 영도자. 지도자. 리더. 1-5.

人员(rényuán) : 圐 인원. 요원.

领导人(lǐngdǎorén) : 圐 지도자. 리더.

全国政协(quánguó zhèngxié) : 中国人民政治协商会议全国委员会(중국인민정
　　치협상회의 전국위원회)의 약칭. 전국정협.

全部(quánbù) : 圐 전부. 전체. 모두. 圐 전부의. 전체의. 모두의. 전반의.

产生(chǎnshēng) : 탄생. 출현. 1-四.

≫ b) 中国完成了十年来最大规模的高层人事交替。

　　zhōngguó wánchéng le shí nián lái zuìdà guīmó de gāocéng rénshì jiāotì.

　　중국은 10년 이래 최대 규모의 고위층 인사 교체를 완성했다.

---

3) 四个月前当选中共中央总书记和中共中央军委主席的习近平，众望所
　归地在十二届全国人大一次会议上当选为国家主席和中央军委主席；

sì ge yuè qián dāngxuǎn zhōnggòng zhōngyāng zǒngshūjì hé zhōnggòng zhōngyāng
jūnwěi zhǔxí de xí jìn píng, zhòngwàngsuǒguī de zài shí èr jiè quánguó réndà yī
cì huìyì shang dāngxuǎn wéi guójiā zhǔxí hé zhōngyāng jūnwěi zhǔxí ;

4개월 전에 중공중앙 총서기와 중공 중앙군사위원회 주석으로 당선된 시진핑은, 대중의 뜻에
부합되게 12기 전국인대 1차회의에서 국가주석과 국가 중앙군사위원회 주석으로 당선되었다.

当选(dāngxuǎn) : 圐 당선되다.

中共中央(zhōnggòng zhōngyāng) : 中国共产党中央委员会(중국공산당 중앙위원
　　회)의 약칭. 중공중앙.

总书记(zǒngshūjì) : 圐 총서기.

军委(jūnwěi) : 1. 中国共产党中央军事委员会(중국공산당 중앙군사위원회)의 약칭. 군위.
　　2. 中华人民共和国中央军事委员会(중화인민공화국 중앙군사위원회)의 약칭.

习近平(xí jìn píng) : Xi Jinping, 시진핑, 습근평(2013년 국가주석 취임).

众望所归(zhòngwàngsuǒguī) : 뭇 사람이 기대하는 바이다. 뭇 사람이 존경하고 우러러
　　보다. 신망이 높다. 대중의 뜻에 부합하다.

地(de) : 圐 관형어로 쓰이는 단어나 구 뒤에 쓰여, 그 단어나 구가 동사 또는 형용사와 같은
　　중심어를 수식하고 있음을 나타냄. 다른 독음 (di).

4) 他提名的李克强也经中国最高国家权力机关近三千名代表表决，成为新一任国务院总理。

tā tímíng de lǐ kè qiáng yě jīng zhōngguó zuìgāo guójiā quánlì jīguān jìn sān qiān míng dàibiǎo biǎojué, chéngwéi xīnyírèn guówùyuàn zǒnglǐ.

그가 지명한 리커창도 중국 최고 국가 권력기관의 근 3천 명 대표의 표결을 통해, 신임 국무원 총리가 되었다.

> 提名(tímíng) : 图 지명하다. 거명하다. 추천하다.
> 李克强(lǐ kè qiáng) : Li Keqiang, 리커창, 이극강(2013년 국무원 총리 취임).
> 经(jīng) : 图 거치다. 통하다. 경유하다. 경과하다. 통과하다. 경험하다. 겪다.
> 权力(quánlì) : 图 권력. 권한.
> 机关(jīguān) : 图 기관. 기계 장치. 기어. 계책. 책략. 계략.
> 近(jìn) : 图 가깝다. 짧다. 밀접하다. 친하다. 图 가까이 가다. 접근하다.
> 代表(dàibiǎo) : 图 대표. 대표자. 图 대표하다. 대신하다. 대리하다. 표시하다.
> 表决(biǎojué) : 图 표결하다.
> 成为(chéngwéi) : 图 …이 되다. …(으)로 되다.
> 新一任(xīnyírèn) : 신임. 새로 임명된.

5) 人代会还选举张德江为新一届全国人大常委会委员长，并选举产生了全国人大常委会其他组成人员·国家副主席·中央军委副主席·最高人民法院院长和最高人民检察院检察长，并决定了国务院其他组成人员和中央军委其他组成人员。

인대회는 또 장더쟝을 새로운 임기의 전국인대 상무위원회 위원장으로 선출했고, 동시에 전국인대 상무위원회의 기타 구성원·국가 부주석·중앙군사위원회 부주석·최고인민법원 원장과 최고인민검찰원 검찰장을 선출했고, 또한 국무원의 기타 구성원과 중앙군사위원회의 기타 구성원을 결정했다.

⊙ a) 人代会还选举张德江为新一届全国人大常委会委员长，

réndàihuì hái xuǎnjǔ zhāng dé jiāng wéi xīnyíjiè quánguó réndà chángwěihuì wěiyuánzhǎng,

인대회는 또 장더쟝을 새로운 임기의 전국인대 상무위원회 위원장으로 선출했고,

> 人代会(réndàihuì) : 人民代表大会(인민대표대회)의 약칭. 인대회. 人大会. 人大.
> 还(hái) : 图 여전히. 아직도. 아직. 또. 또한. 더. 게다가. 더. 더욱.
> 选举(xuǎnjǔ) : 图 선거하다. 선출하다.
> 张德江(zhāng dé jiāng) : Zhang Dejiang, 장더쟝, 장덕강.

b) 并选举产生了全国人大常委会其他组成人员·国家副主席·中央军委
副主席·最高人民法院院长和最高人民检察院检察长,
bìng xuǎnjǔ chǎnshēng le quánguó réndà chángwěihuì qítā zǔchéng rényuán·
guójiā fùzhǔxí·zhōngyāng jūnwěi fùzhǔxí·zuìgāo rénmín fǎyuàn yuànzhǎng hé
zuìgāo rénmín jiǎncháyuàn jiǎncházhǎng,
동시에 전국인대 상무위원회의 기타 구성원·국가 부주석·중앙군사위원회 부주석·최고
인민법원 원장과 최고인민검찰원 검찰장을 선출했고,

并(bìng) : 뷔 함께. 같이. 동시에. 결코. 전혀. 동 병렬하다. 나란히 하다.
选举产生 : 선거하여 탄생시키다. → 선출하다.
其他(qítā) : 때 (사람·사물에 쓰여) 기타. 다른 사람〔사물〕.
组成(zǔchéng) : 명 구성. 동 짜다. 조성하다. 구성하다. 조직하다.
组成人员(zǔchéng rényuán) : 구성원. 구성 인원.
副主席(fùzhǔxí) : 명 부주석.
法院(fǎyuàn) : 명 법원.
院长(yuànzhǎng) : 명 원장.
检察院(jiǎncháyuàn) : 명 검찰원.
检察长(jiǎncházhǎng) : 명 검찰장.

c) 并决定了国务院其他组成人员和中央军委其他组成人员。
bìng juédìng le guówùyuàn qítā zǔchéng rényuán hé zhōngyāng jūnwěi qítā
zǔchéng rényuán.
또한 국무원의 기타 구성원과 중앙군사위원회의 기타 구성원을 결정했다.

决定(juédìng) : 동 결정〔결심·결의·의결〕하다.

6) 全国政协十二届一次会议选举俞正声为新一届全国政协主席, 选举产
生了全国政协的其他领导人员。
전국정협 12기 1차회의는 위정성을 새로운 임기의 전국정협 주석으로 선출하고, 전국정협의
기타 지도자를 선출했다.

a) 全国政协十二届一次会议选举俞正声为新一届全国政协主席,
quánguó zhèngxié shí èr jiè yī cì huìyì xuǎnjǔ yú zhèng shēng wéi xīnyíjiè
quánguó zhèngxié zhǔxí,
전국정협 12기 1차회의는 위정성을 새로운 임기의 전국정협 주석으로 선출하고,

俞正声(yú zhèng shēng) : Yu Zhengsheng, 위정성, 유정성.

b) 选举产生了全国政协的其他领导人员。

xuǎnjǔ chǎnshēng le quánguó zhèngxié de qítā lǐngdǎo rényuán.

전국정협의 기타 지도자를 선출했다.

---

7) 参加了会议人事酝酿并投票的全国人大代表·中国社会科学院法学研究所民法室主任孙宪忠说：“此次人事交替给人的印象是平稳·透明。”

cānjiā le huìyì rénshì yùnniàng bìng tóupiào de quánguó réndà dàibiǎo · zhōngguó shèhuì kēxué yuàn fǎxué yánjiūsuǒ mínfǎ shì zhǔrèn sūn xiàn zhōng shuō : "cǐcì rénshì jiāotì gěi rén de yìnxiàng shì píngwěn · tòumíng."

회의의 인사 준비에 참가했고 또 투표한 전국인대 대표·중국사회과학원 법학연구소 민법실 주임 쑨샌종은, "이번 인사의 교체가 사람에게 준 인상은 안정적이고 공개적이다."라고 말했다.

酝酿(yùnniàng)：동 사전에 미리 준비[마련·조성]하다. 쌓아 가다. 술 빚다.
投票(tóupiào)：동 투표하다.
中国社会科学院(zhōngguó shèhuì kēxué yuàn)：중국사회과학원.
法学(fǎxué)：명 법학.
研究所(yánjiūsuǒ)：명 연구소. 대학원(주로 대만에서 쓰임).
民法(mínfǎ)：명 민법.
室(shì)：명 실(학교·기관·공장 등의 내부 업무 단위). 방.
主任(zhǔrèn)：명 주임. 장.
孙宪忠(sūn xiàn zhōng)：sūn xiàn zhōng, 쑨샌종, 손헌충.
此(cǐ)：대 이. 이것. 이렇게. 이 때. 이 곳.
次(cì)：양 차례. 번. 회. 동 버금가다. 형 두 번째의. 제2의. 명 순서.
此次(cǐcì)：이번(에·의).
给(gěi)：동 주다. (…에게) …을 주다. …당하게 하다. (…에게) …을 시키다.
印象(yìnxiàng)：명 인상.
平稳(píngwěn)：형 안정되다. 평온하다. 편안하다. 고정되다. 흔들리지 않다.
透明(tòumíng)：형 투명하다. 공개적이다.

---

8) 分析人士认为，新领导集体是一个强有力的执政团队，它将率领世界最大发展中国家的13亿人民，在推动中华民族复兴的征程上迈出新的步伐。

분석가의 의견에 의하면, 새로운 지도자 집단은 강력한 집권 그룹이며, 그들은 장차 세계 최대 개발도상국의 13억 국민을 이끌고, 중화 민족의 부흥을 추진하는 노정에서 새로운 발걸음을 내딛을 것이다.

》 a) 分析人士认为,

fēnxī rénshì rènwéi,

분석가는 …라고 생각하다. → 분석가의 의견에 의하면,

> 分析(fēnxī) : 통 분석하다.
> 人士(rénshì) : 명 인사.
> 分析人士(fēnxī rénshì) : 분석가.
> 认为(rènwéi) : 통 여기다. 생각하다. 보다. 인정하다.

》 b) 新领导集体是一个强有力的执政团队,

xīn lǐngdǎo jítǐ shì yíge qiángyǒulì de zhízhèng tuánduì,

새로운 지도자 집단은 강력한 집권 그룹이고,

> 领导集体(lǐngdǎo jítǐ) : 지도자 집단.
> 集体(jítǐ) : 명 집단. 단체.
> 集体领导(jítǐ lǐngdǎo) : 집단 지도.
> 强有力(qiángyǒulì) : 형 강력하다. 유력하다.
> 执政(zhízhèng) : 통 집권하다. 정권을 잡다.
> 团队(tuánduì) : 명 단체. 집체. 대오. 팀. 그룹. 공동체.

》 c) 它将率领世界最大发展中国家的13亿人民,

tā jiāng shuàilǐng shìjiè zuìdà fāzhǎnzhōng guójiā de shí sān yì rénmín,

그들은 장차 세계 최대 개발도상국의 13억 국민을 이끌고,

> 将(jiāng) : 부 장차. 곧. 막. …하게 될 것이다. …일 것이다. 통 부축하다.
> ※ 将은 부사로서, 제1동사 率领와 제2동사 迈出와 모두 연결되므로, 마지막 동사인 迈
> 出의 뒤에서 번역한다.
> 率领(shuàilǐng) : 통 (무리나 단체를) 거느리다. 이끌다. 인솔하다.
> 发展中国家(fāzhǎnzhōng guójiā) : 명 개발도상국. 개도국.

》 d) 在推动中华民族复兴的征程上迈出新的步伐。

zài tuīdòng zhōnghuá mínzú fùxīng de zhēngchéng shang màichū xīn de bùfá

중화민족의 부흥을 추진하는 노정에서 새로운 발걸음을 내딛을 것이다.

> 中华民族(zhōnghuá mínzú) : 명 중화민족. 중국민족.
> 复兴(fùxīng) : 명 부흥. 통 부흥하다. 부흥시키다.
> 征程(zhēngchéng) : 명 노정. 정도(征途). 멀리 가는 길. 여행 길.
> 迈(mài) : 통 내디디다. 내딛다. 나아가다. 형 늙다. 양 마일(mile).
> 出(chū) : 통 (동사 뒤에 쓰여) 안에서 밖으로 향함을 나타냄.
> 迈出(màichū) : 내딛다.
> 步伐(bùfá) : 명 걸음걸이. 발걸음. (일이 진행되는) 속도. 순서.

9) 英国广播公司的报道说, "新人马将决定中国未来十年的走向".

yīngguó guǎngbō gōngsī de bàodào shuō, "xīn rénmǎ jiāng juédìng zhōngguó wèilái shí nián de zǒuxiàng".

BBC의 보도는 "새로운 구성원은 장차 중국 미래 10년의 추세를 결정할 것이다."라고 말했다.

英国广播公司(yīngguó guǎngbō gōngsī)：BBC. 영국방송협회.

广播(guǎngbō)：몡 동 방송(하다). 방송 프로그램. 동 널리 널리 퍼지다.

公司(gōngsī)：몡 회사. 직장.

报道(bàodào)：몡 (뉴스 등의) 보도. 동 (뉴스 등을) 보도하다.

人马(rénmǎ)：몡 인원. 요원. 구성원. 멤버. 군대.

走向(zǒuxiàng)：1.몡 (발전적) 추세. 흐름.

2.동 어떤 방향을 향하여 발전하다. (…로) 나(가)다. 진출하다.

10) 经过这次交替, 一批"50后"·"60后"领导干部登上了中国政治舞台的中央。

이번 교체를 통해서, 한 무리의 "50년대 출생자"·"60년대 출생자"의 지도자 간부가 중국 정치 무대의 중앙에 올라섰다.

a) 经过这次交替,

jīngguò zhè cì jiāotì,

이번 교체를 통해서,

经过(jīngguò)：동 경유하다. 통과하다. 지나다. (시간이) 경과하다. 경험하다.

b) 一批"50后"·"60后"领导干部登上了中国政治舞台的中央。

yìpī "wǔ shí hòu"·"liù shí hòu" lǐngdǎo gānbù dēngshàng le zhōngguó zhèngzhì wǔtái de zhōngyāng.

한 무리의 "50년대 출생자"·"60년대 출생자"의 지도자 간부가 중국 정치 무대의 중앙에 올라섰다.

一批(yìpī)：한 더미. 한 무더기. 한 무리.

五十后(wǔ shí hòu)：50년대 출생자. 50년대생.

六十后(liù shí hòu)：60년대 출생자. 60년대생.

干部(gānbù)：몡 간부. 지도자. 관리자.

登上(dēngshàng)：동 올라서다. 오르다. 나서다. 올라가다.

政治(zhèngzhì)：몡 정치.

舞台(wǔtái)：몡 무대. 사회 활동 영역〔무대〕.

11) 他们年富力强，阅历丰富，大量进入国家立法·行政和司法机关，成
    为实现"中国梦"的具体操作者。

    그들은 젊고 혈기가 왕성하며, 경험이 풍부하고, 국가의 입법·행정과 사법 기관에 대량으
    로 진입하고, "중국의 꿈"을 실현하는 구체적인 운용자가 되었다.

    a) 他们年富力强，阅历丰富，

       tāmēn niánfù lìqiáng, yuèlì fēngfù,

       그들은 젊고 혈기가 왕성하며, 경험이 풍부하고,

       年富力强(niánfù lìqiáng) : 젊고 혈기(기력)가 왕성하다.
       阅历(yuèlì) : 몡 동 경험(하다). (체험)하다. 겪다.
       丰富(fēngfù) : 혱 많다. 풍부하다. 넉넉하다. 동 풍부〔풍족〕하게 하다.

    b) 大量进入国家立法·行政和司法机关，

       dàliàng jìnrù guójiā lìfǎ · xíngzhèng hé sīfǎ jīguān,

       국가의 입법·행정과 사법 기관에 대량으로 진입하고,

       大量(dàliàng) : 혱 대량의. 다량의. 많은 양의. 도량이 넓다. 관대하다. →많이.
       立法(lìfǎ) : 몡 동 입법(하다). 법률을 제정하다.
       行政(xíngzhèng) : 몡 행정. 사무.〔국가·기업·단체의 사무를 관리하는 일〕
       司法(sīfǎ) : 몡 사법.

    c) 成为实现"中国梦"的具体操作者。

       chéngwéi shíxiàn "zhōngguó mèng" de jùtǐ cāozuòzhě.

       "중국의 꿈"을 실현하는 구체적인 운용자가 되었다.

       实现(shíxiàn) : 동 실현하다. 달성하다.
       中国梦(zhōngguó mèng) : 중국의 꿈. 2012년 11월 29일 중공중앙 총서기 시진핑은 '중국
                    의 꿈'에 대해 중화민족의 위대한 부흥을 실현하는 것이 바로 중화민족의 근대 이래
                    가장 위대한 갈망이라고 설명하며, 2021년에 소강사회를 전반적으로 건설하는 목표
                    는 반드시 실현할 수 있고, 2049년에 부강·민주·문명·화해의 사회주의 현대화
                    국가를 건설하는 목표는 반드시 실현할 수 있고, 중화민족의 위대한 부흥의 갈망은
                    반드시 실현할 수 있다고 천명했다.
       具体(jùtǐ) : 혱 구체적이다. 특정의. 상세한. 실제의. 동 구체화하다.
       操作者(cāozuò zhě) : 운용자.
       操作(cāozuò) : 동 운용하다. 조작하다. 다루다. 일하다. 노동하다.

12) 孙宪忠代表认为，他们都经过基层锻炼，了解中国国情，体察民生疾苦，明晰未来要走的道路。

쑨셴종 대표의 의견에 의하면, 그들은 모두 하부조직에서의 단련을 통해서, 중국의 국정을 자세하게 알고, 민생의 고통을 세심하게 살피고, 미래에 가야할 길을 명백하게 했다.

a) 孙宪忠代表认为，

sūn xiàn zhōng dàibiǎo rènwéi,

쑨셴종 대표의 의견에 의하면,

b) 他们都经过基层锻炼，

tāmen dōu jīngguò jīcéng duànliàn

그들은 모두 하부조직에서의 단련을 통해서,

基层(jīcéng) : 명 기층. 저층. 기저층. 밑바닥. (조직의) 말단. (최)하부 조직.
锻炼(duànliàn) : 명 동 (능력·맘을)·(몸을) 단련(하다). 제련(하다).
基层锻炼 : 하부 조직에서 업무 능력을 단련함. → 하부 조직(에서)의 단련.

c) 了解中国国情，体察民生疾苦，明晰未来要走的道路。

liǎojiě zhōngguó guóqíng, tǐchá mínshēng jíkǔ, míngxī wèilái yào zǒu de dàolù,

중국의 국정을 자세하게 알고, 민생의 고통을 세심하게 살피고, 미래에 가야할 길을 명백하게 했다.

了解(liǎojiě) : 동 자세하게 알다. 이해하다. 조사하다. 알아내다. 알아보다.
国情(guóqíng) : 명 국정. 나라의 정세. 나라의 형편.
体察(tǐchá) : 동 체험하고 관찰하다. 세심하게 살피다.
民生(mínshēng) : 명 민생. 국민의 생활. 생계. 살길. 호구지책.
疾苦(jíkǔ) : 명 고통. 괴로움. 질고.
民生疾苦(mínshēng jíkǔ) : 민생의 고통.
明晰(míngxī) : 형 명백하다. 명료하다. 뚜렷하다. → 명백하게 하다.

13) 他们富有才华也富有施政经验。

tāmen fùyǒu cáihuá yě fùyǒu shīzhèng jīngyàn.

그들은 재능이 풍부하고 또한 시정 경험이 풍부하다.

富有(fùyǒu) : 동 충분히 가지다. 다분하다. 풍부하다. 형 부유하다.
才华(cáihuá) : 명 재능. 재주.
施政(shīzhèng) : 명 동 시정(하다). 정치를 하다.

14) 尤其从十八大到两会，他们给人民群众的印象是讲求实干·措施得力，既注重传承，也强调创新，让人看到了治国理政的新思惟·新做法。

더욱이 18대로부터 양회까지, 그들이 국민 대중에게 준 인상은 착실하게 일하는 것을 중시하고 조치를 아주 적절하게 취하는 것이며, 전승을 중시할 뿐만 아니라, 혁신도 강조하고, 사람들에게 치국 통치의 새로운 사유와 새로운 방법을 보여주었다.

a) 尤其从十八大到两会，

yóuqí cóng shí bā dà dào liǎng huì,

더욱이 18대로부터 양회까지,

尤其(yóuqí)：무 더욱이. 특히.

十八大(shí bā dà)：18대. 2012년 11월 개최됨. 1-2.

两会(liǎng huì)：'전국인민대표대회'와 '중국인민정치협상회의'의 줄임말. 양회.
　　2013年全国两会는 2013년 3월에 개최된 제12기 전국인대 1차회의와 전국정협 제12기 중앙위원회 1차회의를 통칭함.

b) 他们给人民群众的印象是讲求实干·措施得力，

tāmen gěi rénmín qúnzhòng de yìnxiàng shì jiǎngqiú shígān · cuòshī délì,

그들이 국민 대중에게 준 인상은 착실하게 일하는 것을 중시하고 조치를 아주 적절하게 취하는 것이고,

讲求(jiǎngqiú)：동 추구하다. 중시하다. 강구하다.

实干(shígān)：동 착실하게 일하다. 제대로 일하다.

讲求实干(jiǎngqiú shígān)：착실하게 일하는 것을 중시하다.

措施(cuòshī)：명 조치. 대책.

得力(délì)：동 도움을 받다. 힘을 얻다. 효과가 있다. 형 유능하다.

措施得力(cuòshī délì)：조치가 아주 적절하다. 조치를 아주 적절하게 취하다.

c) 既注重传承，也强调创新，

jì zhùzhòng chuánchéng, yě qiángdiào chuàngxīn,

전승을 중시할 뿐만 아니라, 혁신도 강조하고,

既(jì)：접 …할 뿐만 아니라. …하고도. (이왕) …한 바에는. 무 이미. 벌써.

既(jì)…也(yě)… : …하고 (또)…하다. …할 뿐만 아니라 …(도) 하다.

注重(zhùzhòng)：동 중시하다. 중점을 두다.

传承(chuánchéng)：동 전수하고 계승하다. 전승하다.

强调(qiángdiào)：동 강조하다.

d) 让人看到了治国理政的新思惟·新做法。

ràng rén kàndào le zhìguó lǐzhèng de xīn sīwéi · xīn zuòfǎ.

사람들에게 치국 통치의 새로운 사유와 새로운 방법을 보여주었다.

让(ràng) : 동 …하게 하다. …하도록 시키다. 사양하다. 양보하다. 권하다.

看到(kàndào) : 동 보다. 보이다. 눈에 띄다. 눈이 닿다. 시선이 향하다.

治国(zhìguó) : 명 치국. 동 나라를 다스리다. 치국하다.

理政(lǐzhèng) : 명 통치. 지배. 관리.

思维(sīwéi) : 명 사유. 사고. 동 사유하다. 숙고하다. 생각하다.

做法(zuòfǎ) : 명 (일처리나 물건을 만드는) 방법.

2-3 번역 중국은 10년 이래 최대 규모의 국가 고위층 인사 교체를 완성하다

　새로운 임기의 국가주석·국무원 총리와 전국인대상무위원회 위원장 등 국가 기구의 지도자 및 전국정협 지도자의 전체적인 탄생에 따라, 중국은 10년 이래 최대 규모의 고위층 인사 교체를 완성했다.

　4개월 전에 중공중앙 총서기와 중공 중앙군사위원회 주석으로 당선된 시진핑은, 대중의 뜻에 부합되게 12기 전국인대 1차회의에서 국가주석과 국가 중앙군사위원회 주석으로 당선되었다. 그가 지명한 리커창도 중국 최고 국가 권력기관의 근 3천 명 대표의 표결을 통해, 신임 국무원 총리가 되었다.

　인대회는 또 장더쟝을 새로운 임기의 전국인대 상무위원회 위원장으로 선출했고, 동시에 전국인대 상무위원회의 기타 구성원·국가 부주석·중앙군사위원회 부주석·최고인민법원 원장과 최고인민검찰원 검찰장을 선출했고, 또한 국무원의 기타 구성원과 중앙군사위원회의 기타 구성원을 결정했다.

　전국정협 12기 1차회의는 위정성을 새로운 임기의 전국정협 주석으로 선출하고, 전국정협의 기타 지도자를 선출했다.

　회의의 인사 준비에 참가했고 또 투표한 전국인대 대표·중국사회과학원 법학연구소 민법실 주임 쑨셴종은, "이번 인사의 교체가 사람에게 준 인상은 안정적이고 공개적이다."라고 말했다.

　분석가의 의견에 의하면, 새로운 지도자 집단은 강력한 집권 그룹이며, 그들은 장차 세계 최대 개발도상국의 13억 국민을 이끌고, 중화 민족의 부흥을 추진하는 노정에서 새로운 발걸음을 내딛을 것이다. BBC의 보도는 "새로운 구성원은 장차 중국 미래 10년의 추세를 결정할 것이다."라고 말했다.

　이번 교체를 통해서, 한 무리의 "50년대 출생자"·"60년대 출생자"의 지도자 간부가 중국 정치 무대의 중앙에 올라섰다. 그들은 젊고 혈기가 왕성하며, 경험이 풍부하고,

국가의 입법·행정과 사법 기관에 대량으로 진입하고, "중국의 꿈"을 실현하는 구체적인 운용자가 되었다.

　　쑨섄종 대표의 의견에 의하면, 그들은 모두 하부조직에서의 단련을 통해서, 중국의 국정을 자세하게 알고, 민생의 고통을 세심하게 살피고, 미래에 가야할 길을 명백하게 했다. 그들은 재능이 풍부하고 또한 시정 경험이 풍부하다. 더욱이 18대로부터 양회까지, 그들이 국민 대중에게 준 인상은 착실하게 일하는 것을 중시하고 조치를 아주 적절하게 취하는 것이며, 전승을 중시할 뿐만 아니라, 혁신도 강조하고, 사람들에게 치국통치의 새로운 사유와 새로운 방법을 보여주었다.

2-4 练习

　　这次交替也意味着自改革开放以来，中共在探索和完善党和国家领导人权力交替机制上又迈出了坚实步伐，领导集体新老交替制度化·规范化·程序化建设不断稳步推进，对于党和国家的长治久安·有序发展至关重要。

　　改革开放后，中共致力于建设"制度化·规范化和程序化的体制"，通过法律废除领导干部职务终身制，通过党内领导干部任职规定，确立了各级领导干部的任期制。

　　根据中国现行的1982年宪法，全国人民代表大会·中华人民共和国主席·副主席及国务院都实行任期制；全国人大常委会委员长·副委员长，国家主席·副主席，国务院总理·副总理·国务委员连续任职不得超过两届。

　　"相较于一些国家领导人更替时出现的动荡，今天的中国，领导人换届是在经济继续保持发展·国家和人民生活稳定的背景下完成的。"上海社科院副院长·历史研究所所长黄仁伟说。

　　权力交替也体现了"坚持党的领导·人民当家作主·依法治国有机统一 "的中国式民主政治特色。

　　中共中央对推荐新一届国家机构组成人员特别是国家机构领导人员人选十分重视。在研究十八大人事安排时，就作了通盘考虑。

　　根据选举和决定任命办法，主席团提名后，须经各代表团酝酿协商，再由主席团根据多数代表的意见确定正式候候人名单。

단어 정리

- 意味(yìwèi)：몡 의미. 함축. 내포. 정취. 운치. 맛. 기색. 조짐. 동향. 징조.
- 着(zhe)：조 …하고 있다. …하고 있는 중이다. …한 채로. …한 채로 있다.
- 意味着(yìwèizhe)：동 의미하다. 뜻하다. 나타내다.
- 自(zì)：개 …에서부터. …에서 시작하여.
- 探索(tànsuǒ)：동 탐색〔탐구〕하다. 찾다.
- 完善(wánshàn)：동 완벽하게〔완전하게〕하다〔만들다〕. 완비하다. 혱 완벽하다.
- 机制(jīzhì)：몡 메커니즘. 체제. 시스템. 구조와 동작 원리.
- 坚实(jiānshí)：혱 견실하다. 견고하다. 튼튼하다. 건장하다. 튼튼하고 실하다.
- 新老(xīnlǎo)：신구. 신세대와 구세대. 새것과 옛것. 신참과 고참.
- 制度(zhìdù)：몡 제도 규칙. 규정.
- 制度化(zhìdùhuà)：몡 제도화.
- 规范(guīfàn)：몡 규범. 표준. 본보기. 모범. 동 규범화하다. 혱 규범적인.
- 规范化(guīfànhuà)：몡 규범화. 동 규범화하다. 규범에 맞도록 하다.
- 程序(chéngxù)：몡 순서. 절차. 단계. 프로그램.
- 程序化(chéngxùhuà)：몡 절차화.
- 建设(jiànshè)：건설(하다). 1-5.
- 稳步(wěnbù)：뭐 착실하게. 견실하게. 안정되게. 점진적으로.
- 长治久安(chángzhì jiǔ'ān)：오랫동안 태평스럽고 평안하다. 장기적 태평과 안정.
- 有序(yǒuxù)：혱 차례〔순서〕가 있다. 질서정연하다. 일정한 규칙과 질서가 있다.
- 至关(zhìguān)：뭐 지극히. 매우.
- 致力(zhìlì)：동 (…에) 힘쓰다. 진력하다. 애쓰다.
- 于(yú)：개 …에. …에서. …에게. …에 대해. …보다. …(에서)부터.
- 体制(tǐzhì)：몡 체제. 형식. 격식. 제도. 체계.
- 通过(tōngguò)：개 …에 의해. …를 통해. 동 건너가다. 통과하다. 가결되다.
- 法律(fǎlǜ)：몡 법률. 형법.
- 废除(fèichú)：동 (법령·제도·조약 등을) 취소하다. 폐지하다.
- 职务(zhíwù)：몡 직무.
- 终身制(zhōngshēnzhì)：몡 종신(직)제.
- 任职(rènzhí)：몡 직무. 재직. 동 직무를 맡다. 재직하다.
- 规定(guīdìng)：몡 규정. 규칙. 동 규정하다. 정하다.
- 各级(gèjí)：각급. 각 계층.
- 任期制(rènqīzhì)：몡 임기제.

- 根据(gēnjù) : 개 …에 의거하여. 명 근거. 통 근거하다. 의거하다. 따르다.
- 现行(xiànxíng) : 형 현행의. 현재 실시하고 있는. 지금 유효한.
- 宪法(xiànfǎ) : 명 헌법.
- 实行(shíxíng) : 통 실행하다.
- 连续(liánxù) : 통 연속하다. 계속하다.
- 连续任职(liánxù rènzhí) : 연속해서 직무를 맡다(재직하다). 연임(하다).
- 不得(bùdé) : 통 불가능하다. …할 수 없다. …해서는 안 된다. 얻을 수 없다.
- 超过(chāoguò) : 통 초과하다. 넘다. 추월하다. 앞지르다.
- 两届(liǎng jiè) : 2회. 2기. 2차.
- 相较(xiāngjiào) : 통 비교하다.
- 一些(yìxiē) : 양 약간. 조금. 얼마간. 몇. 여러 번〔가지〕. 몇 번〔가지〕.
- 更替(gēngtì) : 통 교체하다. 교환하다. 바꾸다. 교대하다.
- 出现(chūxiàn) : 통 출현하다. 나타나다. 만들어 내다. 생산해 내다. 나오다.
- 动荡(dòngdàng) : 명 동요. 통 불안하다. 동요하다. 뒤숭숭하다.
- 换届(huànjiè) : 통 (기관·부서의 임원을) 임기 만료로 교체하다. 기를 바꾸다.
- 经济(jīngjì) : 명 경제.
- 继续(jìxù) : 명 연속. 계속. 속편. 통 계속하다. 끊임없이 하다. → 계속해서.
- 保持(bǎochí) : 통 (지속적으로) 유지하다. 지키다. 보지하다.
- 背景(bèijǐng) : 명 배후 (세력). 백그라운드. 뒷 배경. 배경.
- 社科院(shèkēyuàn) : 社会科学院(사회과학원)의 약칭.
- 黄仁伟(huáng rén wěi) : Huang Renwei, 황런웨이, 황인위.
- 体现(tǐxiàn) : 명 구현. 구체적인 표현. 통 구현〔체현〕하다. 구체적으로 드러내다.
- 当家作主(dāngjiā zuòzhǔ) : 무리나 조직에서 주인 역할을 하다. 주인이 되다.
- 依法(yīfǎ) : 통 법에 의거하다〔따르다〕. 어떤 방법(일정한 유형)을 따르다.
- 有机(yǒujī) : 형 유기적인.
- 统一(tǒngyī) : 명 통일. 형 통일된. 단일한. 통 통일하다. 하나로 일치되다.
- 有机统一(yǒujī tǒngyī) : 유기적 통일. 유기적으로 통일된.
- 民主(mínzhǔ) : 명 민주. 형 민주적이다.
- 研究(yánjiū) : 명 연구. 통 연구하다. 탐구하다. 고려하다. 논의하다. 토의하다.
- 通盘(tōngpán) : 형 전반적. 전면적. 전체적.
- 考虑(kǎolǜ) : 통 고려하다. 생각하다. 구상하다. 계획하다. …할 생각이다.
- 通盘考虑(tōngpán kǎolǜ) : 전반적으로 고려하다.
- 任命(rènmìng) : 명 통 임명(하다).
- 协商(xiéshāng) : 통 협상하다. 협의하다.

- 再(zài)：1.퇸 …하고 나서. …한 뒤[후]에. 〔장차 다른 동작이 끝난 후에 나타남을 가리킴〕

  2.퇸 재차. 또. 다시. 〔이미 반복된 동작에는 '又'를 쓰고, 미래에 반복될
  동작에는 '再'를 씀〕

  3.퇸 별도로. 더. 그리고 .〔보충됨을 나타냄〕

  4.퇸 그 위에. 더. 아무리. 〔형용사 앞에 쓰여 정도가 더 심함을 나타냄〕

- 由(yóu)：퀘 …이. …에서. …(으)로부터.

- 确定(quèdìng)：동 확정하다. 확실히 결정을 내리다. 형 확정적이다. 확고하다.

- 候选人(hòuxuǎnrén)：명 (입)후보자.

- 名单(míngdān)：명 명단. 명부.

번 역

이번 교체는, 개혁개방 이래로 중공이 당과 국가 지도자의 권력 교체 메커니즘을 탐색하고 완비하는 데 있어 또 견실한 발걸음을 내딛었고, 지도자 집단 신·구세대 교체의 제도화·규범화·절차화 건설이 부단히 점진적으로 추진되고, 당과 국가에 대한 장기적 태평과 안정 및 질서정연한 발전이 매우 중요하다는 것을, 또한 의미하고 있다.

개혁개방 이후, 중공은 "제도화·규범화·절차화의 체제"를 건설하는 데 진력하고, 법률을 통해 지도자 간부의 직무 종신제를 폐지하고, 당내 지도자 간부의 재직 규정을 통해, 각급 지도자 간부의 임기제를 확립했다.

중국의 현행 1982년 헌법에 의거하여, 전국인민대표대회·중화인민공화국 주석·부주석 및 국무원도 임기제를 실행하고, 전국인대 상무위원회 위원장·부위원장, 국가주석·부주석, 국무원 총리·부총리·국무위원의 연임은 2회를 초과할 수 없다.

"일부 국가의 지도자 교체 시 출현하는 동요와 비교하여, 오늘날 중국의 지도자 임기만료 교체는 경제가 발전을 계속 유지하고 국가와 국민의 생활이 안정적인 배경 하에서 완성된 것이다."라고 상해사회과학원 부원장·역사연구소 소장 황런웨이가 말했다.

권력 교체는 또한 "당의 지도를 견지하고, 국민이 주인 되고, 법에 따라 치국하여 유기적으로 통일된" 중국식 민주정치 특색을 구현했다.

중공중앙은 새로운 임기의 국가기구 구성원 특히 국가기구 지도자 후보를 추천하는 것에 대해 매우 중시한다. 18대 인사의 안배를 연구할 때, 바로 전반적으로 고려했다.

선거와 임명 결정의 방법에 의거하여, 주석단이 지명한 이후, 반드시 각 대표단의 준비협의을 통하고 나서, 주석단이 다수 대표의 의견에 근거하여 정식 후보자 명단을 확정한다.

제**3**과

中国政治体制改革

중국 정치체제개혁

3-1 正文 盘点三十年的政治体制改革：从终身制到限任制

　　中国的改革从1978年底启动以来，已经有整整三十个年头。在过去的一年，中国各界为改革作了各式各样的纪念活动，作了各式各样的回顾。但是，其中对政治体制改革的回顾与总结少之又少。中国的改革几乎成了经济体制改革的同义语。究其原因，是中国的政治体制已经作了重大的改革，发生了重大的变化？还是在政治体制改革方面根本就没有什么大的动作，基本上乏善可陈？在经济体制方面，通过改革，可以说，中国开始从公有制走向私有制，从计划经济走向市场经济。但是，关于政治体制，我们能说，中国从什么走向什么了吗？在政治体制上，中国还是实行人民民主专政(或者无产阶级专政)，中国共产党统治，人民代表大会制度。也许，在去年纪念活动中无视政治体制改革是有道理的，因为我们似乎看不到什么重大的政治体制改革。不同意上面看法的人会认为，中国的政治体制改革一直没有停止。他们会举出以下的例子：早年的党政分开，后来的村民自治，现在的党内民主，以及每五年一次的政府机构改革。

　　作为从事政治学研究的学者，由于职业的特点，我对政治体制更感兴趣，因此也对过去三十年的政治体制改革做了盘点。如果让我来概括过去三十年的政治体制改革，我的结论是，中国的政治体制在总体上没有发生性质的变化，没有启动政体体制改革的根本性举措。虽然有大量的政治体制改革的枝节性尝试，但是大多数改革措施只开花，未结果，只听雷，未见雨。尽管如此，我认为，中国的政治体制还是有一项重大的改革，甚至非常重要的改革。可惜，这项改革几乎被人们所遗忘了，虽然我们还在享受它的成果。这项政治体制改革，就是关于共产党和国家领导人任期的改革，即从终身制走向限任制。

限任制对权力是一个较为有效的限制，尤其是对专制者的权力是一个很有效的限制，否则，专制者的权力只受到其寿命的限制。这样的话，其危害的时间就会大幅延长。如果毛泽东时代实行限任制，从1949年算起，他要在1959年退休，从1954年第一部宪法生效算起，他要在1964年退休。不论在两年中的哪一年退休，他都不可能在1966年发动无产阶级文化大革命。

限任制还大大增加了政治体制和政治规则的确定性和可预见性。宪政民主的一个优越性，就是政治的可预知性大大增加。执政者及其竞争者行为的可确定性也大大增加。如果限任制是有效的，大家都能断定在任者将在哪一年必然退休。任何现任者，不论多么恋权，都必须做好任满退休的准备，而难以贸然破坏规矩，轻易挑战限任制。(刘军宁)

* 출처: 共识网-2013年07月16日
http://news.takungpao.com/mainland/focus/2013-07/1763845.html

3-2 生词与解释

1) 盘点三十年的政治体制改革：从终身制到限任制

pándiǎn sān shí nián de zhèngzhì tǐzhì gǎigé : cóng zhōngshēnzhì dào xiànrènzhì

30년 동안의 정치체제개혁을 점검하다 : 종신제에서 임기제로

盘点(pándiǎn)：몡 재고조사. 툉 (재고를) 정리ㆍ점검하다. 조사하다.
政治(zhèngzhì)：정치. 2-10.
体制(tǐzhì)：체제. 2-四.
改革(gǎigé)：개혁. 1-5.
从(cóng)…到(dào)…：…에서〔부터〕…까지〔로〕.
终身制(zhōngshēnzhì)：종신제. 2-四.
限任制(xiànrènzhì)：임기제한제. ≒ 任期制(rènqīzhì)：임기제. 2-四.

2) 中国的改革从1978年底启动以来, 已经有整整三十个年头。

zhōngguó de gǎigé cóng yī jiǔ qī bā nián dǐ qǐdòng yǐlái, yǐjīng yǒu zhěngzhěng sānshí ge niántóu.

중국의 개혁은 1978년 말부터 시작한 이래로, 벌써 햇수로 꼬박 30년이 되었다.

底(dǐ)：몡 말. 끝. 밑. 바닥. 초고. 원고. (사물의) 기초. 토대. 소질. 속사정.
启动(qǐdòng)：툉 작동을 시작하다. 시동을 걸다. 시작〔시행〕하다. 개시하다.
以来(yǐlái)：이래. 동안. 1-5.
已经(yǐjīng)：뫼 이미. 벌써.
整整(zhěngzhěng)：뫼 온전히. 꼬박. 꼭. 혱 온전한.
年头(niántóu)：몡 연초. 연시. 정초. 세초. 햇수.

3) 在过去的一年, 中国各界为改革作了各式各样的纪念活动, 作了各式各样的回顾。

지난 1년 동안, 중국 각계는 개혁을 위해 여러 가지의 기념 활동을 했고, 여러 가지의 회고를 했다.

a) 在过去的一年, 中国各界为改革作了各式各样的纪念活动,

zài guòqù de yì nián, zhōngguó gèjiè wèi gǎigé zuò le gèshì gèyàng de jìniàn huódòng,

지난 1년 동안, 중국 각계는 개혁을 위해 여러 가지의 기념 활동을 했고,

过去(guòqù) : 지나가다. 지나다. 1-5.

各界(gèjiè) : 명 각계. 각 분야〔방면〕.

为(wèi) : …을 위하여. 1-1.

作(zuò) : 동 실행하다. 진행하다. 하다. 만들다. 생산하다. 일하다. 글을 쓰다.

各式各样(gèshì gèyàng) : 각양각색. 여러 종류〔가지〕. 가지각색.

纪念(jìniàn) : 동 기념하다. 명 기념물. 기념품. 형 기념으로 삼는. 기념하는.

活动(huódòng) : 동 활동〔행동〕하다. 움직이다. 움직이다. 운동하다. 놀리다.

> b) 作了各式各样的回顾。
>
> zuò le gèshì gèyàng de huígù.
>
> 여러 가지의 회고를 했다.

回顾(huígù) : 명 회고. 동 회고하다. 회상하다. 돌이켜보다. 뒤돌아보다.

4) 但是，其中对政治体制改革的回顾与总结少之又少。

dànshì, qízhōng duì zhèngzhì tǐzhì gǎigé de huígù yǔ zǒngjié shǎozhīyòushǎo.

그러나 그 중에 정치체제개혁에 대한 회고와 총결산은 극히 드물었다.

但是(dànshì) : 접 그러나. 그렇지만.

其中(qízhōng) : 대 그 중에. 그 안에.

对(duì) : 개 …에게. …을 향하여. …에 대해(서). …에 대하여.

总结(zǒngjié) : 총결산. 최종 결론〔평가〕. 1-4.

少之又少(shǎozhīyòushǎo) : 극히 드물다.

5) 中国的改革几乎成了经济体制改革的同义语。

zhōngguó de gǎigé jīhū chéng le jīngjì tǐzhì gǎigé de tóngyìyǔ.

중국의 개혁은 거의 경제체제개혁의 동의어가 되었다.

几乎(jīhū) : 부 거의. 거의 모두. 거진 다. 하마터면.

成(chéng) : 동 …이 되다. …(으)로 변하다. 완성하다. 이루다. 완성시키다.

经济(jīngjì) : 경제. 2-四.

同义语(tóngyìyǔ) : 명 동의어. ≒同义词(tóngyìcí).

6) 究其原因，是中国的政治体制已经作了重大的改革，发生了重大的变化？还是在政治体制改革方面根本就没有什么大的动作，基本上乏善可陈？

그 원인을 탐구자하면, 바로 중국의 정치체제는 이미 중대한 개혁을 하여 중대한 변화가 발생한 것인가? 아니면 정체체제개혁 방면에서 어떤 큰 움직임이 전혀 없어서 거의 할 말이 없는 것인가?

a) 究其原因,

jiū qí yuányīn,

그 원인을 탐구하자면, (바로 …이다.)

究(jiū) : 통 궁구하다. 깊이 탐구하다. 연구하다. 캐(내)다. 추적 조사하다.

其(qí) : 대 그(들)(의)〔그녀・그것(들)(의)〕. 그것. 그런 것. 그런 모양.

原因(yuányīn) : 명 원인.

b) 是中国的政治体制已经作了重大的改革, 发生了重大的变化?

shì zhōngguó de zhèngzhì tǐzhì yǐjīng zuò le zhòngdà de gǎigé, fāshēng le zhòngdà de biànhuà?

중국의 정치체제는 이미 중대한 개혁을 하여, 중대한 변화가 발생한 것인가?

是(shì)A…, 还是(háishì)B…? : A인가? 아니면 B인가?

重大(zhòngdà) : 중대하다. 1-3.

发生(fāshēng) : 통 생기다. 일어나다. 발생하다. 벌어지다. 출현하다.

变化(biànhuà) : 명 통 변화(하다). 달라지다. 바꾸다.

c) 还是在政治体制改革方面根本就没有什么大的动作, 基本上乏善可陈?

háishì zài zhèngzhì tǐzhì gǎigé fāngmiàn gēnběn jiù méiyǒu shénme dà de dòngzuò, jīběn shang fáshànkěchén?

아니면 정체체제개혁 방면에서 어떤 큰 움직임이 전혀 없어서, 거의 할 말이 없는 것인가?

还是(háishì) : 1.접 또는. 아니면.〔선택 의문을 뜻함〕

　　　　　　 2.부 여전히. 아직도. 변함없이. 원래대로. 역시.〔동작・상태의 유지 뜻함〕

　　　　　　 3.부 …하는 편이 (더) 좋다.〔상의나 희망의 어감이 담겨 있음〕

　　　　　　 4.접 …든. …도. …뿐만 아니라.〔예를 든 범위를 모두 포함함〕

方面(fāngmiàn) : 명 방면. 부분. 분야. 영역. 측(면). 쪽.

在(zài)…方面(fāngmiàn) : …방면에서.

根本(gēnběn) : 1.부 도무지. 시종. 전혀. 아예.〔부정형으로 쓰임〕

　　　　　　　2.명 근본. 근원. 기초. 가장 주요한 부분. 부 여태껏. 원래. 본래.

根本就(gēnběn jiù) : 전혀. 근본적으로. 도통.

什么(shénme) : 1.(단독으로 쓰여) 무엇.

　　　　　　　2.대 의문을 나타냄.

　　　　　　　3.(명사 앞에 쓰여) 무슨. 어떤. 어느.

动作(dòngzuò) : 명 동작. 행동. 움직임. 몸놀림. 통 움직이다. 행동〔활동〕하다.

基本(jīběn) : 기본의. 기본적으로. 1-9.

基本上(jīběn shang) : 거의. 기본적으로. 주로. 대부분은. 대체로. 대개.

乏(fá) : 통 지치다. 피곤하다. 고달프다. 모자라다. 결핍되다. 부족하다.

善(shàn) : 통 잘하다. 잘 해내다. 잘 처리하다. …에 소질이 있다.

陈(chén) : 통 말하다. 진술하다. 진열하다. 배열하다. 차려 놓다. 형 낡다.
乏善可陈(fáshànkěchén) : 잘하는 일이 없어서, 말할 필요도〔할 말이〕 없다.

---

7) 在经济体制方面, 通过改革, 可以说, 中国开始从公有制走向私有制, 从计划经济走向市场经济。

경제체제 방면에서, 개혁을 통해, 중국은 공유제에서 사유제로 발전해 나가기 시작하고, 계획경제에서 시장경제로 발전해 나가기 시작하고 있다고 말할 수 있다.

---

a) 在经济体制方面, 通过改革, 可以说,
   zài jīngjì tǐzhì fāngmiàn, tōngguò gǎigé, kěyǐshuō,
   경제체제 방면에서, 개혁을 통해, …라고 말할 수 있다.

   通过(tōngguò) : …을 통해. 2-四.
   可以说(kěyǐshuō) : 통 …(이)라고 말할〔볼〕 수 있다. 이를테면. 말하자면.

b) 中国开始从公有制走向私有制,
   zhōngguó kāishǐ cóng gōngyǒuzhì zǒuxiàng sīyǒuzhì,
   중국은 공유제에서 사유제로 발전해 나가기 시작하고,

   开始(kāishǐ) : 통 시작되다. 개시하다. 착수〔시작〕하다. 명 처음. 시작. 시초.
   公有制(gōngyǒuzhì) : 명 공유제. 국유제.
   走向(zǒuxiàng) : 어떤 방향을 향하여 발전하다. (…로) 나(가)다. 진출하다. 2-9.
   私有制(sīyǒuzhì) : 사유제. 3-7.

c) 从计划经济走向市场经济。
   cóng jìhuà jīngjì zǒuxiàng shìchǎng jīngjì.
   계획경제에서 시장경제로 발전해 나가기 시작하고 있다.

   计划经济(jìhuà jīngjì) : 명 계획경제. 보통 사회주의계획경제라고 칭하고, 사회주의 국가의 중앙집권적 통제와 계획으로 이루어지는 경제체제이다.
   市场经济(shìchǎng jīngjì) : 명 시장경제. 보통 자본주의시장경제라고 칭하고, 시장을 통한 재화나 용역의 자유로운 거래를 중심으로 이루어지는 경제체제이다.

8) 但是，关于政治体制，我们能说，中国从什么走向什么了吗？

dànshì, guānyú zhèngzhì tǐzhì, wǒmen néng shuō, zhōngguó cóng shénme zǒuxiàng shénme le ma？

그러나 정치체제에 관해서, 우리는 중국이 무엇에서 무엇으로 발전해 나가고 있다고 말할 수 있는가?

关于(guānyú)：개 …에 관해서[관하여]. …에 관한.

9) 在政治体制上，中国还是实行人民民主专政(或者无产阶级专政)，中国共产党统治，人民代表大会制度。

zài zhèngzhì tǐzhì shang, zhōngguó háishì shíxíng rénmín mínzhǔ zhuānzhèng (huòzhě wúchǎn jiējí zhuānzhèng), zhōngguó gòngchǎndǎng tǒngzhì, rénmín dàibiǎo dàhuì zhìdù.

정치체제에서, 중국은 여전히 인민민주독재(혹은 무산계급독재), 중국공산당 통치, 인민대표대회제도를 실행한다.

还是：여전히. 3-6.
实行(shíxíng)：실행하다. 2-四.
专政(zhuānzhèng)：독재정치, 독재를 하다, 독재정치를 하다.
人民民主专政(rénmín mínzhǔ zhuānzhèng)：인민민주독재. 중국의 정치체제로서, 인민에 대해서는 민주적으로 통치하고, 인민의 적 즉 반동파에 대해서는 독재적으로 통치한다.
或者(huòzhě)：1.부 혹은. 아마. 어쩌면. 혹시(…인지 모른다).
　　　　　　 2.접 …이던가 아니면 …이다. …를 하든지 아니면 …을 한다.
无产阶级(wúchǎn jiējí)：명 무산계급. 프롤레타리아(proletariat). 노동자계급.
无产阶级专政(wúchǎn jiējí zhuānzhèng)：무산계급독재. 프롤레타리아 독재.
统治(tǒngzhì)：명 동 통치(하다). 다스리다. 지배하다. 통제하다. 컨트롤하다.
人民代表大会制度(rénmín dàibiǎo dàhuì zhìdù)：인민대표대회제도. 중국의 인민대표대회제도는 전국인민대표대회와 지방의 각급 인민대표대회로 구성되고, 전국인민대표대회가 중국의 최고 국가기관으로서 의사결정기관이며 집행기관이다.

10) 也许，在去年纪念活动中无视政治体制改革是有道理的，因为我们似乎看不到什么重大的政治体制改革。

아마도 작년 기념 활동 중 정치체제개혁을 무시한 것은 일리가 있는데, 왜냐하면 우리가 어떤 중대한 정치체제개혁을 보지 못한 것 같기 때문이다.

a) 也许，在去年纪念活动中无视政治体制改革是有道理的，

yěxǔ, zài qùnián jìniàn huódòng zhōng wúshì zhèngzhì tǐzhì gǎigé shì yǒu dàolǐ de,

아마도, 작년 기념 활동 중 정치체제개혁을 무시한 것은 일리가 있는데,

也许(yěxǔ) : 图 어쩌면. 아마도.
去年(qùnián) : 图 작년.
无视(wúshì) : 图 무시하다. 업신여기다. 진지하게 대하지 않다. 홀시하다.
道理(dàolǐ) : 图 도리. 이치. 일리. 법칙. 규칙. 규율. 방법. 수단. 대책.
有道理(yǒu dàolǐ) : 일리가 있군!

b) 因为我们似乎看不到什么重大的政治体制改革。

yīnwèi wǒmen sìhū kànbudào shénme zhòngdà de zhèngzhì tǐzhì gǎigé.

왜냐하면 우리가 어떤 중대한 정치체제개혁을 보지 못한 것 같기 때문이다.

因为(yīnwèi) : 图 왜냐하면 (…하기 때문이다). 图 …때문에. …로 인하여.
似乎(sìhū) : 图 마치 (…인 것 같다〔듯하다〕).
看不到(kànbudào) : 보지 못 하다. 못 보다. (찾아) 볼 수 없다.

11) 不同意上面看法的人会认为，中国的政治体制改革一直没有停止。

앞의 의견에 동의하지 않는 사람은, 중국의 정치체제개혁이 줄곧 멈추지 않았다고 여길 것이다.

a) 不同意上面看法的人会认为，

bù tóngyì shàngmiàn kànfǎ de rén huì rènwéi,

앞부분의 의견에 동의하지 않는 사람은, …라고 여길 것이다.

同意(tóngyì) : 图 …에 동의하다. 찬성하다. 승인하다. 허락하다.
上面(shàngmiàn) : 图 위. 위쪽. 표면. 위. 겉. 앞. 앞부분. 상급. 상부.
看法(kànfǎ) : 图 견해. 부정적인 의견.
会(huì) : 1.图 …할 가능성이 있다. …할 것이다. …할 수 있다.
　　　　2.图 …을 잘하다. …에 뛰어나다〔능하다〕.
　　　　3.图 (배워서) …를 할 수 있다. …할 줄 알다.
　　　　4.图 회. 모임. 집회. 회합.
认为(rènwéi) : 여기다. 생각하다. 2-8.

b) 中国的政治体制改革一直没有停止。

zhōngguó de zhèngzhì tǐzhì gǎigé yìzhí méiyǒu tíngzhǐ.

중국의 정치체제개혁은 줄곧 멈추지 않았다.

一直(yìzhí) : 〔부〕계속. 줄곧. 곧장. 곧바로. 줄곧.
停止(tíngzhǐ) : 〔동〕멈추다. 정지하다. 중지하다. 머물다.

---

12) 他们会举出以下的例子 : 早年的党政分开，后来的村民自治，现在的
党内民主，以及每五年一次的政府机构改革。

그들은 다음과 같은 예를 들을 수 있다. 즉 오래 전의 중공과 정부의 분리, 그 뒤의 촌민자
치, 현재의 당내 민주, 그리고 매 5년마다 1회의 정부기구 개혁이다.

---

a) 他们会举出以下的例子 :

tāmen huì jǔchū yǐxià de lìzi :

그들은 다음과 같은 예를 들을 수 있다. 즉,

举出(jǔchū) : (…을) 들다〔보이다〕.
以下(yǐxià) : 〔명〕이하. 그 다음(의 말). 아래의 말〔문장〕.
例子(lìzi) : 〔명〕예. 보기. 본보기.
举出以下的例子 : 몇몇〔몇 가지〕예를 들다.

---

b) 早年的党政分开，后来的村民自治，现在的党内民主，以及每五年一
次的政府机构改革。

zǎonián de dǎngzhèng fēnkāi, hòulái de cūnmín zìzhì, xiànzài de dǎngnèi mínzhǔ,
yǐjí měi wǔ nián yícì de zhèngfǔ jīgòu gǎigé.

오래 전의 중공과 정부의 분리, 그 뒤의 촌민자치, 현재의 당내 민주, 그리고 매 5년마다
1회의 정부기구 개혁이다.

早年(zǎonián) : 〔명〕여러 해 전. 이전. 오래 전. 옛날. 젊은 시절. 젊었을 때.
党政(dǎngzhèng) : 〔명〕당정. 정당과 정부. 중국공산당(중공)과 정부.
分开(fēnkāi) : 〔동〕갈라지다. 헤어지다. 분리되다〔하다〕. 나누다. 구별하다.
后来(hòulái) : 〔명〕그 후〔뒤. 다음〕. 뒤에 도착한 사람. 후진. 신참. 후발주자.
后来的(hòuláide) : 나중의.
村民(cūnmín) : 〔명〕마을 주민〔사람〕. 촌민.
自治(zìzhì) : 〔명〕〔동〕자치(하다). 자치권을 행사하다.
现在(xiànzài) : 〔명〕지금. 현재. 이제. 현단계. 목전. 당면. 오늘.
党内(dǎngnèi) : 당내. 당 안(의).
以及(yǐjí) : 〔접〕및. 그리고. 아울러.
每(měi) : 〔대〕매. 각. …마다. 모두. 〔부〕늘. 항상. 언제나. 자주. 종종. 흔히.
一次(yícì) : 1회. 한 번.
政府(zhèngfǔ) : 〔명〕정부.
机构(jīgòu) : 〔명〕기구.

13) 作为从事政治学研究的学者，由于职业的特点，我对政治体制更感兴趣，因此也对过去三十年的政治体制改革做了盘点。

정치학 연구에 종사하는 학자로서, 직업적 특성으로 인해, 나는 정치체제에 대해 흥미를 더 느끼고, 이로 인해 또 과거 30년의 정치체제개혁에 대해 점검했다.

a) 作为从事政治学研究的学者，

zuòwéi cóngshì zhèngzhìxué yánjiū de xuézhě,

정치학 연구에 종사하는 학자로서,

作为(zuòwéi) : 동 …로 여기다〔삼다〕. …의 신분〔자격〕으로서. 명 행위. 행동.
从事(cóngshì) : 동 종사하다. 몸담다.
政治学(zhèngzhìxué) : 명 정치학.
学者(xuézhě) : 명 학자.

b) 由于职业的特点，

yóuyú zhíyè de tèdiǎn,

직업적 특성으로 인해,

由于(yóuyú) : 개 …때문에. …(으)로 인하여. 접 …때문에. …(으)로 인하여.
职业(zhíyè) : 명 직업. 형 직업적인. 전문(가)적인. 전문(직)의. 프로의.
特点(tèdiǎn) : 명 특징. 특색. 특성.

c) 我对政治体制更感兴趣，

wǒ duì zhèngzhì tǐzhì gèng gǎn xīngqù,

나는 정치체제에 대해 흥미를 더 느끼고,

※ 여기서 '나'는 본문의 글쓴이 刘军宁(liú jūn níng, Liu Junning, 류쥔닝, 유군녕)이고, 현재 중국 文化部(문화부) 中国文化研究所(중국문화연구소) 연구원이고, 1993년 북경대학교 정치학박사 출신이다.
感(gǎn) : 동 느끼다. 여기다. 감동하다. 감명을 받다. 감사하다. 고맙게 여기다.
兴趣(xīngqù) : 명 흥미. 흥취. 취미.

d) 因此也对过去三十年的政治体制改革做了盘点。

yīncǐ yě duì guòqù sān shí nián de zhèngzhì tǐzhì gǎigé zuò le pándiǎn.

이로 인해 또 과거 30년의 정치체제개혁에 대해 점검했다.

因此(yīncǐ) : 접 이로 인하여. 그래서. 이 때문에.
做(zuò) : 동 하다. 종사하다. 만들다. 제작하다. 쓰다. 짓다.
做盘点 : 점검하다.

14) 如果让我来概括过去三十年的政治体制改革，我的结论是，中国的政治体制在总体上没有发生性质的变化，没有启动政体体制改革的根本性举措。

만약 내가 과거 30년의 정치체제개혁을 개괄한다면, 나의 결론은, 중국의 정치체제가 전반적으로 성질의 변화를 발생시키지 않았고, 정치체제개혁의 근본적 조치를 시작하지 않았다는 것이다.

---

a) 如果让我来概括过去三十年的政治体制改革，

rúguǒ ràng wǒ lái gàikuò guòqù sān shí nián de zhèngzhì tǐzhì gǎigé,

만약 나로 하여금 과거 30년의 정치체제개혁을 개괄하게 한다면,

→만약 내가 과거 30년의 정치체제개혁을 개괄한다면,

如果(rúguǒ)：접 만약. 만일.

让(ràng)：…하게 하다. …하도록 시키다. 2-14.

来(lái)：다른 동사 앞에 쓰여 어떤 일을 하려는 것을 나타냄. 2-1.

概括(gàikuò)：동 개괄하다. 요약하다. 총괄하다. 간추리다. 형 간단〔간략〕한.

---

b) 我的结论是，

wǒ de jiélùn shì,

나의 결론은, (…이다.)

结论(jiélùn)：명 결론. 단안. 결말.

---

c) 中国的政治体制在总体上没有发生性质的变化，

zhōngguó de zhèngzhì tǐzhì zài zǒngtǐ shang méiyǒu fāshēng xìngzhì de biànhuà,

중국의 정치체제가 전반적으로 성질의 변화를 발생시키지 않았고,

总体(zǒngtǐ)：명 총체. 전체.

在总体上：전반적으로. 전체적으로.

性质(xìngzhì)：명 성질. 성분.

---

d) 没有启动政体体制改革的根本性举措。

méiyǒu qǐdòng zhèngtǐ tǐzhì gǎigé de gēnběnxìng jǔcuò.

정치체제개혁의 근본적 조치를 시작하지 않았다.

举措(jǔcuò)：명 거동. 조치.

15) 虽然有大量的政治体制改革的枝节性尝试，但是大多数改革措施只开
　　花，未结果，只听雷，未见雨。
　　비록 많은 정치체제개혁의 지엽적 시도가 있었지만, 그러나 대다수의 개혁 조치는 단지 꽃
　　만 피고 열매를 맺지 못 하고, 단지 천둥만 치고 비가 내리지 않았다.

---

a) 虽然有大量的政治体制改革的枝节性尝试，

　　suīrán yǒu dàliàng de zhèngzhì tǐzhì gǎigé de zhījiéxìng chángshì,

　　비록 많은 정치체제개혁의 지엽적 시도가 있었지만,

　　虽然(suīrán) : 웹 비록 …하지만〔일지라도〕. 설령 …일지라도.
　　枝节(zhījié) : 명 곁가지 (문제). 뜻하지 않은 분규. 지엽적인 일. 부차적인 일.
　　枝节性(zhījiéxìng) : 지엽적인. 부차적인.
　　尝试(chángshì) : 명 동 시도〔시험, 테스트, 경험〕(해 보다).

---

b) 但是大多数改革措施只开花，未结果，只听雷，未见雨。

　　dànshì dàduōshù gǎigé cuòshī zhǐ kāihuā, wèi jiéguǒ, zhǐ tīng léi, wèi jiàn yǔ.
　　그러나 대다수의 개혁 조치는 단지 꽃만 피고 열매를 맺지 못 하고, 단지 천둥만 치고 비가
　　내리지 않았다.

　　大多数(dàduōshù) : 형 대다수의. 대부분의.
　　措施(cuòshī) : 조치. 대책. 2-14.
　　开花(kāihuā) : 동 꽃이 피다. 개화하다.
　　结果(jiéguǒ) : 명 결과. 결실. 열매. 동 열매를 맺다. 열매가 열리다.
　　听(tīng) : 동 듣다. 받아들이다. 따르다. 복종하다.
　　雷(léi) : 명 천둥. 우레. 지뢰.
　　听雷 : 천둥소리를 듣다. 천둥이 치다.
　　见(jiàn) : 동 보(이)다. 마주치다. 만나다.
　　雨(yǔ) : 명 비.
　　见雨 : 비를 보다. 비가 내리다.

16) 尽管如此，我认为，中国的政治体制还是有一项重大的改革，甚至非
　　常重要的改革。
　　그럼에도 불구하고, 내 생각에, 중국의 정치체제는 역시 한 가지 중대한 개혁, 심지어 아주
　　중요한 개혁을 가지고 있다.

a) 尽管如此，我认为，

jìnguǎn rúcǐ, wǒ rènwéi,

그럼에도 불구하고, 내 생각에,

尽管(jìnguǎn) : 접 비록[설령] …라 하더라도. …에도 불구하고.

如此(rúcǐ) : 대 이와 같다. 이러하다.

尽管如此(jìnguǎn rúcǐ) : 그럼에도 불구하고.

b) 中国的政治体制还是有一项重大的改革，甚至非常重要的改革。

zhōngguó de zhèngzhì tǐzhì háishì yǒu yíxiàng zhòngdà de gǎigé, shènzhì

fēicháng zhòngyào de gǎigé.

중국의 정치체제는 역시 한 가지 중대한 개혁, 심지어 아주 중요한 개혁을 가지고 있다.

项(xiàng) : 양 가지. 항목. 조목. 조항. 항. 절목. 명 항목. 항. 목.

一项(yíxiàng) : 한 가지. 한 항목.

甚至(shènzhì) : 부 심지어. …까지[조차]도. 접 …까지도. …조차도. 더욱이.

非常(fēicháng) : 부 대단히. 매우. 아주. 형 비상한. 비정상적인. 명 변고.

17) 可惜，这项改革几乎被人们所遗忘了，虽然我们还在享受它的成果。

아쉽게도, 이 개혁은 거의 사람들에 의해 잊혀졌고, 비록 우리가 여전히 그 성과를 향유하

고 있는 중이지만.

→ 아쉽게도, 비록 우리가 여전히 그 (개혁의) 성과를 향유하고 있는 중이지만, 이 개혁은

사람들에 의해 거의 잊혀졌다.

a) 可惜，这项改革几乎被人们所遗忘了，

kěxī, zhè xiàng gǎigé jǐhū bèi rénmen suǒ yíwàng le,

아쉽게도, 이런 개혁은 거의 사람들에 의해 잊혀졌고,

可惜(kěxī) : 형 섭섭하다. 아쉽다. 애석하다. 아깝다. 유감스럽다.

被(bèi) : 1.개 피동구에서 주어가 동작의 대상임을 나타냄.

2.동 …에게 …를 당하다. …당하다. …에 의해 …당하다.

所(suǒ) : …되다. 1−2.

被…所… : 为 혹 被+명사+所+동사의 형태로 쓰여 피동을 나타냄.

被人们所遗忘 : 사람에 의해 잊혀지다[잊히다]. 사람이 잊다.

遗忘(yíwàng) : 동 잊(어버리)다. 소홀히 하다.

b) 虽然我们还在享受它的成果。

suīrán wǒmèn hái zài xiǎngshòu tā de chéngguǒ.

비록 우리가 여전히 그 성과를 향유하고 있는 중이지만.

在(zài) : 튀 마침 …하고 있다. 막 …하고 있는 중이다.
享受(xiǎngshòu) : 통 누리다. 향유하다. 즐기다.
成果(chéngguǒ) : 명 성과. 결과.

---

18) 这项政治体制改革, 就是关于共产党和国家领导人任期的改革, 即从
终身制走向限任制。

이 정치체제개혁은, 바로 공산당과 국가의 지도자 임기에 관한 개혁이고, 즉 종신제에서
임기제로 발전해 나간 것이다.

---

a) 这项政治体制改革, 就是关于共产党和国家领导人任期的改革,

zhè xiàng zhèngzhì tǐzhì gǎigé, jiù shì guānyú gòngchǎndǎng hé guójiā lǐngdǎorén
rènqī de gǎigé,

이런 정치체제개혁은, 바로 공산당과 국가의 지도자 임기에 관한 개혁이고,

任期(rènqī) : 명 임기.

b) 即从终身制走向限任制。

jí cóng zhōngshēnzhì zǒuxiàng xiànrènzhì.

즉 종신제에서 임기제로 발전해 나가는 것이다.

---

19) 限任制对权力是一个较为有效的限制, 尤其是对专制者的权力是一个
很有效的限制, 否则, 专制者的权力只受到其寿命的限制。

임기제는 권력에 대해 비교적 효과적인 제한이고, 특히 독재자의 권력에 대해 매우 효과적
인 제한이며, 만약 그렇지 않다면, 독재자의 권력은 단지 그 수명의 제한을 받을 뿐이다.

---

a) 限任制对权力是一个较为有效的限制,

xiànrènzhì duì quánlì shì yíge jiàowéi yǒuxiào de xiànzhì,

임기제는 권력에 대해 비교적 효과적인 제한이고,

较为(jiàowéi) : 튀 비교적.
有效(yǒuxiào) : 형 유용〔유효〕하다. 효과가 있다. 효력이 있다. 효과적이다.
限制(xiànzhì) : 명 통 제한 · 규제 · 한정 · 속박 · 제약 · 구속(하다).

b) 尤其是对专制者的权力是一个很有效的限制,

yóuqí shì duì zhuānzhìzhě de quánlì shì yíge hěn yǒuxiào de xiànzhì,

특히 독재자의 권력에 대해 매우 효과적인 제한이며,

尤其(yóuqí)：더욱이. 특히. 2-14.
专制(zhuānzhì)：형 전제적인. 독단적인. 명 전제정치. 동 전횡하다.
专制者(zhuānzhìzhě)：독재자.

c) 否则，专制者的权力只受到其寿命的限制。

fǒuzé, zhuānzhìzhě de quánlì zhǐ shòudào qí shòumìng de xiànzhì.

만약 그렇지 않으면, 독재자의 권력은 단지 그 수명의 제한을 받을 뿐이다.

否则(fǒuzé)：접 만약 그렇지 않으면.
寿命(shòumìng)：명 수명. 명. 목숨. 생명.

20) 这样的话，其危害的时间就会大幅延长。

zhèyàng de huà, qí wēihài de shíjiān jiù huì dàfú yáncháng.

그렇다면, 그 위해의 시간은 바로 대폭적으로 연장될 수 있다.

这样(zhèyàng)：대 이렇다. 이와 같다. 이렇게. 이래서. → 그렇다. 그렇게.
危害(wēihài)：명 위해. 해. 해독. 손해. 동 해를 끼치다. 해치다. 손상시키다.
时间(shíjiān)：명 시간. 동안. 시각.
大幅(dàfú)：형 폭이 넓다. 면적이 넓다. 대폭의. 대폭적인. → 대폭적으로.
延长(yáncháng)：동 연장하다. 늘이다.

21) 如果毛泽东时代实行限任制，从1949年算起，他要在1959年退休，从1954年第一部宪法生效算起，他要在1964年退休。

만약 모택동 시대에 임기제를 실행하여, 1949년부터 계산하면, 그는 1959년에 퇴임해야 하고, 1954년 최초 헌법 발효부터 계산하면, 그는 1964년에 퇴임했어야 한다.

a) 如果毛泽东时代实行限任制，

rúguǒ máo zé dōng shídài shíxíng xiànrènzhì,

만약 모택동 시대에 임기제를 실행하여,

毛泽东(máo zé dōng)：Mao Zedong, 마오쩌뚱, 모택동.
생전에 중국의 최고 권력자. 1893년 12월~1976년 9월.
时代(shídài)：명 시대. 시기. 시절. 때.

b) 从1949年算起，他要在1959年退休，

cóng yī jiǔ sì jiǔ nián suàn qǐ, tā yào zài yī jiǔ wǔ jiǔ nián tuìxiū,

1949년부터 계산하(기 시작하)면, 그는 1959년에 퇴임해야 하고,

起(qǐ) : 1.동 (…하기) 시작하다. 〔동사 뒤에 쓰여, 동작 개시를 뜻함〕

2.동 시작하다. 일어서다. 아래에서 위로 올라가다. 발생하다. 생기다.

3.개 (시간, 장소)…부터.

算(suàn) : 동 계산하다. 셈하다. 셈에 넣다. 계산에 넣다. 추측하다.

要(yào) : 1.동 마땅히 …해야만 한다. …해야 한다.

2.동 …할 것이다. …하려 하고 있다.

3.동 얻기 〔가지기〕를 희망하다. 가지다. 소유하다.

4.동 희망하다. 바라다. 원하다. 필요하다.

5.동 필요로 하다. 걸리다. 들다.

6.동 부탁하다. 요구하다. 청구하다.

退休(tuìxiū) : 동 퇴직하다. 퇴임하다. 은퇴하다.

---

c) 从1954年第一部宪法生效算起，他要在1964年退休。

cóng yī jiǔ wǔ sì nián dìyī bù xiànfǎ shēngxiào suàn qǐ, tā yào zài yī jiǔ liù sì nián tuìxiū.

1954년 최초 헌법 발효부터 계산하(기 시작하)면, 그는 1964년에 퇴임했어야 한다.

第一(dìyī) : 수 제1. 최초. 첫(번)째. 맨 처음. 형 가장 중요하다. 제일이다.

部(bù) : 1.양 부. 편. 〔서적이나 영화 편수 등을 세는 단위〕

2.양 대. 〔기계나 차량을 세는 단위〕

生效(shēngxiào) : 명 동 발효(하다〔되다〕). 효과〔효력〕가 나타나다〔발생하다〕.

---

22) 不论在两年中的哪一年退休，他都不可能在1966年发动无产阶级文化大革命。

두 해 중의 어느 해에 퇴임하든지 간에, 그는 모두 1966년에 무산계급 문화대혁명을 일으킬 수가 없었다.

---

a) 不论在两年中的哪一年退休，

búlùn zài liǎng nián zhōng de nǎyìnián tuìxiū,

두 해 중의 어느 해에 퇴임하든지 간에,

不论(búlùn) : 접 …을 막론하고. …든지. …이든 간에. 동 논하지 않다.

哪一年(nǎyìnián) : 어느 해. 어떤 해.

---

b) 他都不可能在1966年发动无产阶级文化大革命。

tā dōu bùkěnéng zài yī jiǔ liù liù nián fādòng wúchǎn jiējí wénhuà dàgémìng.

그는 모두 1966년에 무산계급 문화대혁명을 일으킬 수가 없었다.

不可能(bùkěnéng) : 동 …할 리 없다. …할 수가 없다. 불가능하다.

发动(fādòng) : 동 일으키다. 발동하다. 발발시키다. 시동을 걸다. 동원하다.

无产阶级文化大革命(wúchǎn jiējí wénhuà dàgémìng) : 무산계급 문화대혁명 혹 프롤레타리아 문화대혁명. 약칭은 문화대혁명 혹 문혁(文革). 1966년 5월부터 1976년 10월까지 모택동에 의해 발동되어, 임표와 강청 두 집단이 악용한 권력투쟁의 정치운동으로, 현대중국에 막대한 손해를 끼쳤다.

文化(wénhuà) : 몡 문화. (일반적인) 교양. 소양. 지식.

革命(gémìng) : 몡 혁명. 대변혁. 동 혁명하다. 혱 혁명적이다.

23) 限任制还大大增加了政治体制和政治规则的确定性和可预见性。

xiànrènzhì hái dàdà zēngjiā le zhèngzhì tǐzhì hé zhèngzhì guīzé de quèdìngxìng hé kěyùjiànxìng.

임기제는 또한 정치체제와 정치규칙의 명확성과 예측가능성을 크게 증가시켰다.

还(hái) : 또한. 2-5.

大大(dàdà) : 뭐 크게. 대단히. 대량으로. 대폭으로.

规则(guīzé) : 몡 규칙. 규정. 법규. 혱 규칙적이다. 일정하다. 조리가 있다.

确定性(quèdìngxìng) : 확정성. 명확성.

可预见性(kěyùjiànxìng) : 예측가능성.

24) 宪政民主的一个优越性, 就是政治的可预知性大大增加。

xiànzhèng mínzhǔ de yíge yōuyuèxìng, jiù shì zhèngzhì de kěyùzhīxìng dàdà zēngjiā.

민주헌정의 우월성은, 바로 정치의 예견가능성이 크게 증가한 것이다.

宪政(xiànzhèng) : 몡 헌정. 입헌정치. 헌법에 따라 행하는 정치.

宪政民主 : 민주주의에 의한 입헌정치. 민주헌정.

优越性(yōuyuèxìng) : 몡 우월성.

预知(yùzhī) : 동 미리[사전에] 알다. 예견하다.

可预知性(kěyùzhīxìng) : 예견가능성.

25) 执政者及其竞争者行为的可确定性也大大增加。

zhízhèngzhě jí qí jìngzhēngzhě xíngwéi de kěquèdìngxìng yě dàdà zēngjiā.

집권자와 그 경쟁자 행위의 확정가능성도 크게 증가된다.

执政者(zhízhèngzhě) : 몡 집권자.

竞争者(jìngzhēngzhě) : 몡 경쟁자.

行为(xíngwéi) : 몡 행위. 행동. 행실. 하는 짓.

可确定性(kěquèdìngxìng) : 확정가능성.

26) 如果限任制是有效的, 大家都能力断定在任者将在哪一年必然退休。

만약 임기제가 효과적인 것이라면, 여러 사람은 모두 재임자가 장차 어느 해에 반드시 퇴임할 것이라고 단정할 수 있다.

a) 如果限任制是有效的,

rúguǒ xiànrènzhì shì yǒuxiào de,

만약 임기제가 효과적인 것이라면,

b) 大家都能断定在任者将在哪一年必然退休。

dàjiā dōu néng duàndìng zàirènzhě jiāng zài nǎyìnián bìrán tuìxiū.

여러 사람은 모두 재임자가 장차 어느 해에 반드시 퇴임할 것이라고 단정할 수 있다.

大家(dàjiā) : 때 모두. 여러 사람. 여러분. 몡 대가. 권위자. 대갓집. 명문.

断定(duàndìng) : 통 단정하다. 결론을 내리다.

在任者(zàirènzhě) : 재임자.

必然(bìrán) : 몡 필연. 혱 필연적이다. 믄 분명히. 반드시. 꼭. 필연적으로.

27) 任何现任者, 不论多么恋权, 都必须做好任满退休的准备, 而难以贸然破坏规矩, 轻易挑战限任制。(刘军宁)

어떤 현임자도, 아무리 권력을 사랑하더라도, 반드시 임기 만료 퇴임의 준비를 잘 해야 하지, 경솔하게 규율을 파괴하며, 함부로 임기제에 도전하기는 어렵다.(류쥔닝)

a) 任何现任者,

rènhé xiànrènzhě,

어떤 현임자(도),

任何(rènhé) : 때 어떠한. 무슨.

任何…都 : 어떤 …도. 모든.

现任者(xiànrènzhě) : 몡 현임자.

b) 不论多么恋权,

búlùn duōme liànquán,

아무리 권력을 사랑하더라도,

多么(duōme) : 1.믄 아무리. 〔심한 정도를 뜻함〕

2.믄 얼마나. 〔감탄문에서 정도가 심함을 나타냄〕

3.믄 얼마나. 어느 정도. 〔의문문에서 정도를 나타냄〕

恋(liàn) : 통 서로 사랑하다. 잊지 못하다. 아쉬워하다. 그리워하다. 사모하다.

权(quán) : 명 권력. 권리.

恋权(liànquán) : 권력을 그리워하다.

c) 都必须做好任满退休的准备,

dōu bìxū zuòhǎo rènmǎn tuìxiū de zhǔnbèi,

…도 반드시 임기 만료 퇴임의 준비를 잘 해야 하지,

做好(zuòhǎo) : 잘 (완성)하다. 1–四.

任满(rènmǎn) : 통 임기가 차다〔끝나다, 만료되다〕. → 임기 만료.

准备(zhǔnbèi) : 명 동 준비(하다). 예비. 〔…할〕 계획 · 작정〔이다〕.

d) 而难以贸然破坏规矩, 轻易挑战限任制。

ér nányǐ màorán pòhuài guījǔ, qīngyì tiāozhàn xiànrènzhì

(그리고) 경솔하게 규율을 파괴하며, 함부로 임기제에 도전하기는 어렵다.

而(ér) : 그리고. 1–1.

难以(nányǐ) : 부 …하기 어렵다〔곤란하다〕.

贸然(màorán) : 부 경솔하게. 분별 없이. 성급하게. 경박하게. 경망스럽게.

破坏(pòhuài) : 통 파괴하다. 훼손시키다. 손해를 입히다. 손상시키다. 해치다.

规矩(guījǔ) : 명 표준. 법칙. 규율. 규정. 습관. 형 모범적이다.

轻易(qīngyì) : 형 제멋대로이다. 경솔하다. 함부로 하다. → 함부로.

挑战(tiāozhàn) : 명 도전. 통 싸움을 걸다. 도전하다. (맞수 등에) 맞서다.

e) (刘军宁)

(liú jūn níng)

(류쥔닝)

3-3 번역 | 30년 동안의 정치체제개혁을 점검하다 : 종신제에서 임기제로

중국의 개혁은 1978년 말부터 시작한 이래로, 벌써 햇수로 꼬박 30년이 되었다. 지난 1년 동안, 중국 각계는 개혁을 위해 여러 가지의 기념 활동을 했고, 여러 가지의 회고를 했다. 그러나 그 중에 정치체제개혁에 대한 회고와 총결산은 극히 드물었다. 중국의 개혁은 거의 경제체제개혁의 동의어가 되었다. 그 원인을 탐구하자면, 바로 중국의 정치체제는 이미 중대한 개혁을 하여 중대한 변화가 발생한 것인가? 아니면 정체체제개혁 방면에서 어떤 큰 움직임이 전혀 없어서 거의 할 말이 없는 것인가? 경제체제 방면에서, 개혁을 통해, 중국은 공유제에서 사유제로 발전해 나가기 시작하고, 계획경제에서 시장경제로 발전해 나가기 시작하고 있다고 말할 수 있다. 그러나 정치체제에 관해서, 우리는 중국이 무엇에서 무엇으로 발전해 나가고 있다고 말할 수 있는가? 정치체제에서, 중국은 여전히 인민민주독재(혹은 무산계급독재), 중국공산당 통치, 인민대표대회제도를 실행한다. 아마도 작년 기념 활동 중 정치체제개혁을 무시한 것은 일리가 있는데, 왜냐하면 우리가 어떤 중대한 정치체제개혁을 보지 못한 것 같기 때문이다. 앞의 의견에 동의하지 않는 사람은, 중국의 정치체제개혁이 줄곧 멈추지 않았다고 여길 것이다. 그들은 다음과 같은 예를 들 수 있다. 즉 오래 전의 중공과 정부의 분리, 그 뒤의 촌민자치, 현재의 당내 민주, 그리고 매 5년마다 1회의 정부기구 개혁이다.

정치학 연구에 종사하는 학자로서, 직업적 특성으로 인해, 나는 정치체제에 대해 흥미를 더 느끼고, 이로 인해 또 과거 30년의 정치체제개혁에 대해 점검했다. 만약 내가 과거 30년의 정치체제개혁을 개괄한다면, 나의 결론은, 중국의 정치체제가 전반적으로 성질의 변화를 발생시키지 않았고, 정치체제개혁의 근본적 조치를 시작하지 않았다는 것이다. 비록 많은 정치체제개혁의 지엽적 시도가 있었지만, 그러나 대다수의 개혁 조치는 단지 꽃만 피고 열매를 맺지 못 하고, 단지 천둥만 치고 비가 내리지 않았다. 그럼에도 불구하고, 내 생각에, 중국의 정치체제에는 역시 한 가지 중대한 개혁, 심지어 아주 중요한 개혁이 있었다. 아쉽게도, 비록 우리가 여전히 그 개혁의 성과를 향유하고 있는 중이지만, 이 개혁은 사람들에 의해 거의 잊혀졌다. 이 정치체제개혁은, 바로 공산당과 국가의 지도자 임기에 관한 개혁이고, 즉 종신제에서 임기제로 발전해 나간 것이다.

임기제는 권력에 대해 비교적 효과적인 제한이고, 특히 독재자의 권력에 대해 매우 효과적인 제한이며, 만약 그렇지 않다면, 독재자의 권력은 단지 그 수명의 제한을 받을 뿐이다. 그렇다면, 그 위해의 시간은 바로 대폭적으로 연장될 수 있다. 만약 모택동 시대에 임기제를 실행하여, 1949년부터 계산하면, 그는 1959년에 퇴임해야 하고, 1954년 최초 헌법 발효부터 계산하면, 그는 1964년에 퇴임했어야 한다. 두 해 중의 어느 해에 퇴임하든지 간에, 그는 모두 1966년에 무산계급 문화대혁명을 일으킬 수가 없었다.

임기제는 또한 정치체제와 정치규칙의 명확성과 예측가능성을 크게 증가시켰다. 민주헌정의 우월성은, 바로 정치의 예견가능성이 크게 증가한 것이다. 집권자와 그 경쟁자 행위의 확정가능성도 크게 증가된다. 만약 임기제가 효과적인 것이라면, 여러 사람은 모두 재임자가 장차 어느 해에 반드시 퇴임할 것이라고 단정할 수 있다. 어떤 현임자도, 아무리 권력을 사랑하더라도, 반드시 임기 만료 퇴임의 준비를 잘 해야 하지, 경솔하게 규율을 파괴하며, 함부로 임기제에 도전하기는 어렵다.(류쥔닝)

3-4 练习

　　现代政体的一个重要特点，就是执政者的有序更迭。更迭的类型有两种：一种是执政党的交替更迭，另一种是最高领导人的定期更迭。中国虽然还没有第一种，但是毕竟有了第二种。这是一个非常重大的进展。有了第二种更迭，第一种更迭也不会太久远了。毕竟，按规则更迭的大门已经打开。

　　有限任制不等于有宪政，但是宪政离不开限任制。对比普京与查韦斯的所作所为，中国这些年在政治方面最大的进步就是，限任制的制度安排逐步得到确立。此中的意义将会在未来确立宪政过程中逐步显现出来。

　　实行限任制有效地阻断了执政者通向个人崇拜之路。实行限任制之后，像毛泽东被捧为神的领导人在中国已经难有再现的机会。关键是，一旦限任制能够在民众的政治文化中间扎根，他们就不会把任何领导人真心当作神了。在限任制下的民众看来，这些领导人，其实与他们一样，任期满了，也要离职。国家最高领导职位甚至比一般领导职位更受任期限制。实行限任制等于宣布，任何领导人都不是神，而是与凡人一样，会犯错误，会衰老，因此不能让他们永远执政。一句话，限任制把最高领导人从神坛上拽下来了，而且永远不允许他们再上神坛。

　　从终身制向限任制的转变，是中国从极权主义政体走向后极权主义政体的一个重要标志。在过去的三十年中，在我看来，最重要的政治体制改革莫过于限任制的推出与落实。甚至可以说，经过二十多年的实践，限任制已经成为现行政治制度非常重要·非常稳定的组成部分。

단어 정리

- 政体(zhèngtǐ) : 명 정체. 정치체제. 〔국가 정권의 구성 형식〕
- 有序(yǒuxù) : 질서정연하다. 2-四.
- 更迭(gēngdié) : 명 동 경질(하다). 교대하다. 번갈아 교체하다. 인사이동하다.
- 类型(lèixíng) : 명 유형.
- 种(zhǒng) : 명 종자. 열매. 씨(앗). 종. 종류. 갈래.
- 执政党(zhízhèngdǎng) : 명 집권당. 여당.
- 另一种(lìngyìzhǒng) : 또 다른 (종류). 또 다른 종류의.
- 定期(dìngqī) : 동 날짜를〔기일을, 기한을〕 정하다〔맞추다, 잡다〕. 형 정기의〔적인〕.
- 第一种(dìyīzhǒng) : 첫 번째 (종류). 제1 (종류의).
- 毕竟(bìjìng) : 부 결국. 끝내. 필경. 어디까지나.
- 有了(yǒule) : 동 있다. 생겼다. 찾아냈다. 얻다. 임신하다. 회임하다.
- 进展(jìnzhǎn) : 명 동 진전(하다). 전진〔진행, 진보〕하다. 진척하다. 발달하다.
- 太(tài) : 부 대단히. 매우. 아주. 극히. 지나치게. 몹시. 너무.
- 太…了 : 매우 …하다.
- 久远(jiǔyuǎn) : 형 멀다. 멀고 오래다. 까마득하다.
- 按(àn) : 개 …에 의거하여. …에 따라서. …에 준하여. 동 (억)누르다. 억제하다.
- 大门(dàmén) : 명 큰 문. 대문. 정문. 앞문. 큰 문호. 관문. 나라의 문.
- 打开(dǎkāi) : 동 열다. 풀다. 펼치다. 타개하다. (스위치 따위를) 넣다. 켜다. 틀다.
- 等于(děngyú) : 동 …이나 다름없다. …와 마찬가지이다. …에 해당하다.
- 离不开(líbukāi) : 동 떨어질〔벗어날〕 수 없다. 떠날 수가 없다. 없어서는 안 된다.
- 对比(duìbǐ) : 명 동 비율. 대비(하다). 대조(하다). 비교(하다).
- 普京(pǔjīng) : 블라디미르 푸틴. 러시아 대통령. 재임기간 2000~2008. 재취임 2012년.
- 查韦斯(cháwéisī) : 우고 차베스. 베네수엘라 대통령. 재임기간 1999~2013 3월.
- 所作所为(suǒzuò suǒwéi) : 모든 행위〔행동〕. 행동거지. 한 일. 저지른 짓.
- 这些年(zhèxiēnián) : 최근 몇 년 (동안). 요 몇 년 (동안).
- 逐步(zhúbù) : 부 한 걸음 한 걸음. 점차. 점진적으로.
- 得到(dédào) : 동 …할 수 있다. (말미암아) …(하게) 되다. 얻다. 받다. 획득하다.
- 显现(xiǎnxiàn) : 동 현현하다. 분명하게 나타나다. 드러나다. 보이게 되다.
- 出来(chūlái) : 1.동 (동사 뒤에 쓰여) 숨겨져 있다가 드러남을 표시함.
           2.동 (안에서 밖으로) 나오다. 출현하다. 생기다. 나타나다. 발생하다.
- 阻断(zǔduàn) : 동 막다. 차단하다.
- 通向(tōngxiàng) : 동 …로 통하다. …에 통하다.

- 像(xiàng) : 🔟 마치〔흡사〕(…인 것 같다, 듯하다). 🔟 (…와) 같다. 비슷하다.
- 捧(pěng) : 🔟 두 손으로 받쳐들다. 받들다. 남에게 아첨하다. 치켜세우다.
- 捧为(pěngwéi) : …으로 받들다.
- 神(shén) : 🔟 신. 귀신. 신령. 기색.
- 难(nán) : 🔟 …하기 어렵다〔힘들다〕. 어렵다. 힘들다. 좋지 않다. 나쁘다.
- 再现(zàixiàn) : 🔟 🔟 재현(하다). 다시 나타나다〔출현하다〕.
- 机会(jīhuì) : 🔟 기회. 시기. 찬스.
- 一旦(yídàn) : 🔟 일단〔만약〕…한다면. 🔟 하루 아침. 잠시. 잠깐. 삽시간.
- 能够(nénggòu) : 🔟 …할 수 있다. …해도 된다. …에 쓰인다. …에 효과가 있다.
- 中间(zhōngjiān) : 🔟 안. 속. 사이. 가운데. 중간. 중앙. 중심. 한가운데.
- 扎根(zhágēn) : 🔟 뿌리를 내리다. 깊이 파고들다. 깊게 뿌리내리다. 정착시키다.
- 真心(zhēnxīn) : 🔟 진심. → 진심으로.
- 当作(dāngzuò) : 🔟 …(으)로 여기다. …(으)로 삼다. …(으)로 간주하다.
- 在(zài)…看来(kànlái) : …의 입장에서 보면.
- 其实(qíshí) : 🔟 기실. 사실.
- 与(yǔ) : 🔟 …와〔과〕. …함께. 🔟 …와〔과〕. …거나. 또는.
- 一样(yíyàng) : 🔟 같다. 동일하다. 한 가지이다.
- 满(mǎn) : 🔟 정한 기한이 다 되다〔차다〕. 만족하다. 🔟 가득 차다. 가득하다.
- 离职(lízhí) : 🔟 사직하다. 직장을 완전히 그만두다. (잠시) 직장을 떠나다.
- 职位(zhíwèi) : 🔟 직위.
- 领导职位 : 지도자의 직위.
- 比(bǐ) : 🔟 …에 비해. …보다. 🔟 비교하다.
- 受(shòu) : 🔟 받다. 받아들이다. 참다. 견디다. 당하다. 입다. 받다.
- 宣布(xuānbù) : 🔟 선포하다. 공표하다. 선언하다. 발표하다.
- 凡人(fánrén) : 🔟 평범한 사람. 범인. 범부. 보통 사람. 보통인. 일반 사람. 일반인.
- 犯(fàn) : 🔟 범하다. 저지르다. 위반하다. 어기다. 침범하다. 건드리다.
- 错误(cuòwù) : 🔟 착오. 잘못. 🔟 부정확하다. 잘못되다.
- 衰老(shuāilǎo) : 🔟 노쇠하다. 늙어 쇠약해지다.
- 不能(bùnéng) : 🔟 …해서는 안 된다〔금지 뜻〕. …할 수가 없다〔무능, 불허 뜻〕.
- 永远(yǒngyuǎn) : 🔟 영원히. 길이길이. 언제까지나. 언제나. 항상.
- 一句话(yíjùhuà) : (말) 한마디. 일언.
- 坛(tán) : 🔟 단. 제단. 화단.
- 神坛(shéntán) : 🔟 신단. 신에게 제사 지내는 제단.
- 拽(yè) : 🔟 잡아당기다〔끌다〕. 세차게 끌다.

- 下来(xiàlái) : 1.통 동사 뒤에 쓰여, 고지(원처)에서 저지(근처)로 향함을 나타냄.
                2.통 (위에서) 내려오다.
- 拽下来(yèxiàlái) : 끌어내리다. 잡아내리다.
- 而且(érqiě) : 접 또한. 게다가. 뿐만 아니라.
- 允许(yǔnxǔ) : 통 동의하다. 허가하다. 응낙하다. 허락하다.
- 上(shàng) : 통 오르다. 타다. 가다. 다다르다. 도착하다.
- 向(xiàng) : 통 …을 향해 있다. …(으)로〔을〕 향하다. 개 …(으)로. …을 향하여.
- 极权(jíquán) : 명 독재. 강권.
- 极权主义(jíquán zhǔyì) : 명 전체주의.
- 后(hòu) : 형 후기〔말미〕의. 뒤〔후, 다음, 나중, 장래, 미래〕의. 명 후대. 자손.
- 后极权主义(hòu jíquán zhǔyì) : 후기전체주의.
- 标志(biāozhì) : 명 상징. 표지. 통 명시하다. 상징하다.
- A莫过于(mòguòyú)B : 통 B보다 (더) A한 것은 없다. B 이상의 A는 없다.
                A는 B가 제일이다.
- 推出(tuīchū) : 명 통 내놓다. 출시·제시(하다). 추천(하다). 선발〔선출〕(하다).
- 落实(luòshí) : 명 통 실현(되다, 시키다). 구체화(되다, 하다). 현실화(시키다).
- 部分(bùfen) : 명 (전체 중의) 부분. 일부(분).

번 역

　현대 정체의 중요한 특징은, 바로 집권자의 질서정연한 경질이다. 경질의 유형에는 두 종류가 있고, 한 종류는 집권당의 교체 경질이고, 또 다른 종류는 최고 지도자의 정기적인 경질이다. 중국이 비록 아직 첫 번째의 종류는 없지만, 그러나 결국 두 번째 종류가 생겼다. 이것은 대단히 중요한 진전이다. 두 번째 종류의 경질이 생겼으니, 첫 번째의 경질도 매우 먼 일은 아닐 것이다. 결국 규칙에 의한 경질의 큰 문은 이미 열렸다.

　임기제가 있는 것이 헌정이 있는 것과 마찬가지는 아니지만, 그러나 헌정은 임기제와 떨어질 수 없다. 푸틴과 차베스의 모든 행위와 비교하여, 중국의 최근 몇 년간 정치방면에서의 최대 진전은, 바로 임기제의 제도적 안배가 점차 확립되고 있는 것이다. 이 중의 의미는 장차 미래 헌정 확립의 과정에서 점차 분명하게 나타날 것이다.

　임기제의 실행은 집권자가 개인숭배로 통하는 길을 효과적으로 차단했다. 임기제 실행이후, 모택동처럼 신으로 받들어진 지도자가 중국에서 이미 다시 나타날 기회가 있기 어려워졌다. 관건은, 일단 임기제가 민중의 정치문화 속에서 뿌리를 내릴 수 있다면, 그들은 바로 어떤 지도자도 진심으로 신으로 삼지 않을 것이라는 점이다. 임기제 하의 민중의 관점에서 보면, 이들 지도자는 사실 그들과 동일하여, 임기가 만료되면, 또한 사직해야 한다. 국가 최고 지도자의 직위는 심지어 일반 지도자의 직위보다 더 임기 제한을 받는다. 임기제의 실행은, 어떤 지도자도 신이 아니고, 일반인과 똑같아, 착오를 범할 수 있고, 노쇠할 수 있으며, 그래서 그들로 하여금 영원히 집권하지 못 하게 하는 것을 선포하는 것과 같다. 한마디로, 임기제는 최고 지도자를 신단에서 끌어내리고, 또한 그들이 다시 신단에 올라가는 것을 영원히 허락하지 않는다.

　종신제에서 임기제로 향하는 변화는, 중국이 전체주의 정체에서 후기전체주의 정체로 발전해 나가는 주요 상징이다. 과거 30년 동안에, 내 입장에서 보면, 임기제의 제시와 실현보다 더 가장 중요한 정치체제개혁은 없다. 심지어 20여 년의 실천을 거쳐서, 임기제는 이미 현행 정체제도에서 대단히 중요하고 매우 안정적인 구성 부분이 되었다고 말할 수 있다.

中国共产党与孙中山

중국공산당과 손중산

4-1 正文 中国共产党是孙中山最忠实継承者

纪念辛亥革命100周年大会9日上午在人民大会堂隆重举行。中共中央总书记·国家主席·中央军委主席胡锦涛出席大会并发表重要讲话。

他高度评价了辛亥革命的伟大意义，全面回顾了辛亥革命100年来中国人民百折不挠·顽强拼搏的奋斗历程，深刻阐述了新形势下实现中华民族伟大夏兴的历史使命，进一步提出了发展两岸关系·促进国家完全统一的殷切希望。

1.革命意义：辛亥革命开启中国社会变革

胡锦涛说，100年前，以孙中山先生为代表的革命党人发动了震惊世界的辛亥革命，开启了中国前所未有的社会变革。今天，我们隆重纪念辛亥革命100周年，深切缅怀孙中山先生等辛亥革命先驱的历史功勋，就是要学习和弘扬他们为振兴中华而矢志不渝的崇高精神，激励海内外中华儿女为实现中华民族伟大夏兴而共同奋斗。

1840年鸦片战争以后，中国逐步成为半殖民地半封建社会，西方列强野蛮入侵，封建统治腐朽无能，国家战乱不已，人民饥寒交迫，中国人民和中华民族遭受了世所罕见的深重苦难。辛亥革命的爆发，是当时中国人民争取民族独立·振兴中华深切愿望的集中反映，也是当时中国人民为救亡图存而前赴后继顽强斗争的集中体现。

孙中山先生是伟大的民族英雄·伟大的爱国主义者·中国民主革命的伟大先驱。

辛亥革命推翻了清王朝统治，结束了统治中国几千年的君主专制制度，传播了民主共和的理念，以巨大的震撼力和深刻的影响力推动了近代中国社会变革。它开创了完全意义上的近代民族民主革命，极大推动了中华民族的思想解放，打开了中国进步潮流的闸门，为中华民族发展进步探索了道路。

2.奋斗历程：孙中山凤愿已经或正在成为现实

胡锦涛说，1921年，在马克思列宁主义同中国工人运动的结合中，中国共产党应运而生。从此，中国人民有了用先进理论指导的马克思主义政党的领导，中国革命出现焕然一新的面貌。

中国共产党人是孙中山先生开创的革命事业最坚定的支持者·最亲密的合作者·最忠实的继承者，不断实现和发展了孙中山先生和辛亥革命先驱的伟大抱负。中国共产党在成立之初，就提出反帝反封建的民主革命纲领，并同孙中山先生领导的中国国民党携手合作，建立最广泛的革命统一战线。辛亥革命后屡遭挫折的孙中山先生，把中国共产党人当成亲密朋友，毅然改组国民党，实行联俄·联共·扶助农工三大政策。孙中山先生逝世后，中国共产党人继承他的遗愿，同一切忠于他的事业的人们共同努力·继续奋斗。

* 출처: 新华社 2011年10月10日
http://news.cn.yahoo.com/ypen/20111010/628094.html

4-2 生词与解释

1) 中国共产党是孙中山最忠实继承者

zhōngguó gòngchǎndǎng shì sūn zhōng shān zuì zhōngshí jìchéngzhě
중국공산당은 손중산의 가장 충실한 계승자이다

孙中山(sūn zhōng shān)：Sun Zhonsghan, 쑨쭝산, 손중산. 혹은 손문(孙文)이라고 함.
　　　1912년 중화민국의 임시 대총통. 1866년 11월~1925년 3월.
忠实(zhōngshí)：[형] 충실하다. 충직하고 성실하다. 진실하다. 참되다.
继承者(jìchéngzhě)：[명] 계승자.
继承(jìchéng)：[동] 이어받다. 계승하다. 물려받다. 상속하다.

2) 纪念辛亥革命100周年大会9日上午在人民大会堂隆重举行。

jìniàn xīnhài gémìng yī bǎi zhōunián dàhuì jiǔ rì shàngwǔ zài rénmín dàhuìtáng
lóngzhòng jǔxíng.
신해혁명 100주년 기념 대회가 9일 오전 인민대회당에서 성대하게 거행되었다.

纪念辛亥革命100周年大会：신해혁명 100주년을 기념하는 대회.
　　→신해혁명 100주년 기념 대회.
纪念(jìniàn)：기념하다. 3-3.
辛亥革命(xīnhài gémìng)：신해혁명.
　　〔1911년 10월 10일 武昌에서 발생한 자산계급 민주주의 혁명〕
革命(gémìng)：혁명. 3-22.
周年(zhōunián)：[명] 주년.
大会(dàhuì)：[명] 대회. 전체 회의. 총회.
上午(shàngwǔ)：[명] 오전. 상오.
人民大会堂(rénmín dàhuìtáng)：[명] 인민대회당.
隆重(lóngzhòng)：[형] 성대하다. 성대하고 장중하다.
举行(jǔxíng)：[동] 거행하다. 거행되다.

3) 中共中央总书记·国家主席·中央军委主席胡锦涛出席大会并发表重要讲话。

zhōnggòng zhōngyāng zǒngshūjì·guójiā zhǔxí·zhōngyāng jūnwěi zhǔxí hú jǐn tāo
chūxí dàhuì bìng fābiǎo zhòngyào jiǎnghuà.
중공중앙 총서기·국가주석·중앙군위 주석 후진타오는 대회에 참석하고 또한 중요 연설을
발표했다.

中共中央(zhōnggòng zhōngyāng) : 중공중앙. 2-3.

总书记(zǒngshūjì) : 총서기. 2-3.

国家主席(guójiā zhǔxí) : 국가주석. 2-2.

中央军委(zhōngyāng jūnwěi) : 중앙군위. 중국공산당 중앙군사위원회의 약칭.
　　중화인민공화국 중앙군사위원회의 약칭.

主席(zhǔxí) : 주석. 2-2.

胡锦涛(hú jǐn tāo) : 후진타오. 1-2.

出席(chūxí) : 통 회의에 참가하다〔참석하다, 출석하다〕.

发表(fābiǎo) : 통 글을 게재하다. 발표하다. 선포하다.

重要(zhòngyào) : 중요하다. 1-9.

讲话(jiǎnghuà) : 통 말하다. 발언하다. 질책하다. 명 강화. 담화. 연설.

---

4) 他高度评价了辛亥革命的伟大意义，全面回顾了辛亥革命100年来中国人民百折不挠·顽强拼搏的奋斗历程，深刻阐述了新形势下实现中华民族伟大复兴的历史使命，进一步提出了发展两岸关系·促进国家完全统一的殷切希望。

그는 신해혁명의 위대한 의의를 높게 평가했고, 신해혁명 이후 100년 동안 중국 인민이 굴하지 않고 끝까지 싸운 분투 역정을 전반적으로 회고했고, 새 상황 하에서 중화 민족의 위대한 부흥을 실현하는 역사적 사명을 깊이 있게 논술했으며, 더 나아가 양안관계를 발전시키고 국가의 완전한 통일을 촉진시키는 간절한 희망을 제기했다.

---

a) 他高度评价了辛亥革命的伟大意义，

tā gāodù píngjià le xīnhài gémìng de wěidà yìyì,

그는 신해혁명의 위대한 의의를 높게 평가했고,

高度(gāodù) : 높게. 1-16.

评价(píngjià) : 평가하다. 1-16.

伟大(wěidà) : 위대하다. 1-9.

意义(yìyì) : 의의. 1-3.

---

b) 全面回顾了辛亥革命100年来中国人民百折不挠·顽强拼搏的奋斗历程，

quánmiàn huígù le xīnhài gémìng yī bǎi nián lái zhōngguó rénmín bǎizhé bùnáo · wánqiáng pīnbó de fèndǒu lìchéng,

신해혁명 (이후) 100년 동안 중국 인민이 굴하지 않고 끝까지 싸운 분투 역정을 전반적으로 회고했고,

全面(quánmiàn) : 전반적으로. 전면적으로. 1-1.

回顾(huígù) : 회고(하다). 3-3.

来(lái) : …이래. …동안. 2-1.

百折不挠(bǎizhé bùnáo) : 백절불굴(百折不屈). 수많은 좌절에도 꺾이지 않다.

顽强(wánqiáng) : 휑 완강하다. 억세다. 드세다. 강경하다.

拼搏(pīnbó) : 동 전력을 다해 분투하다. 끝까지 싸우다.

顽强拼搏(wánqiáng pīnbó) : 완강하게 끝까지 맞서 싸우다. 선전하다.

奋斗(fèndǒu) : 분투(하다). 1-1.

历程(lìchéng) : 명 역정. 지내 온 경로. 노정. 과정.

🔊 c) 深刻阐述了新形势下实现中华民族伟大复兴的历史使命,

shēnkè chǎnshù le xīn xíngshì xia shíxiàn zhōnghuá mínzú wěidà fùxīng de lìshǐ shǐmìng,

새 상황 하에서 중화 민족의 위대한 부흥을 실현하는 역사적 사명을 깊이 있게 논술했으며,

深刻(shēnkè) : 휑 깊이가 있다. 매우 강렬하다. 심각하다. → 깊이 있게.

阐述(chǎnshù) : 동 상세히 논술하다. 명백하게 논술하다.

形势(xíngshì) : 명 상황. 형세. 정세. 형편. 지세.

实现(shíxiàn) : 실현하다. 2-11.

民族(mínzú) : 명 민족.

复兴(fùxīng) : 부흥. 2-8.

使命(shǐmìng) : 명 사명. 명령. 중대한 책임.

🔊 d) 进一步提出了发展两岸关系·促进国家完全统一的殷切希望。

jìnyíbù tíchū le fāzhǎn liǎng àn guānxi · cùjìn guójiā wánquán tǒngyī de yīnqiē xīwàng.

더 나아가 양안관계를 발전시키고 국가의 완전한 통일을 촉진시키는 간절한 희망을 제기했다.

进一步(jìnyíbù) : 뷔 (한 걸음 더) 나아가. 진일보하여.

提出(tíchū) : 제기하다. 제시하다. 제출하다. 1-9.

两岸关系(liǎng àn guānxi) : 양안관계 즉 중국 대륙과 타이완의 관계.

两岸(liǎng àn) : 명 (강이나 해협의) 양안. 중국 대륙과 타이완.

关系(guānxi) : 명 관계. 연줄. 영향. 동 …와 관계하다〔되다〕. 관련하다.

促进(cùjìn) : 동 촉진시키다. 촉진하다. 1-9.

完全(wánquán) : 휑 완전하다. 온전하다. 완벽하다. 뷔 완전히. 전적으로.

殷切(yīnqiē) : 휑 마음에서 우러나오는. 간절하다. 진지하고 절실하다.

希望(xīwàng) : 명 희망. 소망. 원망. 바람. 소원. 동 희망하다. 바라다.

5) 1.革命意义 : 辛亥革命开启中国社会变革

yī. gémìng yìyì : xīnhài gémìng kāiqǐ zhōngguó shèhuì biàngé

1.혁명의 의의: 신해혁명은 중국 사회 변혁을 시작하다

开启(kāiqǐ) : 동 시작하다. 일으키다. 열다. 개방하다.

变革(biàngé) : 명 동 변혁(하다). 변혁되다.

6) 胡锦涛说，100年前，以孙中山先生为代表的革命党人发动了震惊世界的辛亥革命，开启了中国前所未有的社会变革。

후진타오에 의하면, 100년 전에, 손중산 선생님을 대표로 하는 혁명당원들이 세계를 놀라게 하는 신해혁명을 일으켰고, 중국 역사상 유례가 없는 사회 변혁을 시작했다.

a) 胡锦涛说，

hú jǐn tāo shuō,

후진타오는 …라고 말했다. → 후진타오에 의하면,

b) 100年前，以孙中山先生为代表的革命党人发动了震惊世界的辛亥革命，

yī bǎi nián qián, yǐ sūn zhōng shān xiānshēng wéi dàibiǎo de gémìng dǎngrén fādòng le zhènjīng shìjiè de xīnhài gémìng,

100년 전에, 손중산 선생님을 대표로 하는 혁명당원들이 세계를 놀라게 하는 신해혁명을 일으켰고,

以(yǐ)A…为(wéi)B… : A를 B로 삼다. A를 B로 여기다.

先生(xiānshēng) : 1.몡 선생님. 〔학문·명성이 높은 연로자에 대한 경칭〕

　　　　　　　　2.몡 선생님. 씨. 〔성인 남성에 대한 경칭〕

　　　　　　　　3.몡 남편. 〔타인 혹 자신의 남편에 대한 호칭. 앞에 인칭대명사가 옴〕

　　　　　　　　4.몡 교사. (학교) 선생님.

代表(dàibiǎo) : 대표(하다). 2-4.

党人(dǎngrén) : 몡 당원.

发动(fādòng) : 일으키다. 발동하다. 발동시키다. 시동〔발동〕을 걸다. 3-22.

震惊(zhènjīng) : 동 놀라게 하다. 형 깜짝 놀라게 하다. 경악하게 하다.

世界(shìjiè) : 몡 세계. 세상. 인간 세상. 사회.

c) 开启了中国前所未有的社会变革。

kāiqǐ le zhōngguó qiánsuǒwèiyǒu de shèhuì biàngé.

중국 역사상 유례가 없는 사회 변혁을 시작했다.

前所未有(qiánsuǒwèiyǒu) : 역사상 유례가 없다.

7) 今天, 我们隆重纪念辛亥革命100周年, 深切缅怀孙中山先生等辛亥革命先驱的历史功勋, 就是要学习和弘扬他们为振兴中华而矢志不渝的崇高精神, 激励海内外中华儿女为实现中华民族伟大复兴而共同奋斗。

오늘, 우리가 신해혁명 100주년을 성대하게 기념하고, 손중산 선생님 등 신해혁명 선구자의 역사적 공훈을 마음 깊이 기리는 것은, 바로 중국을 진흥시키기 위해 의지가 굳건한 그들의 숭고한 정신을 본받고 더욱 선양하여, 국내외 중국 아들딸들이 중화 민족의 위대한 부흥을 실현하기 위해 다 같이 분투하도록 격려하려는 것이다.

a) 今天, 我们隆重纪念辛亥革命100周年, 深切缅怀孙中山先生等辛亥革命先驱的历史功勋,

jīntiān, wǒmen lóngzhòng jìniàn xīnhài gémìng yī bǎi zhōunián, shēnqiē miǎnhuái sūn zhōng shān xiānshēng děng xīnhài gémìng xiānqū de lìshǐ gōngxūn,

오늘, 우리가 신해혁명 100주년을 성대하게 기념하고, 손중산 선생님 등 신해혁명 선구자의 역사적 공훈을 마음 깊이 기리다 → … 기리는 것은,

今天(jīntiān) : 몡 오늘. 현재. 지금. 오늘날.
深切(shēnqiē) : 혱 (감정이) 깊다. 절절하다. 심심한. 마음에서 우러나는.
缅怀(miǎnhuái) : 통 (지나간 사람·사건을) 기리다. 회고하다. 추억하다.
先驱(xiānqū) : 몡 선구자. 통 앞서 가다. 선도하다. 〔주로 추상적으로 쓰임〕
功勋(gōngxūn) : 몡 공훈. 공로.

b) 就是要学习和弘扬他们为振兴中华而矢志不渝的崇高精神,

jiù shì yào xuéxí hé hóngyáng tāmen wèi zhènxīng zhōnghuá ér shǐzhìbùyú de chónggāo jīngshén,

바로 중국을 진흥시키기 위해 의지가 굳건한 그들의 숭고한 정신을 본받고 더욱 선양하여,

※ 조동사 要는 본동사 学习·弘扬 및 아래의 激励와 연관되어 있으나, 번역은 아래의 마지막 본동사 激励에 한다.
学习(xuéxí) : 통 본받다. 모방하다. 학습하다. 공부하다. 배우다.
弘扬(hóngyáng) : 통 더욱 발양하다〔시키다〕. 선양하다. 드높이다. 진전시키다.
振兴(zhènxīng) : 통 진흥시키다.
振兴中华 : 중국을 진흥시키다.
矢志不渝(shǐzhì bùyú) : 의지가 굳어 변하지 않다. 의지가 굳건하다.
矢志(shǐzhì) : 통 (맹세하고) 뜻을 세우다. 포부를 가지다.
不渝(bùyú) : 통 불변하다. 변하지 않다.
崇高(chónggāo) : 혱 숭고하다. 고상하다.

c) 激励海内外中华儿女为实现中华民族伟大夏兴而共同奋斗。

jīlì hǎinèiwài zhōnghuá érnǚ wèi shíxiàn zhōnghuá mínzú wěidà fùxīng ér gòngtóng fèndǒu.

국내외 중국 아들딸들이 중화 민족의 위대한 부흥을 실현하기 위해 다 같이 분투하도록 격려하려는 것이다.

激励(jīlì) : 동 격려하다. 북돋워 주다.
海内外(hǎinèiwài) : 명 국내외.
儿女(érnǚ) : 명 자녀. 자식. 아들과 딸. 남녀.
共同(gòngtóng) : 부 함께. 다 같이. 더불어. 형 공동의. 공통의.

8) 1840年鸦片战争以后，中国逐步成为半殖民地半封建社会，西方列强野蛮入侵，封建统治腐朽无能，国家战乱不已，人民饥寒交迫，中国人民和中华民族遭受了世所罕见的深重苦难。

1840년 아편전쟁 이후, 중국은 점차 반식민지와 반봉건 사회가 되었으며, 서양 열강은 야만적으로 침입하고, 봉건 통치는 부패하고 무능하며, 국가의 전란은 끊이지 않고, 인민의 생활은 극도로 궁핍하며, 중국 인민과 중화 민족은 세상에서 보기 힘든 혹심한 고난을 당했다.

a) 1840年鸦片战争以后，

yī bā sì líng nián yāpiàn zhànzhēng yǐhòu,
1840년 아편전쟁 이후,

鸦片战争(yāpiàn zhànzhēng) : 명 아편전쟁(1840년~1842년, 청나라와 영국 사이의 전쟁).
以后(yǐhòu) : 명 이후. 금후.

b) 中国逐步成为半殖民地半封建社会，

zhōngguó zhúbù chéngwéi bàn zhímíndì bàn fēngjiàn shèhuì,
중국은 점차 반식민지와 반봉건 사회가 되었으며,

逐步(zhúbù) : 점차. 3-四.
成为(chéngwéi) : …이〔로〕 되다. 2-4.
半植民地(bàn zhímíndì) : 명 반식민지.
半封建(bàn fēngjiàn) : 명 반봉건.

c) 西方列强野蛮入侵，封建统治腐朽无能，国家战乱不已，人民饥寒交迫，

xīfāng lièqiáng yěmán rùqīn, fēngjiàn tǒngzhì fǔxiǔ wúnéng, guójiā zhànluàn bùyǐ, rénmín jīhán jiāopò,
서양 열강은 야만적으로 침입하고, 봉건 통치는 부패하고 무능하며, 국가의 전란은 끊이지 않고, 인민의 생활은 극도로 궁핍하며,

西方(xīfāng) : 명 서양. 서방 선진국. 서쪽.

列强(lièqiáng) : 명 열강.

野蛮(yěmán) : 형 야만적이다. 미개하다. 잔악하다. 흉포하다. 야만스럽다.

入侵(rùqīn) : 통 침입하다.

腐朽(fǔxiǔ) : 통 썩다. 부패하다. 문란하다. 타락하다.

无能(wúnéng) : 형 능력이 없다. 무능하다.

战乱(zhànluàn) : 명 전란.

不已(bùyǐ) : 통 …해 마지않다. 멈추지 않다.

饥寒交迫(jīhán jiāopò) : 굶주림과 추위에 시달리다. 생활이 극도로 궁핍하다.

饥寒(jīhán) : 명 굶주림과 추위.

交迫(jiāopò) : 통 동시에 압박해 오다. 동시에 닥치다.

---

d) 中国人民和中华民族遭受了世所罕见的深重苦难。

zhōngguó rénmín hé zhōnghuá mínzú zāoshòu le shìsuǒhǎnjiàn de shēnzhòng kǔnan.

중국 인민과 중화 민족은 세상에서 보기 힘든 혹심한 고난을 당했다.

遭受(zāoshòu) : 통 (불행 또는 손해를) 입다. 당하다. 만나다. 부닥치다.

世所罕见(shìsuǒhǎnjiàn) : 세상에서 보기 힘들다. 1-12.

深重(shēnzhòng) : 형 아주 심하다. 대단하다. 혹심하다.

苦难(kǔnàn) : 명 고난. 형 힘겹고 비참하다.

---

9) 辛亥革命的爆发, 是当时中国人民争取民族独立·振兴中华深切愿望 的集中反映, 也是当时中国人民为救亡图存而前赴后继顽强斗争的集 中体现。

신해혁명의 발발은, 당시 중국 인민이 민족 독립을 쟁취하고 중국을 진흥시키는 마음 깊은 희망이 집결된 반영이었고, 또한 당시 중국 인민이 멸망으로부터 생존을 도모하기 위해 용감 하게 나아가는 완강한 투쟁이 집결된 구체적 표현이었다.

---

a) 辛亥革命的爆发, 是当时中国人民争取民族独立·振兴中华深切愿望 的集中反映,

xīnhài gémìng de bàofā, shì dāngshí zhōngguó rénmín zhēngqǔ mínzú dúlì · zhènxīng zhōnghuá shēnqiē yuànwàng de jízhōng fǎnyìng,

신해혁명의 발발은, 당시 중국 인민이 민족 독립을 쟁취하고 중국을 진흥시키는 마음 깊은 희망이 집결된 반영이었고,

爆发(bàofā) : 명 통 발발(하다). 폭발(하다). 돌발하다. 갑자기 터져 나오다.

当时(dāngshí) : 명 당시. 그 때.

争取(zhēngqǔ) : 통 쟁취하다. 얻어내다. 따내다. …하려고 힘쓰다〔노력하다〕.

独立(dúlì) : 통 독립하다. 독립해〔떨어져〕나가다. 홀로 서다.
愿望(yuànwàng) : 명 희망. 소망. 바람. 소원.
集中(jízhōng) : 형 집결된. 집중된. 통 집중하다〔시키다〕. 중앙집권화하다.
反映(fǎnyìng) : 명 통 반사(하다). 반영(하다). 되비치다. 보고하다. 전달하다.
深切愿望的集中反映 : 마음 깊은 희망의 집결된 반영.
　　　　　　　　→ 마음 깊은 희망이 집결된 반영. 마음 깊은 희망이 모여진 반영.

b) 也是当时中国人民为救亡图存而前赴后继顽强斗争的集中体现。
yě shì dāngshí zhōngguó rénmín wèi jiùwáng túcún ér qiánfù hòujì wánqiáng dǒuzhēng de jízhōng tǐxiàn.
또한 당시 중국 인민이 멸망으로부터 생존을 도모하기 위해 용감하게 나아가는 완강한 투쟁이 집결된 구체적 표현이었다.

救亡图存(jiùwáng túcún) : 국가를 멸망의 위기로부터 구하여 생존을 도모하다.
前赴后继(qiánfù hòujì) : 희생을 무릅쓰고 용감하게 앞으로 나아가다. 앞사람이 돌진하고
　　　　　　　　　　뒷사람이 바짝 뒤쫓아가다.
前赴(qiánfù) : 나아가다, 향해 가다.
后继(hòujì) : 뒤를 잇다. 후계하다.
体现(tǐxiàn) : 구체적인 표현. 구현. 2-四.
顽强斗争的集中体现 : 완강한 투쟁의 집결된 구체적 표현 → 완강한 투쟁이 집결된 구
　　　　　　　　　　체적 표현.

10) 孙中山先生是伟大的民族英雄·伟大的爱国主义者·中国民主革命的
　　伟大先驱。

sūn zhōng shān xiānshēng shì wěidà de mínzú yīngxióng · wěidà de àiguózhǔyìzhě · zhōngguó mínzhǔ gémìng de wěidà xiānqū.
손중산 선생님은 위대한 민족 영웅·위대한 애국주의자·중국 민주 혁명의 위대한 선구자이다.

英雄(yīngxióng) : 명 영웅. 형 영웅적인.
爱国主义者(àiguózhǔyìzhě) : 명 애국주의자.

11) 辛亥革命推翻了清王朝统治，结束了统治中国几千年的君主专制制
　　度，传播了民主共和的理念，以巨大的震撼力和深刻的影响力推动了
　　近代中国社会变革。

신해혁명은 청 왕조의 통치를 전복시켰고, 중국을 수 천년 통치한 전제군주제도를 종료했고, 민주 공화의 이념을 전파하여, 거대한 진동력과 강렬한 영향력으로써 근대 중국 사회 변혁을 추진했다.

a) 辛亥革命推翻了清王朝统治,

xīnhài gémìng tuīfān le qīng wángcháo tǒngzhì,

신해혁명은 청 왕조의 통치를 전복시켰고,

推翻(tuīfān) : 통 전복시키다. 뜯어고치다. 뒤집다. 뒤엎다. 번복하다.
清(qīng) : 명 청(清)나라. 만주족이 세운 중국 최후의 통일 왕조(1636~1912).
王朝(wángcháo) : 명 왕조. 조대. 조정.

b) 结束了统治中国几千年的君主专制制度,

jiéshù le tǒngzhì zhōngguó jǐ qiān nián de jūnzhǔ zhuānzhì zhìdù,

중국을 수 천년 통치한 전제군주제도를 종료했고,

结束(jiéshù) : 통 끝나다. 마치다. 종결하다. 종료하다. 몸단장하다. 꾸미다.
君主专制(jūnzhǔ zhuānzhì) : 전제군주제.
君主(jūnzhǔ) : 명 군주, 국왕.
专制(zhuānzhì) : 형 전제적인. 독단적인. 통 전제 정치하다.

c) 传播了民主共和的理念,

chuánbō le mínzhǔ gònghé de lǐniàn,

민주 공화의 이념을 전파하여,

传播(chuánbō) : 통 전파하다. 널리 퍼뜨리다〔보급하다〕. 유포하다. 흩뿌리다.
民主共和(mínzhǔ gònghé) : 민주 공화.
共和(gònghé) : 명 공화제. 공화 정체.
理念(lǐniàn) : 명 이념. 신념. 믿음. 관념. 생각.

d) 以巨大的震撼力和深刻的影响力推动了近代中国社会变革。

yǐ jùdà de zhènhànlì hé shēnkè de yǐngxiǎnglì tuīdòng le jìndài zhōngguó shèhuì biàngé.

거대한 진동력과 강렬한 영향력으로써 근대 중국 사회 변혁을 추진했다.

巨大(jùdà) : 형 (규모·수량 등이) 아주 크다〔많다〕. 거대하다.
震撼力(zhènhànlì) : 명 진동력.
震撼(zhènhàn) : 통 진동시키다. 뒤흔들다. 흥분〔감동〕시키다.
影响力(yǐngxiǎnglì) : 명 영향력.
近代(jìndài) : 1. 명 근대. 근세.
2. 우리나라에서는 1876년 개항 이후부터 1919년 3·1 운동에 이르는 기간.
중국에서는 1840년 아편전쟁부터 1919년 5·4운동에 이르는 기간.
세계사에서는 1640년 영국 청교도혁명부터 1917년 러시아 10월 혁명에 이르는 기간.

12) 它开创了完全意义上的近代民族民主革命，极大推动了中华民族的思想解放，打开了中国进步潮流的闸门，为中华民族发展进步探索了道路。

신해혁명은 완전한 의미에 있어서의 근대 민족 민주 혁명을 시작했고, 중화 민족의 사상 해방을 최대로 추진했고, 중국의 진보적 경향의 갑문을 열었으며, 중화 민족의 발전과 진보를 위해 길을 탐색했다.

a) 它开创了完全意义上的近代民族民主革命，

tā kāichuàng le wánquán yìyì shang de jìndài mínzú mínzhǔ gémìng,

그것(신해혁명)은 완전한 의미에 있어서의 근대 민족 민주 혁명을 시작했고,

开创(kāichuàng) : 새로 열다. 시작하다. 창건하다. 1-6.
完全意义上 : 완전한 의미에 있어서.

b) 极大推动了中华民族的思想解放，

jídà tuīdòng le zhōnghuá mínzú de sīxiǎng jiěfàng,

중화 민족의 사상 해방을 최대로 추진했고,

极大(jídà) : 퇴 더할 수 없이 크게. 한껏. 최대 한도로. 몡 최대값. 최대치.
解放(jiěfàng) : 몡 됭 해방(하다)〔되다〕. 속박에서 벗어나다. 자유롭게 하다.

c) 打开了中国进步潮流的闸门，

dǎkāi le zhōngguó jìnbù cháoliú de zhámén,

중국의 진보적 경향의 갑문을 열었으며,

打开(dǎkāi) : 열다. 타개하다. 3-四.
进步(jìnbù) : 몡 진보. 됭 진보하다. 혱 진보적이다.
潮流(cháoliú) : 몡 (사회적) 추세. 조류. 풍조. 경향.
闸门(zhámén) : 몡 갑문. 수문.

d) 为中华民族发展进步探索了道路。

wèi zhōnghuá mínzú fāzhǎn jìnbù tànsuǒ le dàolù.

중화 민족의 발전과 진보를 위해 길을 탐색했다.

探索(tànsuǒ) : 탐색하다. 찾다. 2-四.

13) 2.奋斗历程：孙中山夙愿已经或正在成为现实

èr. fèndòu lìchéng : sūn zhōng shān sùyuàn yǐjīng huò zhèngzài chéngwéi xiànshí

2. 분투 역정: 손중산의 숙원이 이미 혹은 지금 현실로 되고 있다

夙愿(sùyuàn) : 몡 숙원(宿愿). 숙망(宿望). 오랫동안 품어 온 소망.
正在(zhèngzài) : 뮈 지금〔한창〕…하고 있다. 〔동작이 진행 중임을 나타냄〕
现实(xiànshí) : 몡 현실. 혱 현실적이다.

---

14) 胡锦涛说, 1921年, 在马克思列宁主义同中国工人运动的结合中, 中
国共产党应运而生。

후진타오에 의하면, 1921년 마르크스레닌주의가 중국 노동자 운동과 결합하면서, 중국공산
당은 시대의 요청에 의해 탄생했다.

---

a) 胡锦涛说,

hú jǐn tāo shuō,

후진타오에 의하면,

---

b) 1921年, 在马克思列宁主义同中国工人运动的结合中, 中国共产党应
运而生。

yī jiǔ èr yī nián, zài mǎkèsī lièníng zhǔyì tóng zhōngguó gōngrén yùndòng de
jiéhé zhōng, zhōngguó gòngchǎndǎng yìngyùn`érshēng.

1921년, 마르크스레닌주의가 중국 노동자 운동과 결합하면서, 중국공산당은 시대의 요청에
의해 탄생했다.

在(zài)…中(zhong) : …(중)에서. 1-12.
同(tóng) : 〔개〕…와 (함께). 뮈 함께. 같이. 혱 같다. 동일하다. 〔접〕…와.
工人(gōngrén) : 몡 노동자.
运动(yùndòng) : 몡 운동. 스포츠.
结合(jiéhé) : 통 결합하다. 결부하다.
在马克思列宁主义同中国工人运动的结合中 : 마르크스레닌주의와 중국 노동자 운
동의 결합 중에. → 마르크스레닌주의가 중국 노동자 운동과 결합하면서.
应运而生(yìngyùn`érshēng) : 시대의 요청〔요구〕에 의해서 나오다. 객관적인 형세에 따
라 나타나다. 천명에 따라 생겨나다.

---

15) 从此, 中国人民有了用先进理论指导的马克思主义政党的领导, 中国
革命出现焕然一新的面貌。

이로부터, 중국 인민은 진보적 이론으로써 지도하는 마르크스주의 정당의 영도를 받았고,
중국 혁명에는 새롭게 달라진 면모가 출현했다.

a) 从此，中国人民有了用先进理论指导的马克思主义政党的领导，

cóngcǐ, zhōngguó rénmín yǒule yòng xiānjìn lǐlùn zhǐdǎo de mǎkèsī zhǔyì zhèngdǎng de lǐngdǎo,

이로부터, 중국 인민은 진보적 이론으로써 지도하는 마르크스주의 정당의 영도를 받았고,

从此(cóngcǐ) : 閉 지금〔이제, 그로〕부터. 이후로. 여기〔이로, 이곳〕부터.
有了…的领导 : …의 영도가 생겼다. → …의 영도를 받았다.
用(yòng) : 团 …로써. 图 쓰다. 사용〔고용, 임용〕하다. 閉 쓸모. 용도. 효용.
先进(xiānjìn) : 閉 선진의. 진보적인. 閉 선진적인 인물〔집단〕. 앞서 가는 일.
政党(zhèngdǎng) : 閉 정당.

b) 中国革命出现焕然一新的面貌。

zhōngguó gémìng chūxiàn huànrányīxīn de miànmào.

중국 혁명에는 새롭게 달라진 면모가 출현했다.

焕然一新(huànrán yīxīn) : 면모가 새롭게 달라지다. 면모를 일신하다.
焕然(huànrán) : 閉 밝다. 환하다. 빛나다.
面貌(miànmào) : 閉 용모. 생김새. (사물의) 면모. 외관. 양상.

16) 中国共产党人是孙中山先生开创的革命事业最坚定的支持者·最亲密的合作者·最忠实的继承者，不断实现和发展了孙中山先生和辛亥革命先驱的伟大抱负。

중국공산당원은 손중산 선생님이 시작한 혁명 활동의 가장 확고부동한 지지자이고 가장 친밀한 협력자이고 가장 충실한 계승자이며, 손중산 선생님과 신해혁명 선구자의 위대한 포부를 부단히 실현하고 발전시켰다.

a) 中国共产党人是孙中山先生开创的革命事业最坚定的支持者·最亲密的合作者·最忠实的继承者，

zhōngguó gòngchǎndǎngrén shì sūn zhōng shān xiānshēng kāichuàng de gémìng shìyè zuì jiāndìng de zhīchízhě·zuì qīnmì de hézuòzhě·zuì zhōngshí de jìchéngzhě,

중국공산당원은 손중산 선생님이 시작한 혁명 활동의 가장 확고부동한지지자이고 가장 친밀한 협력자이고 가장 충실한 계승자이며,

中国共产党人(zhōngguó gòngchǎndǎngrén) : 閉 중국공산당원.
事业(shìyè) : 閉 사업. 비영리 사회 활동.
坚定(jiāndìng) : 閉 견고〔확고부동, 결연〕하다. 图 견고〔확고〕히 하다. 굳히다.
支持者(zhīchízhě) : 지지자. 서포터.

支持(zhīchí) : 통 지지하다. 견디다. 지탱하다. 명 지지. 지탱.

亲密(qīnmì) : 형 관계가 좋다. 사이가 좋다. 친밀하다.

合作者(hézuòzhě) : 협력자. 협동자. 파트너.

合作(hézuò) : 명 합작. 협력. 공동. 통 합작하다. 협력하다.

b) 不断实现和发展了孙中山先生和辛亥革命先驱的伟大抱负。

búduàn shíxiàn hé fāzhǎn le sūn zhōng shān xiānshēng hé xīnhài gémìng xiānqū de wěidà bàofù.

손중산 선생님과 신해혁명 선구자의 위대한 포부를 부단히 실현하고 발전시켰다.

抱负(bàofù) : 명 포부. 큰 뜻. 웅지.

17) 中国共产党在成立之初，就提出反帝反封建的民主革命纲领，并同孙中山先生领导的中国国民党携手合作，建立最广泛的革命统一战线。

중국공산당은 성립 초기에, 바로 반제·반봉건의 민주 혁명 강령을 제기했고, 또한 손중산 선생님이 지도하는 중국국민당과 손을 잡고 합작하여, 가장 광범한 혁명 통일전선을 수립했다.

a) 中国共产党在成立之初，就提出反帝反封建的民主革命纲领，

zhōngguó gòngchǎndǎng zài chénglì zhī chū, jiù tíchū fǎndì fǎnfēngjiàn de mínzhǔ gémìng gānglǐng,

중국공산당은 성립 초기에, 바로 반제·반봉건의 민주 혁명 강령을 제기했고,

初(chū) : 명 처음. 최초. 초. 원래. 형 처음의. 최초의. 본래의. 부 처음으로.

反帝(fǎndì) : 명 반제국주의. 통 제국주의를 반대하다.

反封建(fǎnfēngjiàn) : 명 반봉건주의. 통 봉건주의를 반대하다.

b) 并同孙中山先生领导的中国国民党携手合作，

bìng tóng sūn zhōng shān xiānshēng lǐngdǎo de zhōngguó guómíndǎng xiéshǒu hézuò,

또한 손중산 선생님이 지도하는 중국국민당과 손을 잡고 합작하여,

中国国民党(zhōngguó guómíndǎng) : 중국국민당. 약칭 국민당. 손중산을 지도자로 하여 1912년 국민당을 결성하고, 1919년 중국국민당으로 개칭함.

携手(xiéshǒu) : 통 서로 손을 잡다. 손에 손을 잡다. 서로 협력하다. 합작하다.

c) 建立最广泛的革命统一战线。

jiànlì zuì guǎngfàn de gémìng tǒngyī zhànxiàn.

가장 광범한 혁명 통일전선을 수립했다.

建立(jiànlì) : 통 건립〔수립, 성립〕하다. 세우다. 구성〔형성〕하다. 만들다.
统一战线(tǒngyī zhànxiàn) : 명 통일전선.
战线(zhànxiàn) : 명 전선.

---

18) 辛亥革命后屡遭挫折的孙中山先生，把中国共产党人当成亲密朋友，
毅然改组国民党，实行联俄·联共·扶助农工三大政策。

신해혁명 이후 좌절을 여러 번 당한 손중산 선생님은, 중국공산당원을 친한 친구로 여기고,
의연히 국민당을 개편하며, 연소·연공·노농부조의 3대 정책을 실행했다.

---

a) 辛亥革命后屡遭挫折的孙中山先生，把中国共产党人当成亲密朋友，

xīnhài gémìng hòu lǚzāo cuòzhé de sūn zhōng shān xiānshēng, bǎ zhōngguó
gòngchǎndǎngrén dāngchéng qīnmì péngyǒu,

신해혁명 이후 좌절을 여러 번 당한 손중산 선생님은, 중국공산당원을 친한 친구로 여기고,

屡遭(lǚzāo) : 통 여러 번 …를 당하다.
挫折(cuòzhé) : 명 좌절. 실패. 통 좌절시키다. 패배시키다.
当成(dāngchéng) : 통 …(으)로 여기다. …(으)로 삼다. …(으)로 간주하다.
亲密朋友(qīnmì péngyǒu) : 친한 친구.

---

b) 毅然改组国民党，实行联俄·联共·扶助农工三大政策。

yìrán gǎizǔ guómíndǎng, shíxíng lián é · lián gòng · fúzhù nónggōng sān dà
zhèngcè.

의연히 국민당을 개편하며, 연소·연공·노농부조의 3대 정책을 실행했다.

毅然(yìrán) : 부 의연히. 결연히.
改组(gǎizǔ) : 통 (조직·인원 등을) 개편하다. 재정비하다.
联(lián) : 통 연합〔결합〕하다. 합치다. 연관〔연계, 연결〕되다. 연속〔계속〕하다.
俄(é) : 명 소련(苏联)의 약칭. 러시아(연방)의 약칭.
联俄(lián é) : 소련과 연합하다. 소련과의 연합. → 연소.
共(gòng) : 명 공산당(共产党)의 약칭.
联共(lián gòng) : (중국)공산당과 연합하다. 공산당과의 연합. → 연공.
扶助(fúzhù) : 통 부조하다. 도와 주다. 원조하다.
农工(nónggōng) : 명 노동자와 농민. 노동자 계급과 농민 계급. 공업과 농업.
扶助农工 : 노동자와 농민을 도와 주다. → 노농부조.
政策(zhèngcè) : 명 정책.

19) 孙中山先生逝世后，中国共产党人继承他的遗愿，同一切忠于他的事业的人们共同努力·继续奋斗。

손중산 선생님이 서거하신 뒤, 중국공산당원은 그의 생전 염원을 계승하고, 그의 혁명 활동에 충성을 다하는 모든 사람들과 공동으로 노력하고 계속 분투했다.

a) 孙中山先生逝世后，
sūn zhōng shān xiānshēng shìshì hòu,
손중산 선생님이 서거하신 뒤,

逝世(shìshì)：동 서거하다. 세상을 떠나다. 작고하다. 돌아가다.

b) 中国共产党人继承他的遗愿，
zhōngguó gòngchǎndǎngrén jìchéng tā de yíyuàn,
중국공산당원은 그의 생전 염원을 계승하고,

遗愿(yíyuàn)：명 생전에 다하지 못한 뜻〔염원·바람〕. 생전 염원.

c) 同一切忠于他的事业的人们共同努力·继续奋斗。
tóng yíqiè zhōngyú tā de shìyè de rénmen gòngtóng nǔlì · jìxù fèndǒu.
그의 혁명 활동에 충성을 다하는 모든 사람들과 공동으로 노력하고 계속 분투했다.

一切(yíqiè)：대 일체. 전부. 모든. 일정한 범위 내의 모든 사물.
忠于(zhōngyú)：동 …에 충성을 다하다. …에 충실하다.
忠于他的事业：그의 (혁명) 활동에 충성을 다하다.
同一切忠于他的事业的人们：그의 (혁명) 활동에 충성을 다하는 모든 사람들과.
努力(nǔlì)：동 노력하다. 힘쓰다. 열심히 하다. 명 노력.

4-3 번 역 중국공산당은 손중산의 가장 충실한 계승자이다

신해혁명 100주년 기념 대회가 9일 오전 인민대회당에서 성대하게 거행되었다. 중공중앙 총서기 · 국가주석 · 중앙군위 주석 후진타오는 대회에 참석하고 또한 중요 연설을 발표했다.

그는 신해혁명의 위대한 의의를 높게 평가했고, 신해혁명 이후 100년 동안 중국 인민이 굴하지 않고 끝까지 싸운 분투 역정을 전반적으로 회고했고, 새 상황 하에서 중화민족의 위대한 부흥을 실현하는 역사적 사명을 깊이 있게 논술했으며, 더 나아가 양안 관계를 발전시키고 국가의 완전한 통일을 촉진시키는 간절한 희망을 제기했다.

1.혁명의 의의: 신해혁명은 중국 사회 변혁을 시작하다

후진타오에 의하면, 100년 전에, 손중산 선생님을 대표로 하는 혁명당원들이 세계를 놀라게 하는 신해혁명을 일으켰고, 중국 역사상 유례가 없는 사회 변혁을 시작했다. 오늘, 우리가 신해혁명 100주년을 성대하게 기념하고, 손중산 선생님 등 신해혁명 선구자의 역사적 공훈을 마음 깊이 기리는 것은, 바로 중국을 진흥시키기 위해 의지가 굳건한 그들의 숭고한 정신을 본받고 더욱 선양하여, 국내외 중국 아들딸들이 중화 민족의 위대한 부흥을 실현하기 위해 다 같이 분투하도록 격려하려는 것이다.

1840년 아편전쟁 이후, 중국은 점차 반식민지와 반봉건 사회가 되었으며, 서양 열강은 야만적으로 침입하고, 봉건 통치는 부패하고 무능하며, 국가의 전란은 끊이지 않고, 인민의 생활은 극도로 궁핍하며, 중국 인민과 중화 민족은 세상에서 보기 힘든 혹심한 고난을 당했다. 신해혁명의 발발은, 당시 중국 인민이 민족 독립을 쟁취하고 중국을 진흥시키는 마음 깊은 희망이 집결된 반영이었고, 또한 당시 중국 인민이 멸망으로부터 생존을 도모하기 위해 용감하게 나아가는 완강한 투쟁이 집결된 구체적 표현이었다.

손중산 선생님은 위대한 민족 영웅 · 위대한 애국주의자 · 중국 민주 혁명의 위대한 선구자이다.

신해혁명은 청 왕조의 통치를 전복시켰고, 중국을 수 천년 통치한 전제군주제도를 종료했고, 민주 공화의 이념을 전파하여, 거대한 진동력과 강렬한 영향력으로써 근대 중국 사회 변혁을 추진했다. 신해혁명은 완전한 의미에 있어서의 근대 민족 민주 혁명을 시작했고, 중화 민족의 사상 해방을 최대로 추진했고, 중국의 진보적 경향의 갑문을 열었으며, 중화 민족의 발전과 진보를 위해 길을 탐색했다.

2.분투 역정: 손중산의 숙원이 이미 혹은 지금 현실로 되고 있다

후진타오에 의하면, 1921년 마르크스레닌주의가 중국 노동자 운동과 결합하면서, 중국공산당은 시대의 요청에 의해 탄생했다. 이로부터, 중국 인민은 진보적 이론으로써 지도하는 마르크스주의 정당의 영도를 받았고, 중국 혁명에는 새롭게 달라진 면모가 출현했다.

중국공산당원은 손중산 선생님이 시작한 혁명 활동의 가장 확고부동한 지지자이고 가장 친밀한 협력자이고 가장 충실한 계승자이며, 손중산 선생님과 신해혁명 선구자의 위대한 포부를 부단히 실현하고 발전시켰다. 중국공산당은 성립 초기에, 바로 반제·반봉건의 민주 혁명 강령을 제기했고, 또한 손중산 선생님이 지도하는 중국국민당과 손을 잡고 합작하여, 가장 광범한 혁명 통일전선을 수립했다. 신해혁명 이후 좌절을 여러 번 당한 손중산 선생님은, 중국공산당원을 친한 친구로 여기고, 의연히 국민당을 개편하며, 연소·연공·노농부조의 3대 정책을 실행했다. 손중산 선생님이 서거하신 뒤, 중국공산당원은 그의 생전 염원을 계승하고, 그의 혁명 활동에 충성을 다하는 모든 사람들과 공동으로 노력하고 계속 분투했다.

4-4 练习

3.民族复兴：民族复兴找到了正确道路

胡锦涛说，实现中华民族伟大复兴任重道远。我们要紧紧抓住并切实用好我国发展的重要战略机遇期，以马克思列宁主义·毛泽东思想·邓小平理论和"三个代表"重要思想为指导，深入贯彻落实科学发展观，继续解放思想，坚持改革开放，推动科学发展，促进社会和谐，为实现中华民族伟大复兴继续团结奋斗。

实现中华民族伟大复兴，必须坚定不移高举中国特色社会主义伟大旗帜。辛亥革命100年来的历史表明，实现中华民族伟大复兴，必须找到引领中国人民前进的正确道路和核心力量。中国人民付出艰辛努力·作出巨大牺牲，终于找到了实现中华民族伟大复兴的正确道路和核心力量。这条正确道路就是中国特色社会主义道路，这个核心力量就是中国共产党。

4.两岸关系："不能统一，便要受害"

胡锦涛说，当今时代，两岸中国人面临着共同繁荣发展·共谋中华民族伟大复兴的历史机遇，两岸关系和平发展已成为中华民族伟大复兴的重要组成部分。携手推推两岸关系和平发展·同心实现中华民族伟大复兴，应该成为两岸同胞共同努力的目标。

孙中山先生曾经说过，"'统一'是中国全体国民的希望。能够统一，全国人民便享福；不能统一，便要受害。" 以和平方式实现统一，最符合包括台湾同胞在内的全体中国人的根本利益。我们要牢牢把握两岸关系和平发展主题，增强反对"台独"·坚持"九二共识"的共同政治基础，促进两岸同胞密切交流合作，共享两岸关系和平发展成果，提升两岸经济竞争力，弘扬中华文化优秀传统，增强休戚与共的民族认同，不断解决前进道路上的各种问题，终结两岸对立，抚平历史创伤，共同为实现中华民族伟大夏兴而努力。

단어 정리

- 找到(zhǎodào)：찾아내다.
- 找到了(zhǎodàole)：찾았다.
- 任重道远(rènzhòngdàoyuǎn)：맡은 바 책임은 무겁고, 갈 길은 멀기만 하다.
- 紧紧(jǐnjǐn)：형 단단하다. 부 단단히.
- 抓住(zhuāzhù)：(손으로) 잡다. 포착하다.
- 切实(qièshí)：형 착실〔성실, 진실〕하다. 실용〔실제, 현실, 효과〕적이다. 알맞다.
- 用好(yònghǎo)：잘 사용하다.
- 好(hǎo)：형 다. 잘. 〔동사 뒤에서 동작이 완성되었거나 마무리되었음을 나타냄〕
- 机遇期(jīyùqī)：호기시기.
- 机遇(jīyù)：명 (좋은) 기회. 찬스. 시기. 호기.
- 深入(shēnrù)：깊게. 투철하게. 1-5.
- 贯彻(guànchè)：관철시키다. 1-9.
- 落实(luòshí)：동 실현시키다. 구체화하다. 현실화시키다. 3-四.
- 坚定不移(jiāndìng bùyí)：확고부동하게. 1-1.
- 高举(gāojǔ)：동 높이 들(어올리)다. 추켜들다.
- 旗帜(qízhì)：명 기. 깃발. 본보기. 모범. 기치.
- 表明(biǎomíng)：동 분명하게 밝히다. 표명하다.
- 引领(yǐnlǐng)：동 인도하다. 이끌다. 인솔하다.
- 核心(héxīn)：명 핵심.
- 付出(fùchū)：동 (돈이나 대가를) 지급하다. 내주다. 지불하다. 들이다. 바치다.
- 艰辛(jiānxīn)：형 간난신고하다. 고생스럽다. 명 간난신고. 고생.
- 牺牲(xīshēng)：동 대가를 치르다. 희생하다. 손해를 보다. 명 희생. 제물용 가축.
- 终于(zhōngyú)：부 마침내. 결국. 끝내.
- 条(tiáo)：양 줄기. 가닥. 갈래. 〔지형·구조물 등의 가늘고 긴 것을 세는 단위〕
- 便(biàn)：부 곧. 바로.
- 受害(shòuhài)：동 피해를 입다. 손해를 보다. 피해를 당하다.
- 当今(dāngjīn)：오늘날. 1-5.
- 繁荣(fánróng)：형 번영〔번창〕하다. 크게 발전하다. 명 동 번영〔번창〕(시키다).
- 共谋(gòngmóu)：동 동모하다. 함께 꾀하다〔계획하다·꾸미다〕. 공모하다.
- 同心(tóngxīn)：형 마음을 합치다. → 한 마음으로.
- 同胞(tóngbāo)：명 동포. 겨레. 한 민족. 친형제자매. 친동기.
- 目标(mùbiāo)：명 목표. 목적물. 표적.

- 曾经(céngjīng) : 男 일찍이. 이전에. 이미. 벌써.
- 全体(quántǐ) : 男 전체. 전신. 온몸.
- 享福(xiǎngfú) : 男 (행)복을 누리다. 행복〔안락·편안〕하게 살다.
- 符合(fúhé) : 男 부합〔상합〕하다. (들어)맞다. 일치하다.
- 包括(bāokuò) : 男 포함하다. 포괄하다.
- 在内(zàinèi) : 男 안에 포함하다〔있다〕. 내포하다.
- 台湾(táiwān) : 男 타이완. 대만.
- 牢牢(láoláo) : 男 견고하다. 단단하다. 확실하다. 뚜렷하다.
- 主体(zhǔtǐ) : 男 주체. 사물의 주요 부분.
- 增强(zēngqiáng) : 男 증강하다. 강화하다. 높이다.
- 反对(fǎnduì) : 男 반대하다. 찬성〔동의〕하지 않다.
- 台独(táidú) : 타이완〔대만〕독립운동(台湾独立运动)의 약칭.
- 九二共识(jiǔ èr gòngshí) : '92공통인식. 1992년 중국과 대만이 '1개 중국'을 인정하되 각자의 명칭을 사용한다는 원칙에 합의함.
- 密切(mìqiè) : 男 男 밀접(하게) 하다. 긴밀하다. 男 빈틈없이. 면밀하게.
- 交流(jiāoliú) : 男 서로 소통하다. 교류하다. (정보 따위를) 교환하다.
- 共享(gòngxiǎng) : 男 함께 누리다.
- 提升(tíshēng) : 男 진급하다〔시키다〕. 높은 곳으로 운반하다. 향상시키다. 제고하다.
- 竞争力(jìngzhēnglì) : 男 경쟁력.
- 休戚与共(xiūqī yǔgòng) : 동고동락하다. 관계가 밀접하여 이해가 일치하다.
    休(xiū) : 男 즐겁다. 기쁘다. 경사스럽다.
    戚(qī) : 男 슬프다. 괴롭다.
- 认同(rèntóng) : 男 男 동일시(하다). 공동체 의식·일체감(을 갖다). 인정(하다).
- 解决(jiějué) : 男 해결하다. 풀다. 없애다. 제거하다.
- 终结(zhōngjié) : 男 끝내다. 끝나다. 종결하다. 완결하다.
- 对立(duìlì) : 男 대립하다. 대립되다. 적대하다. 모순되다.
- 抚平(fǔpíng) : 男 쓰다듬다. 어루만지다. 위로〔위문, 위안, 보호, 애호〕하다. 돌보다.
- 创伤(chuàngshāng) : 男 상처. 외상. 정신적·물질적인 상처나 훼손.

번 역

3.민족 부흥: 민족 부흥이 정확한 길을 찾았다

후진타오에 의하면, 중화 민족의 위대한 부흥의 실현은 갈 길이 매우 멀다. 우리는 우리 나라 발전의 중요한 전략적 호기시기를 단단히 포착하고 효과적으로 잘 이용하며, 마르크스레닌주의·모택동사상·등소평이론과 '3개 대표' 중요 사상을 지도사상으로 삼아서, 과학발전관의 구체화를 투철하게 관철시키고, 사상 해방을 계속하고, 개혁개방을 견지하고, 과학발전을 추진하고, 사회 조화를 촉진시키며, 중화 민족의 위대한 부흥을 위해 계속 단결해 분투해야 한다.

중화 민족의 위대한 부흥을 실현하려면, 반드시 중국 특색 사회주의의 위대한 기치를 확고부동하게 높이 들어야 한다. 신해혁명 이후 100년 동안의 역사가, 중화 민족의 위대한 부흥을 실현하기 위해, 중국 인민을 인솔하여 전진해 나가는 정확한 길과 핵심 역량을 반드시 찾아야 한다고 분명하게 밝히고 있다. 중국 인민은 고생스런 노력을 바치고 거대한 희생을 치르고서, 마침내 중화 민족의 위대한 부흥을 실현하는 정확한 길과 핵심 역량을 찾아냈다. 이 정확한 길이 바로 중국 특색 사회주의의 길이고, 이들 핵심 역량이 바로 중국공산당이다.

4.양안관계 : "통일할 수 없다면, 바로 손해를 볼 것이다"

후진타오의 의견에 의하면, 오늘날 양안 중국인은 공동으로 번영하고 발전하며 중화 민족의 위대한 부흥을 함께 꾀하는 역사적 호기에 직면해 있고, 양안관계의 평화적 발전은 이미 중화 민족의 위대한 부흥의 중요 구성부분이 되었다. 양안관계의 평화적 발전을 손잡고 추진하며 중화 민족의 위대한 부흥을 한 마음으로 실현하는 것은 반드시 양안 동포가 공동으로 노력하는 목표가 되어야 한다.

손중산 선생님은 "'통일'은 중국 전체 국민의 희망이다. 통일할 수 있다면 전국 인민이 바로 복을 누리고, 통일할 수 없다면 바로 손해를 볼 것이다."라고 말한 적이 있다. 평화 방식에 의한 통일의 실현이 타이완 동포를 포함한 전체 중국인의 근본 이익에 가장 부합하다. 우리는 양안관계의 평화적 발전이라는 주제를 단단히 파악하고, '타이완독립운동'을 반대하면서 "'92공통인식'을 견지하는 공동 정치 기초를 증강시키고, 양안 동포의 밀접한 교류 협력을 촉진하고, 양안관계의 평화적 발전의 성과를 함께 누리고, 양안 경제의 경쟁력을 제고하고, 중화 문화의 우수한 전통을 더욱 선양하고, 동고동락하는 민족적 일체감을 증강시키고, 전진하는 길에 놓인 각종 문제를 부단히 해결하고, 양안의 대립을 종결하고, 역사적 상처를 어루만지며, 중화 민족의 위대한 부흥을 실현하기 위해 공동으로 노력해야 한다.

保护环境基本政策

환경보호기본정책

5-1 正文 坚持节约资源和保护环境基本政策 努力走向社会主义生态文明新时代

中共中央政治局5月24日上午就大力推进生态文明建设进行第六次集体学习。中共中央总书记习近平在主持学习时强调，生态环境保护是功在当代·利在千秋的事业。要清醒认识保护生态环境·治理环境污染的紧迫性和艰巨性，清醒认识加强生态文明建设的重要性和必要性，以对人民群众·对子孙后代高度负责的态度和责任，真正下决心把环境污染治理好·把生态环境建设好，努力走向社会主义生态文明新时代，为人民创造良好生产生活环境。

习近平在主持学习时发表了讲话。他强调，建设生态文明，关系人民福祉，关乎民族未来。党的十八大把生态文明建设纳入中国特色社会主义事业五位一体总体布局，明确提出大力推进生态文明建设，努力建设美丽中国，实现中华民族永续发展。这标志着我们对中国特色社会主义规律认识的进一步深化，表明了我们加强生态文明建设的坚定意志和坚强决心。

习近平指出，推进生态文明建设，必须全面贯彻落实党的十八大精神，以邓小平理论·"三个代表"重要思想·科学发展观为指导，树立尊重自然·顺应自然·保护自然的生态文明理念，坚持节约资源和保护环境的基本国策，坚持节约优先·保护优先·自然恢复为主的方针，着力树立生态观念·完善生态制度·维护生态安全·优化生态环境，形成节约资源和保护环境的空间格局·产业结构·生产方式·生活方式。

习近平强调，要正确处理好经济发展同生态环境保护的关系，牢固树立保护生态环境就是保护生产力·改善生态环境就是发展生产力的理念，更加自觉地推动绿色发展·循环发展·低碳发展，决不以牺牲环境为代价去换取一时的经济增长。

习近平指出，国土是生态文明建设的空间载体。要按照人口资源环境相均衡·经济社会生态效益相统一的原则，整体谋划国土空间开发，科学布局生产空间·生活空间·生态空间，给自然留下更多修夏空间。要坚定不移加快实施主体功能区战略，严格按照优化开发·重点开发·限制开发·禁止开发的主体功能定位，划定并严守生态红线，构建科学合理的城镇化推进格局·农业发展格局·生态安全格局，保障国家和区域生态安全，提高生态服务功能。要牢固树立生态红线的观念。在生态环境保护问题上，就是要不能越雷池一步，否则就应该受到惩罚。

* 출처: 新华网-2013年05月24日
http://news.xinhuanet.com/politics/2013-05/24/c_115901657.htm

5-2 生词与解释

1) **坚持节约资源和保护环境基本政策 努力走向社会主义生态文明新时代**

jiānchí jiéyuē zīyuán hé bǎohù huánjìng jīběn zhèngcè, nǔlì zǒuxiàng shèhuìzhǔyì shēngtài wénmíng xīn shídài

자원절약과 환경보호의 기본정책을 견지하고, 사회주의 생태문명의 새 시대를 향해 노력해 나가다

坚持(jiānchí) : 견지하다. 고수하다. 1-9.
节约(jiéyuē) : 동 절약하다. 줄이다. 아끼다. 형 검소〔간소, 검약, 소박〕하다.
资源(zīyuán) : 명 자원.
节约资源 : 자원을 절약하다 → 자원절약.
保护(bǎohù) : 동 보호하다.
环境(huánjìng) : 명 환경. 주위 상황〔조건〕.
保护环境 : 환경을 보호하다 → 환경보호.
基本(jīběn) : 기본(의). 1-9.
政策(zhèngcè) : 정책. 4-18.
努力(nǔlì) : 노력(하다). 4-19.
走向(zǒuxiàng) : 어떤 방향을 향하여 발전하다. (…로) 나(가)다. 진출하다. 2-9.
努力走向… : …을 향해 나가는 것을 노력하다 → …을 향해 나가도록 노력하다.
　　　　　　→ …을 향해 노력해 나가다.
社会主义(shèhuìzhǔyì) : 사회주의. 1-1.
生态(shēngtài) : 명 생태.
文明(wénmíng) : 명 문명. 형 문명화된. 교양이 있다. 예의바르다.
时代(shídài) : 시대. 시기. 시절. 때. 3-21.

2) **中共中央政治局5月24日上午就大力推进生态文明建设进行第六次集体学习。**

zhōnggòng zhōngyāng zhèngzhìjú wǔ yuè èr shí sì rì shàngwǔ jiù dàlì tuījìn shēngtài wénmíng jiànshè jìnxíng dì liù cì jítǐ xuéxí.

중공 중앙정치국은 5월 24일 상오 생태문명건설의 강력한 추진에 대해 제6차 집단학습을 진행했다.

中共中央政治局(zhōnggòng zhōngyāng zhèngzhìjú) : 중공 중앙정치국. 中国共产
　　党中央政治局(중국공산당 중앙정치국)의 약칭.
上午(shàngwǔ) : 오전. 상오. 4-2.
就(jiù) : 개 …에 대하여. …에 관하여.〔동작을 끌어들이는 대상 혹은 범위〕

大力(dàlì) : 圏 큰 힘. 강력. 團 강력하게. 힘껏. 대대적으로.

推进(tuījìn) : 추진하다(시키다). 1-5.

建设(jiànshè) : 건설(하다). 1-5.

大力推进生态文明建设 : 생태문명건설을 강력하게 추진하다

　　　　　　　　　　　　　→ 생태문명건설의 강력한 추진.

进行(jìnxíng) : 진행하다. (행)하다. 1-2.

集体(jítǐ) : 집단. 단체. 2-8.

学习(xuéxí) : 학습(하다). 공부(하다). 배우다. 4-7.

---

3) 中共中央总书记习近平在主持学习时强调，生态环境保护是功在当代·利在千秋的事业。

zhōnggòng zhōngyāng zǒngshūjì xí jìn píng zài zhǔchí xuéxí shí qiángdiào, shēngtài huánjìng bǎohù shì gōngzàidāngdài · lìzàiqiānqiū de shìyè.

학습을 주재할 때 중공 중앙 총서기 시진핑의 강조에 의하면, 생태환경보호가 공로는 당대에 남고, 이득은 역사에 남는 사업이며,

总书记(zǒngshūjì) : 총서기. 2-3.

习近平(xí jìn píng) : 시진핑, 습근평. 2-3.

在(zài)…时(shí) : …할 때에.

主持(zhǔchí) : 圏 주관하다. 주재하다. 사회를 보다. 주장하다. 지지〔옹호〕하다.

在主持学习时 : 학습을 주재할 때.

强调(qiángdiào) : 강조하다. → …의 강조에 의하면. 2-14.

　　　※ 시진핑이 말하는 강조의 내용은 본 문장에서 다음 문장까지 연결됨으로,
　　　　원문은 이 문장에서 마침표로 종료했으나, 번역문은 이 문장에서 그 뜻
　　　　을 살려 쉼표를 사용하고, 다음 문장에서 마침표를 사용한다.

功(gōng) : 圏 공로. 공훈. 공적. 성과. 효과. 효능. 업적. 기술. 솜씨. 기능.

当代(dāngdài) : 당대. 그 시대. 1-5.

利(lì) : 圏 이윤. 이득. 이익. 이로움. 이익. 좋은 점. 이자.

千秋(qiānqiū) : 圏 천 년. 천추. 오랜 세월. → 역사. (어른의) 생신.

功在当代(gōng zài dāngdài) : 공로는 당대에 있다〔남다〕.

利在千秋(lì zài qiānqiū) : 이득은 역사에 있다〔남다〕.

　　　→ 功在当代·利在千秋 : 공로는 당대에 남고, 이득은 역사에 남는다.

事业(shìyè) : 사업. (비영리 사회) 활동. 4-16.

4) 要清醒认识保护生态环境·治理环境污染的紧迫性和艰巨性，清醒认识加强生态文明建设的重要性和必要性，以对人民群众·对子孙后代高度负责的态度和责任，真正下决心把环境污染治理好·把生态环境建设好，努力走向社会主义生态文明新时代，为人民创造良好生产生活环境。

생태환경 보호와 환경오염 관리의 시급성과 막중함을 분명하게 인식하고, 생태문명건설 강화의 중요성과 필요성을 분명하게 인식하여, 국민 대중과 자손 후대에게 강하게 책임을 지는 태도와 책임으로써, 진실로 결심하여 환경오염을 잘 관리하고 생태환경을 잘 건설하며, 사회주의 생태문명의 새 시대를 향해 노력해 나가고, 국민을 위해 양호한 생산·생활 환경을 창조해야 한다.

a) 要清醒认识保护生态环境·治理环境污染的紧迫性和艰巨性，

yào qīngxǐng rènshi bǎohù shēngtài huánjìng · zhìlǐ huánjìng wūrǎn de jǐnpòxìng hé jiānjùxìng,

생태환경 보호와 환경오염 관리의 시급성과 막중함을 분명하게 인식하고,

要(yào) : 마땅히 …해야만 한다. …해야 한다. 3-21.
   ※ 要는 조동사로서, 아래 문장의 모든 서술어(본동사)와 연관되어 있어, 마지막 서술어(创造) 뒤에서 사용된다.
清醒(qīngxǐng) : 형 (정신이) 맑다. 분명하다. 또렷하다. → 분명하게. 또렷하게.
   동 정신이 들다. 의식을 회복하다.
认识(rènshi) : 동 알다. 인식하다. 명 인식.
治理(zhìlǐ) : 동 통치〔관리〕하다. 다스리다. 정비〔수리, 손질〕하다. 고치다.
环境治理 : 환경 복원.
污染(wūrǎn) : 동 오염시키다. 오염되다. 명 오염.
污染治理设备(shèbèi) : 저공해장치. 오염처리장비.
污染治理设施(shèshī) : 오염관리시설.
水污染治理工程(gōngchéng) : 수질오염 복원공사.
水污染治理委员会(wěiyuánhuì) : 수질오염관리위원회.
紧迫性(jǐnpòxìng) : 시급성. 긴박성. 급박성.
艰巨性(jiānjùxìng) : 막중함. 1-12.

b) 清醒认识加强生态文明建设的重要性和必要性，

qīngxǐng rènshi jiāqiáng shēngtài wénmíng jiànshè de zhòngyàoxìng hé bìyàoxìng,

생태문명건설 강화의 중요성과 필요성을 분명하게 인식하여,

加强(jiāqiáng) : 동 강화하다. 증강하다.
加强生态文明建设 : 생태문명건설을 강화하다 → 생태문명건설(의) 강화.
重要性(zhòngyàoxìng) : 중요성.
必要性(bìyàoxìng) : 필요성.

◎ c) 以对人民群众·对子孙后代高度负责的态度和责任，

yǐ duì rénmín qúnzhòng · duì zǐsūn hòudài gāodù fùzé de tàidù hé zérèn,

국민 대중과 자손 후대에게 강하게 책임을 지는 태도와 책임으로써,

以(yǐ) : …(으)로(써). …을 가지고. 1-13.
对(duì) : …에게. …을 향하여. …에 대해(서). …에 대하여. 3-4.
人民(rénmín) : 인민. 국민. 1-5.
群众(qúnzhòng) : 대중. 군중. 1-5.
子孙(zǐsūn) : 똉 자손. 아들과 손자.
后代(hòudài) : 똉 후대. 후세. 후대〔후세〕 사람. 후손. 후대. 자손.
子孙后代 : 자손 후대.
高度(gāodù) : 높게. 높이. → 강하게. 1-16.
负责(fùzé) : 통 책임지다. 휑 맡은 바 책임을 다하다. 책임감이 강하다.
态度(tàidù) : 똉 태도. 기색. 표정. 거동. 행동거지.
责任(zérèn) : 똉 책임.

◎ d) 真正下决心把环境污染治理好·把生态环境建设好，

zhēnzhèng xià juéxīn bǎ huánjìng wūrǎn zhìlǐ hǎo · bǎ shēngtài huánjìng jiànshè hǎo,

진실로 결심하여 환경오염을 잘 관리하고 생태환경을 잘 건설하며,

真正(zhēnzhèng) : 뮝 정말〔진실〕로. 참으로. 휑 진정한. 참된. 순수한. 진짜의.
下决心(xià juéxīn) : 결심하다.
决心(juéxīn) : 똉 통 결심(하다). 결의(하다). 다짐(하다).
把(bǎ) : …을. …으로. …을 가지고. 1-14
好(hǎo) : 다. 잘. 4-四.
下决心把环境污染治理好 : 환경오염을 잘 관리하는 것을 결심하다
　　　　　　　　　　　→ 결심하여 환경오염을 잘 관리하다.

◎ e) 努力走向社会主义生态文明新时代，

nǔlì zǒuxiàng shèhuìzhǔyì shēngtài wénmíng xīn shídài,

사회주의 생태문명의 새 시대를 향해 노력해 나가고,

◎ f) 为人民创造良好生产生活环境。

wèi rénmín chuàngzào liánghǎo shēngchǎn shēnghuó huánjìng.

국민을 위해 양호한 생산·생활 환경을 창조해야 한다.

为(wèi) : …하기 위하여. …때문에. 1-1.
创造(chuàngzào) : 통 창조하다. (새로) 만들다. 발명하다. 똉 창조물. 발명품.
良好(liánghǎo) : 휑 좋다. 양호하다. 훌륭하다. 만족할 만하다.
生产(shēngchǎn) : 생산. 1-四
生活(shēnghuó) : 똉 생활. 통 살다. 생존하다.

5) 习近平在主持学习时发表了讲话。

xí jìn píng　zài zhǔchí xuéxí shí fābiǎo le jiǎnghuà.

시진핑은 학습을 주재할 때 담화를 발표했다.

发表(fābiǎo) : 발표하다. 선포하다. 4-3.

讲话(jiǎnghuà) : 말하다. 발언하다. 질책하다. 몡 강화. 담화. 연설. 4-3.

6) 他强调，建设生态文明，关系人民福祉，关乎民族未来。

tā qiángdiào, jiànshè shēngtài wénmíng, guānxi rénmín fúzhǐ, guānhū mínzú wèilái.

그의 강조에 의하면, 생태문명의 건설은 국민 복지와 관련되고, 민족 미래와 관계되며,

建设生态文明 : 생태문명을 건설하다 → 생태문명의 건설.

关系(guānxi) : …와 관계되다. …와 관련되다. 4-4.

福祉(fúzhǐ) : 몡 행복. 복지. 복리.

关乎(guānhū) : 통 …에 관계되다. …에 관련되다.

民族(mínzú) : 민족. 4-4.

未来(wèilái) : 미래. 1-3.

7) 党的十八大把生态文明建设纳入中国特色社会主义事业五位一体总体布局，明确提出大力推进生态文明建设，努力建设美丽中国，实现中华民族永续发展。

중공당의 18대는 생태문명건설을 중국 특색 사회주의 사업 5위일체의 총체적 구성에 포함시키고, 생태문명건설의 강력한 추진, 아름다운 중국 건설의 노력, 중화 민족의 영속적 발전의 실현을 명확히 제기했다.

a) 党的十八大把生态文明建设纳入中国特色社会主义事业五位一体总体布局，

dǎng de shí bā dà bǎ shēngtài wénmíng jiànshè nàrù zhōngguó tèsè shèhuìzhǔyì shìyè wǔwèiyìtǐ zǒngtǐ bùjú,

중공당의 18대는 생태문명건설을 중국 특색 사회주의 사업 5위일체의 총체적 구성에 포함시키고,

党(dǎng) : 당. 중국공산당. → 중공당. 1-5.

十八大(shí bā dà) : 18대. 1-2.

纳入(nàrù) : 통 집어넣다. 포함시키다. 올려놓다. 들어서다. 궤도에 올리다.

中国特色社会主义(zhōngguó tèsè shèhuìzhǔyì) : 중국 특색(의) 사회주의. 1-1.

特色(tèsè) : 특색. 특징. 1-1.

五位一体(wǔwèiyìtǐ) : 5위일체. 경제건설·정치건설·문화건설·사회건설·생태
　　문명건설 등 5개의 건설이 중국 특색의 사회주의 건설이라는 하나의 목적을 위하여 연
　　관되고 통합되는 것.
总体(zǒngtǐ) : 총체. 전체. 3-14.
布局(bùjú) : 명 구성. 분포 상태. 구조. 배치. 안배. 통 구성〔배치, 포석〕하다.

---

b) 明确提出大力推进生态文明建设，努力建设美丽中国，实现中华民族
永续发展。
míngquè tíchū dàlì tuījìn shēngtài wénmíng jiànshè, nǔlì jiànshè měilì zhōngguó,
shíxiàn zhōnghuá mínzú yǒngxù fāzhǎn.
생태문명건설의 강력한 추진, 아름다운 중국 건설의 노력, 중화 민족의 영속적 발전의 실현
을 명확히 제기했다.

明确(míngquè) : 명확하게. 1-16.
提出(tíchū) : 제시하다. 제의하다. 제기하다. 1-9.
明确提出 : …을 명확히 제기하다.
大力推进生态文明建设 : 생태문명건설을 강력하게 추진하다
　　　　　　　　　　→ 생태문명건설의 강력한 추진
美丽(měilì) : 형 아름답다. 예쁘다. 곱다.
努力建设美丽中国 : 노력해서 아름다운 중국을 건설하다
　　　　　　　　　→ 아름다운 중국 건설의 노력.
实现(shíxiàn) : 실현하다. 달성하다. 2-11.
中华(zhōnghuá) : 명 중화. 중국.
永续(yǒngxù) : 통 영원히 이어지다〔계속되다〕.
发展(fāzhǎn) : 발전(하다). 1-3.
实现中华民族永续发展 : 중화 민족의 영속적 발전을 실현하다
　　　　　　　　　　→ 중화 민족의 영속적 발전의 실현.

---

8) 这标志着我们对中国特色社会主义规律认识的进一步深化，表明了我
们加强生态文明建设的坚定意志和坚强决心。
이것은 중국 특색 사회주의의 규율 인식에 대한 우리의 진일보한 심화를 상징하고 있고, 우
리가 생태문명건설을 강화하는 견고한 의지와 굳센 결심을 표명했다.

---

a) 这标志着我们对中国特色社会主义规律认识的进一步深化，
zhè biāozhì zhe wǒmén duì zhōngguó tèsè shèhuìzhǔyì guīlǜ rènshi de jìnyíbù
shēnhuà,
이것은 중국 특색 사회주의 규율 인식에 대한 우리의 진일보한 심화를 상징하고 있고,

标志(biāozhì) : 상징. 표지. 통 명시하다. 상징하다. 3-四.

着(zhe) : …하고 있다. …하고 있는 중이다. 2-四.

规律(guīlǜ) : 명 규율. 법칙. 규칙. 형 규율에 맞다. 규칙적이다.

进一步(jìnyíbù) : (한 걸음 더) 나아가. 진일보하여. 4-4.

深化(shēnhuà) : 심화되다. 심화시키다. → 심화. 1-6.

b) 表明了我们加强生态文明建设的坚定意志和坚强决心。

biǎomíng le wǒmen jiāqiáng shēngtài wénmíng jiànshè de jiāndìng yìzhì hé jiānqiáng juéxīn.

우리가 생태문명건설을 강화하는 견고한 의지와 굳센 결심을 표명했다.

表明(biǎomíng) : 분명하게 밝히다. 표명하다. 4-四.

坚定(jiāndìng) : 견고〔확고부동, 결연〕하다. 견고〔확고〕히 하다. 굳히다. 4-16.

意志(yìzhì) : 명 의지. 의기.

坚强(jiānqiáng) : 1.형 굳세다. 굳고 강하다. 꿋꿋하다. 완강하다. 강경하다.
　　　　　　　　　2.동 공고히 하다. 견고히 하다. 강화하다.

决心(juéxīn) : 명 결심. 결의. 다짐. 동 결심하다. 결의하다. 다짐하다.

9) 习近平指出，推进生态文明建设，必须全面贯彻落实党的十八大精神，以邓小平理论·"三个代表"重要思想·科学发展观为指导，树立尊重自然·顺应自然·保护自然的生态文明理念，坚持节约资源和保护环境的基本国策，坚持节约优先·保护优先·自然恢复为主的方针，着力树立生态观念·完善生态制度·维护生态安全·优化生态环境，形成节约资源和保护环境的空间格局·产业结构·生产方式·生活方式。

시진핑의 의견에 의하면, 생태문명건설의 추진은, 반드시 중공당 18대 정신의 실현을 전면적으로 관철시키고, 등소평이론·"3개 대표" 중요사상·과학발전관을 지도방침으로 삼아, 자연을 존중하고 자연에 순응하고 자연을 보호하는 생태문명이념을 수립하며, 자원절약과 환경보호의 기본 국책을 견지하며, 절약을 우선으로 하고 보호를 우선으로 하고 자연회복을 위주로 하는 방침을 견지하며, 힘을 써서 생태관념을 수립하고 생태제도를 완비하고 생태안전을 수호하고 생태환경을 최적화하며, 자원절약과 환경보호의 공간 구성·산업 구조·생산 방식·생활 방식을 형성해야 한다.

a) 习近平指出，推进生态文明建设，必须全面贯彻落实党的十八大精神，

xí jìn píng zhǐchū, tuījìn shēngtài wénmíng jiànshè, bìxū quánmiàn guànchè luòshí dǎng de shí bā dà jīngshén,

시진핑의 의견에 의하면, 생태문명건설의 추진은, (반드시) 중공당 18대 정신의 실현을 전면적으로 관철시키고,

指出(zhǐchū)：图 밝히다. 지적하다. 가리키다.

习近平指出：시진핑은 …라고 밝히다〔지적하다〕 → 시진핑의 의견〔제안〕에 의하면.

必须(bìxū)：반드시. 1-15.

　※ 必须는 조동사로서, 여러 본동사를 거쳐 마지막 본동사(形成)에서 번역되
　　어야 한다.

全面(quánmiàn)：전반적으로. 1-1.

贯彻(guànchè)：관철시키다. 철저하게 실현하다. 1-9.

落实(luòshí)：실현(되다, 시키다). 구체화(되다, 하다). 현실화(시키다). 3-四.

精神(jīngshén)：정신. 1-5.

落实党的十八大精神：중공당의 18대 정신을 실현시키다

　　→ 중공당 18대 정신의 실현.

b) 以邓小平理论·"三个代表"重要思想·科学发展观为指导,

yǐ dèng xiǎo píng lǐlùn · "sān ge dàibiǎo" zhòngyào sīxiǎng · kēxué fāzhǎnguān wéi zhǐdǎo,

등소평이론 · "3개 대표" 중요사상 · 과학발전관을 지도방침으로 삼아,

以(yǐ)…为(wéi)…：A를 B로 삼다. A를 B로 여기다. 4-6.

为指导：지도로 삼아 → 지도(방침, 사상)으로 삼아.

科学(kēxué)：과학. 1-4.

c) 树立尊重自然·顺应自然·保护自然的生态文明理念,

shùlì zūnzhòng zìrán · shùnyìng zìrán · bǎohù zìrán de shēngtài wénmíng lǐniàn,

자연을 존중하고 자연에 순응하고 자연을 보호하는 생태문명이념을 수립하며,

树立(shùlì)：图 수립하다. 세우다.

尊重(zūnzhòng)：图 존중하다. 중시하다. 图 (언행이) 정중하다. 점잖다.

自然(zìrán)：图 자연. 图 천연의. 자연의. 당연하다.

顺应(shùnyìng)：图 순응하다. 적응하다.

理念(lǐniàn)：이념. 신념. 믿음. 관념. 생각. 4-11.

d) 坚持节约资源和保护环境的基本国策,

jiānchí jiéyuē zīyuán hé bǎohù huánjìng de jīběn guócè,

자원절약과 환경보호의 기본 국책을 견지하며,

国策(guócè)：图 국책(国策). 국가의 기본 정책.

e) 坚持节约优先·保护优先·自然恢复为主的方针,

jiānchí jiéyuē yōuxiān · bǎohù yōuxiān · zìrán huīfù wéizhǔ de fāngzhēn,

절약을 우선으로 하고 보호를 우선으로 하고 자연회복을 위주로 하는 방침을 견지하며,

优先(yōuxiān) : 图 우선하다. 图 우선적으로. 图 우선.
恢复(huīfù) : 图 회복하다. 회복되다. 회복시키다.
为主(wéizhǔ) : 图 …을 위주로 하다.
方针(fāngzhēn) : 방침. 1-9.

f) **着力树立生态观念·完善生态制度·维护生态安全·优化生态环境,**
zhuólì shùlì shēngtài guānniàn · wánshàn shēngtài zhìdù · wéihù shēngtài ānquán ·
yōuhuà shēngtài huánjìng,
힘을 써서 생태관념을 수립하고 생태제도를 완비하고 생태안전을 수호하고 생태환경을 최
적화하며,

着力(zhuólì) : 图 힘을 쓰다. 애쓰다. 진력하다. → 진력해서.
观念(guānniàn) : 图 관념. 생각. 사고 방식. 의식. 사상.
完善(wánshàn) : 완벽하게〔완전하게〕하다〔만들다〕. 완비하다. 2-四.
制度(zhìdù) : 图 제도. 규칙. 규정.
维护(wéihù) : 图 수호하다. 보호하고 유지하다.
安全(ānquán) : 图 图 안전(하다).
优化(yōuhuà) : 图 최적화하다. 가장 능률적으로 조절〔활용〕하다.

g) **形成节约资源和保护环境的空间格局·产业结构·生产方式·生活方式。**
xíngchéng jiéyuē zīyuán hé bǎohù huánjìng de kōngjiān géjú · chǎnyè jiégòu ·
shēngchǎn fāngshì · shēnghuó fāngshì.
자원절약과 환경보호의 공간 구성·산업 구조·생산 방식·생활 방식을 형성하다(해야 하다).

形成(xíngchéng) : 형성하다(되다). 구성하다. 1-9.
空间(kōngjiān) : 图 공간.
格局(géjú) : 图 구조. 구성. 짜임새. 골격. 패턴. 양식. 배치.
产业(chǎnyè) : 图 산업. 공업.
结构(jiégòu) : 1.图 구조. 구성. 조직. 짜임새. 구조물.
　　　　　　 2.图 (글·줄거리 등을) 안배하다. 짜다. 꾸미다. 배치하다.

10) **习近平强调, 要正确处理好经济发展同生态环境保护的关系, 牢固树
立保护生态环境就是保护生产力·改善生态环境就是发展生产力的理
念, 更加自觉地推动绿色发展·循环发展·低碳发展, 决不以牺牲环
境为代价去换取一时的经济增长。**

시진핑의 강조에 의하면, 경제발전과 생태환경보호의 관계를 정확하게 잘 처리하고, 생태
환경의 보호는 바로 생산력을 보호하고 생태환경의 개선은 바로 생산력을 발전시킨다는
이념을 견고히 수립하고, 녹색 발전·순환 발전·저탄소 발전을 더욱 자발적으로 추진하
며, 절대로 환경 희생을 대가로 삼아 한때의 경제성장으로 교환하지 않아야 한다.

a) 习近平强调, 要正确处理好经济发展同生态环境保护的关系,

xí jìn píng qiángdiào, yào zhèngquè chǔlǐ hǎo jīngjì fāzhǎn tóng shēngtài huánjìng bǎohù de guānxi,

시진핑의 강조에 의하면, 경제발전과 생태환경보호의 관계를 정확하게 잘 처리하고(…해야 한다),

※ 要는 조동사로서, 아래 모든 동사와 연관되고, 마지막 동사(换取)에서 번역된다.
强调(qiángdiào) : 강조하다. 2-14.
　　强调는 본문의 서술어이고, 관련 목적어는 매우 길어 문장 끝까지 해당되므로, 그 번
　　역 방법은 1)'…을 강조하다' 혹은 2)'…의 강조에 의하면'으로 한다.
正确(zhèngquè) : 정확하다. 1-9.
处理(chǔlǐ) : 동 처리하다. 해결하다. (물건을) 처분하다. 처벌[징벌]하다.
同(tóng) : …와 (함께). 4-14.

b) 牢固树立保护生态环境就是保护生产力·改善生态环境就是发展生产力的理念,

láogù shùlì bǎohù shēngtài huánjìng jiù shì bǎohù shēngchǎnlì·gǎishàn shēngtài huánjìng jiù shì fāzhǎn shēngchǎnlì de lǐniàn,

생태환경의 보호는 바로 생산력을 보호하고 생태환경의 개선은 바로 생산력을 발전시킨다는 이념을 견고히 수립하고,

牢固(láogù) : 형 견고하다. 든든하다. 탄탄하다.
生产力(shēngchǎnlì) : 명 생산력.
改善(gǎishàn) : 동 개선하다. 개량하다.
保护生态环境 : 생태환경을 보호하다 → 생태환경의 보호.
保护生态环境就是保护生产力 : 생태환경의 보호는 바로 생산력을 보호한다.
改善生态环境 : 생태환경을 개선하다 → 생태환경의 개선.
改善生态环境就是发展生产力 : 생태환경의 개선은 바로 생산력을 발전시킨다.
　　→保护生态环境就是保护生产力·改善生态环境就是发展生产力的理念 :
　　생태환경의 보호는 바로 생산력을 보호하고 생태환경의 개선은 바로 생산력을 발전시
　　킨다는 이념.

c) 更加自觉地推动绿色发展·循环发展·低碳发展,

gèngjiā zìjué di tuīdòng lǜsè fāzhǎn·xúnhuán fāzhǎn·dītàn fāzhǎn,

녹색 발전·순환 발전·저탄소 발전을 더욱 자발적으로 추진하며,

更加(gèngjiā) : 부 더욱. 더. 훨씬. 한층 더. 가일층. 더군다나.
自觉地(zìjué di) : 부 자발적으로. 자각적으로.
自觉(zìjué) : 동 자각하다. 스스로 느끼다. 형 자발적인. 자진하여. 자각적인.
推动(tuīdòng) : 추진하다. 촉진하다. 1-9.
绿色(lǜsè) : 명 녹색. 형 오염되지 않다.

循环(xúnhuán) : 동 순환하다.
低碳(dītàn) : 명 저탄소.

d)决不以牺牲环境为代价去换取一时的经济增长。

juébù yǐ xīshēng huánjìng wéi dàijià qù huànqǔ yìshí de jīngjì zēngzhǎng.
절대로 환경 희생을 대가로 삼아 한때의 경제성장으로 교환하지 않는다(…해야 한다).

决不(juébù) : 절대(로) …하지 않는다.
以(yǐ)A…为(wéi)B… : A를 B로 삼다〔여기다〕. 4-6.
牺牲(xīshēng) : 동 희생하다. 명 희생. 제물용 가축. 4-四.
牺牲环境 : 환경을 희생하다 → 환경 희생.
代价(dàijià) : 명 대가. 물건값. 가격. 대금.
换取(huànqǔ) : 동 (…으로) 교환하(여 얻)다. 바꾸어 가지다.
一时(yìshí) : 명 한 시기. 한때. 잠시. 짧은 시간. 부 우연하게. 갑자기.
增长(zēngzhǎng) : 동 증가〔제고, 성장〕하다. 늘어나다. 향상시키다. 높아지다.
经济增长(jīngjì zēngzhǎng) : 경제성장.

11) 习近平指出, 国土是生态文明建设的空间载体。

xí jìn píng zhǐchū, guótǔ shì shēngtài wénmíng jiànshè de kōngjiān zàitǐ.
시진핑의 지적에 의하면, 국토는 생태문명건설의 공간 저장장치이며,

国土(guótǔ) : 명 국토.
载体(zàitǐ) : 명 운반체. 캐리어. 저장 장치.
空间载体 : 공간 캐리어, 공간 운반체. 공간 저장장치.

12) 要按照人口资源环境相均衡·经济社会生态效益相统一的原则, 整体
谋划国土空间开发, 科学布局生产空间·生活空间·生态空间, 给自
然留下更多修夏空间。

인구·자원 환경이 서로 균형 잡히고 경제·사회의 생태적 효과가 서로 통일되는 원칙에
따라, 국토 공간 개발을 전반적으로 설계하고, 생산공간·생활공간·생태공간을 과학적으
로 구성하고, 자연에게 더 많은 회복 공간을 남겨야 하며,

a) 要按照人口资源环境相均衡·经济社会生态效益相统一的原则,

yào ànzhào rénkǒu zīyuán huánjìng xiāng jūnhéng · jīngjì shèhuì shēngtài xiàoyì
xiāng tǒngyī de yuánzé,
인구·자원 환경이 서로 균형 잡히고 경제·사회의 생태적 효과가 서로 통일되는 원칙에
따라 (…해야 한다),

※ 要는 조동사로서, 아래 모든 동사와 연관되어 있다.

按照(ànzhào) : 개 …에 의해. …에 따라. 동 …에 따르다. …의거하다.

人口(rénkǒu) : 명 인구. 식구. 가족수. 인신. 사람의 입.

相(xiāng) : 부 서로. 함께. 상호. 동 (마음에 드는지) 직접 보다. 선보다.

均衡(jūnhéng) : 명 균형. 형 균형이 잡히다. 고르다.

效益(xiàoyì) : 명 효과와 수익. 효익. 이익. 이득. 성과.

生态效益(shēngtài xiàoyì) : 생태계 균형을 유지함으로써 얻어지는 긍정적 효과.
　　　　　　　　　　　　　→생태적 효과.

统一(tǒngyī) : 통일. 통일된. 단일한. 통일하다. 하나로 일치되다. 2-四.

原则(yuánzé) : 명 원칙. 부 원칙적으로.

◐ b) 整体谋划国土空间开发，

zhěngtǐ móhuà guótǔ kōngjiān kāifā,

국토 공간 개발을 전반적으로 설계하고,

整体(zhěngtǐ) : 명 전부. 전체. 총체. 일체. →전반〔전체〕적으로.

谋划(móhuà) : 계획하다. 설계하다.

开发(kāifā) : 명 개발. 개간. 개척. 동 개발하다. 개간〔개척〕하다.

◐ c) 科学布局生产空间·生活空间·生态空间，

kēxué bùjú shēngchǎn kōngjiān·shēnghuó kōngjiān·shēngtài kōngjiān

생산공간·생활공간·생태공간을 과학적으로 구성하며,

科学布局 : 과학적으로 구성하다.

◐ d) 给自然留下更多修复空间。

gěi zìrán liúxià gèngduō xiūfù kōngjiān.

자연에게 더 많은 회복 공간을 남기다 (…해야 한다).

留下(liúxià) : 남기다.

修复(xiūfù) : 동 수리하여 복원하다. (관계를) 개선하여 회복하다. 재생하다.

修复空间 : 회복(하는) 공간.

---

13) 要坚定不移加快实施主体功能区战略，严格按照优化开发·重点开发·限制开发·禁止开发的主体功能定位，划定并严守生态红线，构建科学合理的城镇化推进格局·农业发展格局·生态安全格局，保障国家和区域生态安全，提高生态服务功能。

핵심기능지구 전략을 확고부동하게 빨리 실시하고, 엄격히 최적 개발·중점 개발·제한 개발·금지 개발의 핵심 기능에 따라서 자리를 매기고, 생태 핫라인을 확정하여 엄수하고, 과학적이고 합리적인 도시화 추진 구조·농업 발전 구조·생태 안전 구조를 수립하고, 국가와 지역의 생태 안전을 보장하고, 생태 서비스 기능을 향상시켜야 하며,

a) 要坚定不移加快实施主体功能区战略,

yào jiāndìng bùyí jiākuài shíshī zhǔtǐ gōngnéng qū zhànlüè,

핵심기능지구 전략을 확고부동하게 빨리 실시하고 (…해야 한다),

※ 要는 조동사로서, 아래 모든 동사와 연관되어 있다.

坚定不移(jiāndìng bùyí) : 확고부동하게. 1-1.

加快(jiākuài) : 빠르게. 빨리. 1-6.

实施(shíshī) : 동 실시하다. 실행하다.

主体(zhǔtǐ) : 명 주체. 주요 부분. 4-四.

功能(gōngnéng) : 명 기능. 작용. 효능.

主体功能 : 핵심기능. 주요 기능.

区(qū) : 명 지구. 구역. 행정구획단위. 동 구분하다. 구획하다. 구별하다.

主体功能区(zhǔtǐ gōngnéng qū) : 핵심기능지구는 각 지구가 구비하고 있고 해당 지구
를 대표하는 핵심(주체) 기능으로, 각 지구는 핵심 기능의 차이로 인해, 상호 분업·협
력하고, 공동으로 부유하게 하고 공동으로 발전한다. 핵심 기능은 자신의 자원환경조건
과 사회경제기초 등에 의해 결정된다.

战略(zhànlüè) : 전략. 1-3.

b) 严格按照优化开发·重点开发·限制开发·禁止开发的主体功能定位,

yángé ànzhào yōuhuà kāifā · zhòngdiǎn kāifā · xiànzhì kāifā · jìnzhǐ kāifā de zhǔtǐ
gōngnéng dìngwèi,

엄격히 최적 개발·중점 개발·제한 개발·금지 개발의 핵심 기능에 따라서 자리를 매기고,

严格(yángé) : 형 엄(격)하다. 동 엄격히 하다. 엄하게 하다. → 엄(격)하게.

按照(ànzhào) : 동 …에 따르다. …의거하다.

优化开发(yōuhuà kāifā) : 최적화한 개발. → 최적(의) 개발.

重点(zhòngdiǎn) : 명 중점. 형 중요한. 주요한. 부 중점적으로.

限制(xiànzhì) : 제한·규제·한정·속박·제약·구속(하다). 3-19.

禁止(jìnzhǐ) : 동 금지하다. 불허하다.

定位(dìngwèi) : 동 자리를 매기다[정하다]. 명 확정된 위치. 정해진 자리.

c) 划定并严守生态红线,

huàdìng bìng yánshǒu shēngtài hóngxiàn,

생태 핫라인을 확정하여 엄수하고,

划定(huàdìng) : 동 확정하다. 나누어 정하다. 명확히 구분하다.

严守(yánshǒu) : 동 엄수하다. 엄격히 준수하다. 철저히 지키다.[수비하다].

红线(hóngxiàn) : 명 붉은 줄[선·실]. 바른 사상[생각] 노선. 주제. 핫라인.

生态红线(shēngtài hóngxiàn) : 생태 핫라인은 중요생태기능지구·육지해양생태환경의
민감지구와 취약지구 등 3대 지구로 나누어진다. 제1선은 중요생태기능지구의 보호 핫
라인이고, 제2선은 생태 취약지구 혹 민감지구의 보호 핫라인이고, 제3선은 생물다양성
보호육성지구의 핫라인이다.

d) 构建科学合理的城镇化推进格局·农业发展格局·生态安全格局，

gòujiàn kēxué hélǐ de chéngzhènhuà tuījìn géjú · nóngyè fāzhǎn géjú · shēngtài ānquán géjú,

과학적이고 합리적인 도시화 추진 구조 · 농업 발전 구조 · 생태 안전 구조를 수립하고,

构建(gòujiàn)：图 세우다. 수립하다. 구축하다. 〔주로 추상적〕
合理(hélǐ)：图 도리에 맞다. 합리적이다.
城镇(chéngzhèn)：图 도시와 읍. 도시와 마을. 도시와 시골.
城镇化(chéngzhènhuà)：도시화.
农业(nóngyè)：图 농업.

e) 保障国家和区域生态安全，

bǎozhàng guójiā hé qūyù shēngtài ānquán,

국가와 지역의 생태 안전을 보장하고,

保障(bǎozhàng)：图 보장하다. 보증하다. 확보하다. 图 보장. 보증.
区域(qūyù)：图 구역. 지역.

f) 提高生态服务功能。

tígāo shēngtài fúwù gōngnéng.

생태 서비스 기능을 향상시키고(…해야 하고).

提高(tígāo)：图 제고하다. 향상시키다. 높이다. 끌어올리다.
服务(fúwù)：图 복무하다. 근무하다. 일하다. 봉사하다. 서비스하다.

14) 要牢固树立生态红线的观念。

yào láogù shùlì shēngtài hóngxiàn de guānniàn.

생태 핫라인의 관념을 견고히 수립해야 하며,

15) 在生态环境保护问题上，就是要不能越雷池一步，否则就应该受到惩罚。

zài shēngtài huánjìng bǎohù wèntí shang, jiù shì yào bùnéng yuè léichí yíbù, fǒuzé jiù yīnggāi shòudào chéngfá.

생태환경보호 문제에 있어, 바로 금지사항을 위반하지 말아야 하고, 만약 그렇지 않으면 바로 마땅히 징벌을 받아야 한다.

雷池(léichí)：图 일정한 범위〔한계〕. →제한. 금지 사항.
不能越雷池一步：제한을 한 걸음도 넘을 수 없다 → ~넘어서는 안 된다.
要不能越雷池一步：제한을 한 걸음도 넘어서는 안 되어야 한다
　　　→제한을 한 걸음도 넘지 말아야 한다. 금지 사항을 위반하지 말아야 한다.
否则(fǒuzé)：만약 그렇지 않으면. 3-19.

应该(yīnggāi) : 통 반드시〔마땅히〕 …해야 한다. …하는 것이 마땅하다.

受到(shòudào) : 통 얻다. 받다. 만나다. 부딪치다. 견디다. 입다.

惩罚(chéngfá) : 명 통 징벌(하다). 처벌(하다).

5-3 번역 자원절약과 환경보호의 기본정책을 견지하고, 사회주의 생태문명의 새 시대를 향해 노력해 나가다

중공 중앙정치국은 5월 24일 상오 생태문명건설의 강력한 추진에 대해 제6차 집단학습을 진행했다. 학습을 주재할 때 중공 중앙 총서기 시진핑의 강조에 의하면, 생태환경보호가 공로는 당대에 남고, 이득은 역사에 남는 사업이며, 생태환경 보호와 환경오염 관리의 시급성과 막중함을 분명하게 인식하고, 생태문명건설 강화의 중요성과 필요성을 분명하게 인식하여, 국민 대중과 자손 후대에게 강하게 책임을 지는 태도와 책임으로써, 진실로 결심하여 환경오염을 잘 관리하고 생태환경을 잘 건설하며, 사회주의 생태문명의 새 시대를 향해 노력해 나가고, 국민을 위해 양호한 생산·생활 환경을 창조해야 한다.

시진핑은 학습을 주재할 때 담화를 발표했다. 그는 생태문명의 건설은 국민 복지와 관련되고, 민족 미래와 관계된다고 강조했다. 중공당의 18대는 생태문명건설을 중국 특색 사회주의 사업 5위일체의 총체적 구성에 포함시키고, 생태문명건설의 강력한 추진, 아름다운 중국 건설의 노력, 중화 민족의 영속적 발전의 실현을 명확히 제기했다. 이것은 중국 특색 사회주의의 규율 인식에 대한 우리의 진일보한 심화를 상징하고 있고, 우리가 생태문명건설을 강화하는 견고한 의지와 굳센 결심을 표명했다.

시진핑의 의견에 의하면, 생태문명건설의 추진은, 반드시 중공당 18대 정신의 실현을 전면적으로 관철시키고, 등소평이론·"3개 대표" 중요사상·과학발전관을 지도방침으로 삼아, 자연을 존중하고 자연에 순응하고 자연을 보호하는 생태문명이념을 수립하며, 자원 절약과 환경보호의 기본 국책을 견지하며, 절약을 우선으로 하고 보호를 우선으로 하고 자연회복을 위주로 하는 방침을 견지하며, 힘을 써서 생태관념을 수립하고 생태제도를 완비하고 생태안전을 수호하고 생태환경을 최적화하며, 자원 절약과 환경보호의 공간 구성·산업 구조·생산 방식·생활 방식을 형성해야 한다.

시진핑의 강조에 의하면, 경제발전과 생태환경보호의 관계를 정확하게 잘 처리하고, 생태환경의 보호는 바로 생산력을 보호하고 생태환경의 개선은 바로 생산력을 발전시킨다는 이념을 견고히 수립하고, 녹색 발전·순환 발전·저탄소 발전을 더욱 자발적으로 추진하며, 절대로 환경 희생을 대가로 삼아 한때의 경제성장으로 교환하지 않아야 한다.

시진핑의 지적에 의하면, 국토는 생태문명건설의 공간 저장장치이며, 인구·자원 환경이 서로 균형 잡히고 경제·사회의 생태적 효과가 서로 통일되는 원칙에 따라, 국토 공간 개발을 전반적으로 설계하고, 생산공간·생활공간·생태공간을 과학적으로 구성하고, 자연에게 더 많은 회복 공간을 남겨야 하며, 핵심기능지구 전략을 확고부동하게 빨리 실시하고, 엄격히 최적 개발·중점 개발·제한 개발·금지 개발의 핵심 기능에 따라서 자리를 매기고, 생태 핫라인을 확정하여 엄수하고, 과학적이고 합리적인 도시화 추진 구조·농업 발전 구조·생태 안전 구조를 수립하고, 국가와 지역의 생태 안전을 보장하고, 생태 서비스 기능을 향상시켜야 하며, 생태 핫라인의 관념을 견고히 수립해야 하며, 생태환경보호 문제에 있어, 바로 금지사항을 위반하지 말아야 하고, 만약 그렇지 않으면 바로 마땅히 징벌을 받아야 한다.

5-4 练习

　　习近平强调，节约资源是保护生态环境的根本之策。要大力节约集约利用资源，推动资源利用方式根本转变，加强全过程节约管理，大幅降低能源·水·土地消耗强度，大力发展循环经济，促进生产·流通·消费过程的减量化·再利用·资源化。

　　习近平强调，要实施重大生态修夏工程，增强生态产品生产能力。良好生态环境是人和社会持续发展的根本基础。人民群众对环境问题高度关注。环境保护和治理要以解决损害群众健康突出环境问题为重点，坚持预防为主·综合治理，强化水·大气·土壤等污染防治，着力推进重点流域和区域水污染防治，着力推进重点行业和重点区域大气污染治理。

　　习近平指出，只有实行最严格的制度·最严密的法治，才能为生态文明建设提供可靠保障。最重要的是要完善经济社会发展考核评价体系，把资源消耗·环境损害·生态效益等体现生态文明建设状况的指标纳入经济社会发展评价体系，使之成为推进生态文明建设的重要导向和约束。要建立责任追究制度，对那些不顾生态环境盲目决策·造成严重后果的人，必须追究其责任，而且应该终身追究。要加强生态文明宣传教育，增强全民节约意识·环保意识·生态意识，营造爱好生态环境的良好风气。

단어 정리

- 策(cè) : 몡 방법. 계책. 계략. 채찍.
- 根本之策 : 근본 계책.
- 集约(jíyuē) : 몡 집약. 동 집약하다. 혱 집약적이다.
- 转变(zhuǎnbiàn) : 전변(하다). 변화(하다). 1-6.
- 降低(jiàngdī) : 동 내리다. 낮추다. 인하하다. 절하하다. 강하하다〔되다〕.
- 能源(néngyuán) : 몡 에너지원(energy源). 에너지.
- 水(shuǐ) : 몡 물. 수자원.
- 消耗(xiāohào) : 동 (정신 · 힘 · 물자 등을) 소모하다. 소모시키다. 몡 소모. 소비.
- 强度(qiángdù) : 몡 강도. 세기.
- 流通(liútōng) : 혱 막힘없이 잘 통하다〔소통되다〕. 몡 동 (경제) 유통〔되다〕.
- 消费(xiāofèi) : 동 소비하다.
- 减量(jiǎnliàng) : 몡 감량.
- 减量化(jiǎnliànghuà) : 몡 감량화.
- 再利用(zàilìyòng) : 몡 동 재활용(하다).
- 工程(gōngchéng) : 몡 프로젝트. 사업. 프로그램. 계획. 공정. 공사. 대공사. 공학.
- 增强(zēngqiáng) : 증강하다. 강화하다. 높이다. 4-四.
- 生态产品(shēngtài chǎnpǐn) : 몡 녹색제품.
- 持续(chíxù) : 동 지속하다〔되다〕. 계속 유지하다. 이어지다. 부 지속적으로.
- 高度(gāodù) : 정도가 매우 높다. → 높게. 높이. 1-16.
- 关注(guānzhù) : 동 주시〔배려〕하다. 관심을 가지(고 중시하)다. 몡 관심. 중시.
- 损害(sǔnhài) : 몡 동 손상(시키다). 손해(를 입다〔주다〕). 해치다. 피해.
- 群众(qúnzhòng) : 대중. 군중. 1-5.
- 健康(jiànkāng) : 혱 건강하다. (사물의 상태가) 건전하다. 정상이다. 몡 건강.
- 突出(tūchū) : 동 돌파하다. 뚫다. 혱 돌출하다. 돋보이다. 뛰어나다. 뚜렷하다.
- 以…为重点 : …를 중점〔중심〕으로 삼다. → …을 위주로 하다.
- 预防(yùfáng) : 동 예방하다. 미리 방비하다.
- 综合(zōnghé) : 동 종합하다. 통괄하다. 총괄하다.
- 强化(qiánghuà) : 동 강화하다. 강하고 공고하게 하다.
- 大气(dàqì) : 몡 대기. 공기. 큰 숨.
- 土壤(tǔrǎng) : 몡 토양. 흙.
- 防治(fángzhì) : 동 예방치료〔퇴치〕하다.
- 流域(liúyù) : 몡 유역.

- 重点行业(zhòngdiǎn hángyè) : 중점 업종.
- 行业(hángyè) : 몡 직업. 직종. 업종. 공업 · 상업의 유별〔종류〕.
- 严密(yánmì) : 혱 동 빈틈없〔이 하〕다. 치밀하〔게 하〕다. 엄밀하〔게 하〕다.
- 为(wèi)…提供(tígōng) : …을 위해 제공하다.
- 为(wèi) : …을 위하여 (…을 하다). 1-1.
- 提供(tígōng) : 제공하다. 공급하다. 1-9.
- 可靠(kěkào) : 혱 확실하다. 믿을 만하다. 믿음직하다. 믿음직스럽다.
- 完善(wánshàn) : 동 완전하게 하다〔만들다〕. 완비하다. 2-四.
- 考核(kǎohé) : 동 심사하다. 대조하다. 몡 심사. 고과(考课).
- 评价(píngjià) : 평가(하다). 1-16.
- 体系(tǐxì) : 몡 체계.
- 考核评价体系 : 심사 · 평가 체계.
- 体现(tǐxiàn) : 구현〔체현〕하다. 2-四.
- 指标(zhǐbiāo) : 몡 지표. 수치. 목표.
- 使之成为(shǐ zhī chéngwéi) : 그것을 …로 만들다. …이 되다. …로 되다.
- 成为(chéngwéi) : …이 되다. …(으)로 되다. 2-4.
- 导向(dǎoxiàng) : 동 유도하다. 이끌〔어 주〕다. 몡 발전방향. 유도방향.
- 约束(yuēshù) : 몡 동 규제〔단속, 구속, 속박, 제약, 제한〕(하다). 얽매다.
- 追究(zhuījiū) : 동 (원인 · 연유를) 추궁하다. 따지다. (원인 · 책임 등을) 규명하다.
- 不顾(búgù) : 동 고려하지 않다. 꺼리지 않다. 감안하지 않다. 돌보지 않다.
- 盲目(mángmù) : 혱 맹목적(인). 무작정. 눈먼.
- 决策(juécè) : 몡 결정된 책략〔정책 · 전략 · 방침〕. 동 책략〔정책 등〕을 결정하다.
- 不顾生态环境盲目决策 : 생태환경을 고려하지 않는 맹목적 정책.
- 造成(zàochéng) : 동 형성〔조성, 창조〕하다. 만들다. (나쁜 결과를) 초래〔야기〕하다.
- 严重(yánzhòng) : 혱 위급하다. 심각하다. 엄중하다. 막대〔대단〕하다. 매우 심하다.
- 后果(hòuguǒ) : 몡 (주로 안 좋은) 결과. 뒷일. 뒤탈.
- 终身(zhōngshēn) : 몡 일생. 평생. 종신. (여자의) 혼인 대사.
- 宣传(xuānchuán) : 동 (대중을 향하여) 선전하다. 홍보하다.
- 环保(huánbǎo) : 환경보호.
- 营造(yíngzào) : 동 경영〔건설, 조성〕하다. 만들다. 짓다. 세우다. 수립하다.
- 爱好(àihǎo) : 동 애호하다. …하기를 즐기다. 몡 취미. 애호.
- 风气(fēngqì) : 몡 (사회나 집단의) 풍조. 기풍.

번 역

시진핑의 강조에 의하면, 자원절약은 생태환경보호의 근본 계책이다. 자원을 강력하게 절약하고 집약하고 이용하며, 자원 이용방식의 근본적 변화를 추진하고, 전 과정의 절약 관리를 강화하고, 에너지·물·토지의 소모 강도를 대폭적으로 강하시키고, 순환경제를 강력하게 발전시키고, 생산·유통·소비 과정의 감량화·재활용·자원화를 촉진시켜야 한다.

시진핑의 강조에 의하면, 중대한 생태 회복 프로그램을 실시하고, 녹색제품 생산능력을 강화해야 한다. 양호한 생태환경은 사람과 사회가 지속적으로 발전하는 근본 기초이다. 국민 대중은 환경문제에 대해 높게 관심을 갖는다. 환경의 보호와 관리는 대중 건강을 해치는 돌출 환경문제의 해결을 위주로 하고, 예방 위주·종합 관리를 견지하고, 물·대기·토양 등 오염의 예방치료를 강화하고, 중점 유역과 지역의 물 오염 예방치료를 진력해서 추진하고, 중점 업종과 중점 지역의 대기 오염 관리를 진력해서 추진해야 한다.

시진핑의 지적에 의하면, 가장 엄격한 제도·가장 엄밀한 법치를 실행해야만, 비로소 생태문명건설을 위해 믿을 만한 보장을 제공할 수 있다. 가장 중요한 것은 경제·사회 발전의 심사·평가체계를 완비하여, 자원 소모·환경 피해·생태 효익 등 생태문명건설 상황을 구현하는 지표를 경제·사회 발전 평가체계에 포함시키고, 생태문명건설을 추진하는 중요 발전방향과 규제로 만들어야 하는 것이다. 책임 추궁 제도를 수립하여, 생태환경을 고려하지 않는 맹목적 정책들 및 심각한 결과를 초래한 사람들에 대해, 반드시 그 책임을 추궁하고, 또한 마땅히 평생 추궁해야 하는 것이다. 생태문명 홍보교육을 강화하여, 전국민의 절약의식·환경보호의식·생태의식을 높이고, 생태환경을 애호하는 양호한 풍조를 조성해야 하는 것이다.

제6과

少数民族政策

소수민족정책

6-1 正文 中国的民族政策

中华人民共和国是统一的多民族国家，有56个民族。为促进少数民族政治·经济·文化等各项事业的全面发展，中国政府制定了一系列民族政策。中国政府的民族政策主要有：

一，坚持民族平等团结

在中国，民族平等是指各民族不论人口多少，经济社会发展程度高低，风俗习惯和宗教信仰异同，都是中华民族大家庭的平等一员，具有同等的地位，在国家社会生活的一切方面，依法享有相同的权利，履行相同的义务，反对一切形式的民族压迫和民族歧视。民族团结是指各民族在社会生活和交往中平等相待·友好相处·互相尊重·互相帮助。民族平等是民族团结的前提和基础，没有民族平等，就不会实现民族团结；民族团结则是民族平等的必然结果，是促进各民族真正平等的保障。

民族平等和民族团结作为我国解决民族问题的政策，在中国的宪法和有关法律中得到明确规定。《中华人民共和国宪法》规定："中华人民共和国各民族一律平等。国家保障各少数民族的合法权利和利益，维护和发展各民族的平等·团结·互助关系。禁止对任何民族的歧视和压迫"。

二，民族区域自治

民族区域自治，是中国政府解决民族问题采取的一项基本政策，也是中国的一项重要政治制度。民族区域自治制度与人民代表大会制度·中国共产党领导的多党合作·政治协商制度一样，同为我国三大基本政治制度之一。民族区域自治是在国家的统一领导下，各少数民族聚居的地方实行民族区域自治，设立自治机关，行使自治权，使少数民族人民当家作主，自己管理本自治地方的内部事务。

　　民族区域自治是与中国的国家利益和各民族人民的根本利益相一致的。实行民族区域自治，保障了少数民族在政治上的平等地位和平等权利，极大地满足了各少数民族积极参与国家政治生活的愿望。根据民族区域自治的原则，一个民族可以在本民族聚居的地区内单独建立一个自治地方，也可以根据它分布的情况在全国其他地方建立不同行政单位的多个民族自治地方；实行民族区域自治，既保障了少数民族当家作主的自治权利，又维护了国家的统一；实行民族区域自治，有利于把国家的方针·政策和少数民族地区的具体实际结合起来，有利于把国家的发展和少数民族的发展结合起来，发挥各方面的优势。

　　截至目前，中国有民族自治地方155个，其中自治区5个·自治州30个·自治县(旗)120个。

* 출처: 国家民委网站-2006年07月14日
http://www.gov.cn/test/2006-07/14/content_335746.htm

6-2 生词与解释

1) 中国的民族政策

zhōngguó de mínzú zhèngcè
중국의 민족정책

民族(mínzú)：민족. 4-4.
政策(zhèngcè)：정책. 4-18.

2) 中华人民共和国是统一的多民族国家，有56个民族。

zhōnghuá rénmín gònghéguó shì tǒngyī de duōmínzú guójiā, yǒu wǔ shí liù ge mínzú.
중화인민공화국은 통일 다민족국가이고, 56개 민족이 있다.

中华人民共和国(zhōnghuá rénmín gònghéguó)：명 중화인민공화국. 중국.
统一(tǒngyī)：통일된. 통일하다. 2-四.
多民族国家(duōmínzú guójiā)：명 다민족 국가.

3) 为促进少数民族政治·经济·文化等各项事业的全面发展，中国政府制定了一系列民族政策。

소수민족의 정치·경제·문화 등 각종 사업의 전반적 발전을 촉진하기 위해, 중국 정부는
일련의 민족정책을 제정했다.

> a) 为促进少数民族政治·经济·文化等各项事业的全面发展，
>
> wèi cùjìn shǎoshù mínzú zhèngzhì·jīngjì·wénhuà·děng gèxiàng shìyè de quánmiàn fāzhǎn,
>
> 소수민족의 정치·경제·문화 등 각종 사업의 전반적 발전을 촉진하기 위해,

为(wèi)：…하기 위하여. 1-1.
促进(cùjìn)：촉진시키다. 촉진하다. 1-9.
少数民族(shǎoshù mínzú)：명 소수민족.
政治(zhèngzhì)：정치. 2-10.
经济(jīngjì)：경제. 2-四.
文化(wénhuà)：문화. 3-22.
各项(gèxiàng)：명 각 항. 각종 항목.
事业(shìyè)：사업. 비영리 사회 활동. 4-16.
全面(quánmiàn)：전반적인. 전면적인. 1-1.
发展(fāzhǎn)：발전. 1-3.

b) 中国政府制定了一系列民族政策。

zhōngguó zhèngfǔ zhìdìng le yíxìliè mínzú zhèngcè.

중국 정부는 일련의 민족정책을 제정했다.

政府(zhèngfǔ) : 정부. 3-12.
制定(zhìdìng) : 통 제정하다. 작성하다. 확정하다.
一系列(yíxìliè) : 일련의. 1-9.

4) 中国政府的民族政策主要有 :

zhōngguó zhèngfǔ de mínzú zhèngcè zhǔyào yǒu:

중국 정부의 민족정책은 주로 …이 있다

→ 중국 정부의 민족정책은 주로 다음과 같다.

主要(zhǔyào) : 부 주로. 대부분. 형 주요한. 주된.

5) 一, 坚持民族平等团结

yī, jiānchí mínzú píngděng tuánjié

일, 민족 평등·단결을 견지한다

坚持(jiānchí) : 견지하다. 1-9.
平等(píngděng) : 형 동일한〔평등한〕 대우를 받다. 평등하다. 대등하다.
团结(tuánjié) : 단결. 단합. 1-9.

6) 在中国, 民族平等是指各民族不论人口多少, 经济社会发展程度高
低, 风俗习惯和宗教信仰异同, 都是中华民族大家庭的平等一员, 具
有同等的地位, 在国家社会生活的一切方面, 依法享有相同的权利,
履行相同的义务, 反对一切形式的民族压迫和民族歧视。

중국에서, 민족 평등의 뜻은 각 민족이 인구의 다소, 경제·사회 발전 수준의 고하, 풍속 습
관과 종교 신앙의 차이를 막론하고, 모두 중화 민족 대가족의 평등한 일원이고, 동등한 지위
를 구비하며, 국가 사회 생활의 모든 방면에서, 법에 따라 똑같은 권리를 향유하고, 똑같은
의무를 이행하며, 모든 형식의 민족 억압과 민족 경시를 반대한다는 것이다.

a) 在中国, 民族平等是指

zài zhōngguó, mínzú píngděng shì zhǐ

중국에서, 민족 평등은 …을 가리킨다 → 중국에서, 민족 평등의 뜻은

是(shì)：동 형용사·동사 술어 앞에서 강한 긍정을 나타냄. 〔的确, 实在의 뜻〕
指(zhǐ)：명 손가락. 동 가리키다. 지시하다. 겨냥하다. 암시하다. 설명하다.

---

b) 各民族不论人口多少，经济社会发展程度高低，风俗习惯和宗教信仰
   异同，

gè mínzú búlùn rénkǒu duōshǎo, jīngjì shèhuì fāzhǎn chéngdù gāodī, fēngsú
xíguàn hé zōngjiào xìnyǎng yìtóng,

각 민족이 인구의 다소, 경제·사회 발전 수준의 고하, 풍속 습관과 종교 신앙의 차이를
막론하고,

不论(búlùn)：…을 막론하고. …든지. …이든 간에. 3-22.
人口(rénkǒu)：인구. 5-12.
程度(chéngdù)：명 정도. 수준.
高低(gāodī)：명 고저. 고하. 높이. 고도. 우열. 형 높고 낮다. 높이가 다르다.
风俗(fēngsú)：명 풍속.
习惯(xíguàn)：명 버릇. 습관. 습성. 관습. 동 습관〔버릇〕이 되다. 익숙해지다.
宗教(zōngjiào)：명 종교.
信仰(xìnyǎng)：명 신앙. 동 신앙하다. 숭배하다. 믿고 받들다.
异同(yìtóng)：명 서로 다른 점과 같은 점. 차이. 형 서로 다르다.

---

c) 都是中华民族大家庭的平等一员，具有同等的地位，

dōu shì zhōnghuá mínzú dàjiātíng de píngděng yìyuán, jùyǒu tóngděng de dìwèi
모두 중화 민족 대가족의 평등한 일원이고, 동등한 지위를 구비하며,

大家庭(dàjiātíng)：명 대가정. 대가족. 공동체.
一员(yìyuán)：명 일원. 구성원 중 하나.
具有(jùyǒu)：구비하다. 지니다. 1-3.
同等(tóngděng)：형 동등하다. 같다.
地位(dìwèi)：명 (사회적) 지위. 위치. (사람이나 물건이 차지한) 자리.

---

d) 在国家社会生活的一切方面，依法享有相同的权利，履行相同的义务，

zài guójiā shèhuì shēnghuó de yíqiè fāngmiàn, yīfǎ xiǎngyǒu xiāngtóng de quánlì,
lǚxíng xiāngtóng de yìwù

국가 사회 생활의 모든 방면에서, 법에 따라 똑같은 권리를 향유하고, 똑같은 의무를 이행하며,

一切(yíqiè)：일체. 전부. 모든. 4-19.
依法(yīfǎ)：법에 의거하다〔따르다〕. 2-四.
享有(xiǎngyǒu)：동 (권리·명예 등을) 향유하다. 누리다. 지니다. 얻다.
相同(xiāngtóng)：형 서로 같다. 똑같다. 일치하다.
权利(quánlì)：명 권리.
履行(lǚxíng)：동 이행하다. 실행하다. 실천하다.
义务(yìwù)：명 의무. 도의적인 책임〔의무〕. 형 무보수의. 봉사의

🐾 e) 反对一切形式的民族压迫和民族歧视。

    fǎnduì yíqiè xíngshì de mínzú yāpò hé mínzú qíshì

    모든 형식의 민족 억압과 민족 경시를 반대한다.

    反对(fǎnduì) : 반대하다. 4-四.
    形式(xíngshì) : 몡 형식. 형태.
    压迫(yāpò) : 몡 동 억압(하다). 압박(하다).
    歧视(qíshì) : 몡 동 경시(하다). 차별 대우(하다).

7) 民族团结是指各民族在社会生活和交往中平等相待·友好相处·互相
  尊重·互相帮助。

  mínzú tuánjié shì zhǐ gè mínzú zài shèhuì shēnghuó hé jiāowǎng zhōng píngděng
  xiāngdài · yǒuhǎo xiāngchǔ · hùxiāng zūnzhòng · hùxiāng bāngzhù.
  민족 단결의 뜻은 각 민족이 사회 생활과 교류 중에서 평등하게 대하고 우호적으로 함께 살
  고 서로 존중하고 서로 돕는다는 것이다.

    交往(jiāowǎng) : 몡 동 왕래(하다). 교제(하다). 교류(하다).
    相待(xiāngdài) : 동 대하다. 대우하다. 대접하다.
    友好(yǒuhǎo) : 형 우호적이다. 몡 절친한 친구. 좋은 벗.
    相处(xiāngchǔ) : 동 함께 살다[지내다].
    互相(hùxiāng) : 뷰 서로. 상호.
    帮助(bāngzhù) : 동 돕다. 원조하다. 보좌하다. 몡 도움. 원조. 보조. 충고.

8) 民族平等是民族团结的前提和基础，没有民族平等，就不会实现民族
  团结；

  민족 평등은 민족 단결의 전제와 기초이고, 민족 평등이 없으면, 바로 민족 단결을 실현할
  수 없다.

🐾 a) 民族平等是民族团结的前提和基础，

    mínzú píngděng shì mínzú tuánjié de qiántí hé jīchǔ

    민족 평등은 민족 단결의 전제와 기초이고,

    前提(qiántí) : 몡 전제. 전제 조건. 선결 조건.
    基础(jīchǔ) : 기초. 바탕. 1-9.

b) 没有民族平等，就不会实现民族团结；

méiyǒu mínzú píngděng, jiù búhuì shíxiàn mínzú tuánjié;

민족 평등이 없으면, 바로 민족 단결을 실현할 수 없다.

> 不会(búhuì)：[동] …할 수 없다. …할 줄 모르다. …일 리 없다.
> 实现(shíxiàn)：실현하다. 달성하다. 2-11.

9) 民族团结则是民族平等的必然结果，是促进各民族真正平等的保障。

민족 단결은 바로 민족 평등의 필연적 결과이고, 각 민족의 진정한 평등을 촉진하는 보장이다.

a) 民族团结则是民族平等的必然结果，

mínzú tuánjié zé shì mínzú píngděng de bìrán jiéguǒ,

민족 단결은 바로 민족 평등의 필연적 결과이고,

> 则(zé)：[부] 바로〔곧〕…이다.〔판단구에 쓰여 긍정을 나타냄. 就(是)에 상당함〕
> 必然(bìrán)：필연적이다. 3-26.
> 结果(jiéguǒ)：결과. 결실. 열매. 3-15.

b) 是促进各民族真正平等的保障。

shì cùjìn gè mínzú zhēnzhèng píngděng de bǎozhàng.

각 민족의 진정한 평등을 촉진하는 보장이다.

> 促进(cùjìn)：촉진하다. 촉진시키다. 1-9.
> 真正(zhēnzhèng)：진정한. 5-4.
> 保障(bǎozhàng)：보장. 보증. 5-13.

10) 民族平等和民族团结作为我国解决民族问题的政策，在中国的宪法和有关法律中得到明确规定。

민족 평등과 민족 단결은 민족 문제를 해결하는 우리 나라의 정책으로서, 중국의 헌법과 관련 법률에서 명확히 규정되었다.

a) 民族平等和民族团结作为我国解决民族问题的政策，

mínzú píngděng hé mínzú tuánjié zuòwéi wǒguó jiějué mínzú wèntí de zhèngcè,

민족 평등과 민족 단결은 민족 문제를 해결하는 우리 나라의 정책으로서,

> 作为(zuòwéi)：…로 여기다〔삼다〕. …의 신분〔자격〕으로서. 3-13.
> 我国解决民族问题的政策：우리 나라가 민족 문제를 해결하는 정책
> 　　　　　　　→민족 문제를 해결하는 우리 나라의 정책.

解决(jiějué) : 해결하다. 4-四.
问题(wèntí) : 문제. 1-12
政策(zhèngcè) : 정책. 4-18.

b) 在中国的宪法和有关法律中得到明确规定。
  zài zhōngguó de xiànfǎ hé yǒuguān fǎlǜ zhōng dédào míngquè guīdìng.
  중국의 헌법과 관련 법률에서 명확히 규정되었다.

  在(zài)…中(zhong) : …(중)에(서). 1-12.
  宪法(xiànfǎ) : 헌법. 2-四.
  法律(fǎlǜ) : 법률. 2-四.
  得到(dédào) : 얻다. 받다. 획득하다. 3-四.
  明确(míngquè) : 명확하다. 1-16.
  规定(guīdìng) : 규정. 규칙. 2-四.
  得到明确规定 : 명확한 규정을 얻다 → 명확히 규정되다 → 명확히 규정되었다.
  〔헌법과 관련 법률은 이미 존재함으로, 술어의 시제는 과거형임〕

11) 《中华人民共和国宪法》规定 : "中华人民共和国各民族一律平等。国家保障各少数民族的合法权利和利益，维护和发展各民族的平等·团结·互助关系。禁止对任何民族的歧视和压迫"。
  〈중화인민공화국 헌법〉의 규정에 의하면, "중화인민공화국의 각 민족은 일률적으로 평등하다. 국가는 각 소수민족의 합법적 권리와 이익을 보장하고, 각 민족의 평등·단결·상호부조 관계를 수호하고 발전시킨다. 모든 민족에 대한 경시와 억압을 금지한다."

a) 《中华人民共和国宪法》规定 :
  〈zhōnghuá rénmín gònghéguó xiànfǎ〉 guīdìng:
  〈중화인민공화국 헌법〉은 …라고 규정하다
  → 〈중화인민공화국 헌법〉의 규정에 의하면,

b) "中华人民共和国各民族一律平等。
  "zhōnghuá rénmín gònghéguó gè mínzú yílǜ píngděng.
  "중화인민공화국의 각 민족은 일률적으로 평등하다.

  一律(yílǜ) : 혱 일률적이다. 한결같다. 閉 일률적으로. 예외 없이. 모두. 전부.

c) 国家保障各少数民族的合法权利和利益，
  guójiā bǎozhàng gè shǎoshù mínzú de héfǎ quánlì hé lìyì,
  국가는 각 소수민족의 합법적 권리와 이익을 보장하고,

合法(héfǎ) : 혱 법에 맞다. 합법적이다. 합법하다. 적법하다.
利益(lìyì) : 몡 이익. 이득.

d) 维护和发展各民族的平等·团结·互助关系。
wéihù hé fāzhǎn gè mínzú de píngděng · tuánjié · hùzhù guānxi.
각 민족의 평등·단결·상호부조 관계를 수호하고 발전시킨다.

维护(wéihù) : 수호하다. 5-9.
互助(hùzhù) : 통 서로 돕다. 몡 상호부조.
关系(guānxi) : 관계. 4-4.

e) 禁止对任何民族的歧视和压迫"。
jìnzhǐ duì rènhé mínzú de qíshì hé yāpò."
모든 민족에 대한 경시와 억압을 금지한다."

禁止(jìnzhǐ) : 금지하다. 불허하다. 5-13.
任何(rènhé) : 어떠한. 무슨. → 모든. 3-27.

12) 二，民族区域自治
èr, mínzú qūyù zìzhì
이, 민족구역자치

区域(qūyù) : 구역. 지역. 5-13.
自治(zìzhì) : 자치(하다). 자치권을 행사하다. 3-12.

13) 民族区域自治，是中国政府解决民族问题采取的一项基本政策，也是
中国的一项重要政治制度。
민족구역자치는, 중국 정부가 민족 문제를 해결하며 채택한 기본 정책이고, 또한 중국의
중요 정치제도이다.

a) 民族区域自治，是中国政府解决民族问题采取的一项基本政策，
mínzú qūyù zìzhì, shì zhōngguó zhèngfǔ jiějué mínzú wèntí cǎiqǔ de yíxiàng jīběn
zhèngcè,
민족구역자치는, 중국 정부가 민족 문제를 해결하며 채택한 기본 정책이고,

采取(cǎiqǔ) : 통 채택하다. 취하다. 강구하다. 취하다. 채취하다. 얻다.

b) 也是中国的一项重要政治制度。

　　yě shì zhōngguó de yíxiàng zhòngyào zhèngzhì zhìdù.

　　또한 중국의 중요 정치제도이다.

14) 民族区域自治制度与人民代表大会制度·中国共产党领导的多党合作·政治协商制度一样，同为我国三大基本政治制度之一。

mínzú qūyù zìzhì zhìdù yǔ rénmín dàibiǎo dàhuì zhìdù · zhōngguó gòngchǎndǎng lǐngdǎo de duōdǎng hézuò · zhèngzhì xiéshāng zhìdù yíyàng, tóng wéi wǒguó sān dà jīběn zhèngzhì zhìdù zhī yī.

민족구역자치제도는 인민대표대회제도 및 중국공산당 영도의 다당합작·정치협상제도와 같이, 동일하게 우리 나라의 3대 기본 정치제도 중 하나이다.

　　与(yǔ)：…와[과]. …함께. 3-四.
　　人民代表大会制度(rénmín dàibiǎo dàhuì zhìdù)：인민대표대회제도. 3-9.
　　中国共产党(zhōngguó gòngchǎndǎng)：중국공산당. 1-2.
　　领导(lǐngdǎo)：영도하다. 지도하다. 1-5.
　　多党合作(duōdǎng hézuò)：다당합작. 복수 정당 협력.
　　政治协商制度(zhèngzhì xiéshāng zhìdù)：정치협상제도.
　　中国共产党领导的多党合作·政治协商制度：중국공산당 영도의 다당합작과 정치
　　　　협상제도. 이는 중국의 기본 정치제도이고, 중국 특색의 정당제도로, 중국공산당은 집
　　　　권당이고 여러 정당 즉 각 민주당파는 정권 기구에 참여하며, 중국공산당이 각 민주당
　　　　파와 협력하고 협상하는 정치제도이다.
　　一样(yíyàng)：같다. 동일하다. 3-四.
　　同(tóng)：함께. 같이. 같다. 동일하다. 4-14.

15) 民族区域自治是在国家的统一领导下，各少数民族聚居的地方实行民族区域自治，设立自治机关，行使自治权，使少数民族人民当家作主，自己管理本自治地方的内部事务。

민족구역자치는 국가의 통일적 영도 하에, 각 소수민족이 집거하는 지방에서는 민족구역자치를 실행하고, 자치기관을 설립하고, 자치권을 행사하며, 소수민족 대중을 주인으로 만들고, 자신의 자치지방의 내부 업무를 스스로 관리하는 것이다.

a) 民族区域自治是在国家的统一领导下，

　　mínzú qūyù zìzhì shì zài guójiā de tǒngyī lǐngdǎo xià,

　　민족구역자치는 국가의 통일적 영도 하에 … 것이다

b) 各少数民族聚居的地方实行民族区域自治，设立自治机关，行使自治权，

gè shǎoshù mínzú jùjū de dìfāng shíxíng mínzú qūyù zìzhì, shèlì zìzhì jīguān, xíngshǐ zìzhìquán,

각 소수민족이 집거하는 지방은 민족구역자치를 실행하고, 자치기관을 설립하고, 자치권을 행사하며 → 각 소수민족이 집거하는 지방에서는 …,

聚居(jùjū)：동 모여 살다. 집단으로 거주하다. 집거하다.
地方(dìfāng)：명 (중앙에 대하여) 지방. 〔각급 행정 구역의 총칭〕
实行(shíxíng)：실행하다. 2-四.
设立(shèlì)：동 (기구·조직 등을) 설립하다. 건립하다.
机关(jīguān)：기관. 2-4.
行使(xíngshǐ)：동 (직권·권력 등을) 행사하다. 집행하다. 부리다.
自治权(zìzhìquán)：명 자치권.

c) 使少数民族人民当家作主，

shǐ shǎoshù mínzú rénmín dāngjiā zuòzhǔ

소수민족 대중으로 하여금 주인이 되게 하고
→ 소수민족 대중을 주인으로 만들고,

使(shǐ)：동 (…에게) …시키다. …하게 하다. 파견하다. 사용하다.
人民(rénmín)：인민. 국민 (대중). 1-5.
当家作主(dāngjiā zuòzhǔ)：주인이〔으로〕되다. 2-四.

d) 自己管理本自治地方的内部事务。

zìjǐ guǎnlǐ běn zìzhì dìfāng de nèibù shìwù

자신의 자치지방의 내부 업무를 스스로 관리한다.

自己(zìjǐ)：대 자기. 자신. 스스로.
管理(guǎnlǐ)：동 보관하고 처리하다. 관리하다. 맡아서 처리하다. 돌보다.
本(běn)：대 자기 쪽의. 이번의. → 자신의.
本自治地方：자신의 자치지방.
内部(nèibù)：명 내부.
事务(shìwù)：명 일. 사무. 업무. 총무. 서무.

16) 民族区域自治是与中国的国家利益和各民族人民的根本利益相一致的。

mínzú qūyù zìzhì shì yǔ zhōngguó de guójiā lìyì hé gè mínzú rénmín de gēnběn lìyì xiāng yízhì de.

민족구역자치는 중국의 국가이익 및 각 민족 대중의 근본이익과 서로 일치하는 것이다.

各民族人民：각 민족 (인민)대중.
相(xiāng)：서로. 상호. 5-12.
一致(yízhì)：형 일치하다. 부 함께. 같이.

17) 实行民族区域自治, 保障了少数民族在政治上的平等地位和平等权利, 极大地满足了各少数民族积极参与国家政治生活的愿望。

민족구역자치의 실행은, 소수민족의 정치적인 평등 지위와 평등 권리를 보장했고, 각 소수민족이 국가 정치생활에 적극 참여하는 소망을 크게 만족시켰다.

a) 实行民族区域自治,

shíxíng mínzú qūyù zìzhì

민족구역자치를 실행하다 → 민족구역자치의 실행은,

b) 保障了少数民族在政治上的平等地位和平等权利,

bǎozhàng le shǎoshù mínzú zài zhèngzhì shang de píngděng dìwèi hé píngděng quánlì,

소수민족의 정치적인 평등 지위와 평등 권리를 보장했고,

在政治上 : 정치에서(의) → 정치적인.

c) 极大地满足了各少数民族积极参与国家政治生活的愿望。

jídàdì mǎnzú le gè shǎoshù mínzú jījí cānyù guójiā zhèngzhì shēnghuó de yuànwàng.

각 소수민족이 국가 정치생활에 적극 참여하는 소망을 크게 만족시켰다.

极大地(jídàdì) : 크게. 한껏.
极大(jídà) : 한껏. 최대 한도로. 4-12.
满足(mǎnzú) : 图 만족하다. 흡족하다. 만족시키다.
积极(jījí) : 图 적극〔열성, 의욕, 진취〕적이다. 긍정〔건설〕적이다. → 적극(적으로).
参与(cānyù) : 图 참여하다. 참가하다. 가담하다. 개입하다.
愿望(yuànwàng) : 희망. 소망. 바람. 소원. 4-9.

18) 根据民族区域自治的原则, 一个民族可以在本民族聚居的地区内单独建立一个自治地方, 也可以根据它分布的情况在全国其他地方建立不同行政单位的多个民族自治地方;

민족구역자치의 원칙에 의거하여, 하나의 민족은 자신의 민족이 집거하는 지역 안에서 단독으로 하나의 자치지방을 수립할 수 있고, 또한 그들이 분포하는 상황에 근거하여 전국다른 지방에서 상이한 행정 단위의 여러 민족자치지방을 수립할 수 있다.

a) 根据民族区域自治的原则,

gēnjù mínzú qūyù zìzhì de yuánzé,

민족구역자치의 원칙에 의거하여,

根据(gēnjù) : …에 의거〔근거〕하여. 2-四.
原则(yuánzé) : 원칙. 5-12.

b) 一个民族可以在本民族聚居的地区内单独建立一个自治地方,

yíge mínzú kěyǐ zài běn mínzú jùjū de dìqū nèi dāndú jiànlì yíge zìzhì dìfāng,

하나의 민족은 자신의 민족이 집거하는 지역 안에서 단독으로 하나의 자치지방을 수립할 수 있고,

地区(dìqū) : 몡 지역. 지구.
单独(dāndú) : 뷔 단독으로. 혼자서.
建立(jiànlì) : 건립〔수립, 성립〕하다. 세우다. 4-17.

c) 也可以根据它分布的情况在全国其他地方建立不同行政单位的多个民族自治地方;

yě kěyǐ gēnjù tā fēnbù de qíngkuàng zài quánguó qítā dìfāng jiànlì bùtóng xíngzhèng dānwèi de duōge mínzú zìzhì dìfāng;

또한 그들이 분포하는 상황에 근거하여 전국 다른 지방에서 상이한 행정 단위의 여러 민족 자치지방을 수립할 수 있다.

它(tā) : 대 그. 저. 그것. 저것. → 여기서는 '민족'을 가리킴. 그들.
分布(fēnbù) : 동 분포하다. 널려 있다.
情况(qíngkuàng) : 몡 상황. 정황. 형편. 사정.
其他(qítā) : 기타. 다른. 2-5.
不同(bùtóng) : 혱 같지 않다. 다르다.
行政(xíngzhèng) : 행정. 2-11.
单位(dānwèi) : 기관. 부문. 단위. 1-四.

19) 实行民族区域自治, 既保障了少数民族当家作主的自治权利, 又维护了国家的统一;

민족구역자치의 실행은, 소수민족이 주인으로 되는 자치 권리를 보장할 뿐만 아니라, 또한 국가의 통일을 수호했다.

a) 实行民族区域自治,

shíxíng mínzú qūyù zìzhì

민족구역자치의 실행은,

b) 既保障了少数民族当家作主的自治权利，

jì bǎozhàng le shǎoshù mínzú dāngjiā zuòzhǔ de zìzhì quánlì,

소수민족이 주인으로 되는 자치 권리를 보장할 뿐만 아니라,

既(jì)…也(yě)… : …할 뿐만 아니라, …(도) (또한) 하다. 2-14.

c) 又维护了国家的统一；

yòu wéihù le guójiā de tǒngyī;

또한 국가의 통일을 수호했다.

20) 实行民族区域自治，有利于把国家的方针·政策和少数民族地区的具体实际结合起来，有利于把国家的发展和少数民族的发展结合起来，发挥各方面的优势。

민족구역자치의 실행은, 국가의 방침 · 정책을 소수민족지역의 구체적 실제와 결합시키는 데 유리하고, 국가의 발전을 소수민족의 발전과 결합시키는 데 유리하고, 각 방면의 장점을 발휘한다.

a) 实行民族区域自治，

shíxíng mínzú qūyù zìzhì,

민족구역자치의 실행은,

b) 有利于把国家的方针·政策和少数民族地区的具体实际结合起来，

yǒulìyú bǎ guójiā de fāngzhēn · zhèngcè hé shǎoshù mínzú dìqū de jùtǐ shíjì jiéhé qǐlai,

국가의 방침 · 정책을 소수민족지역의 구체적 실제와 결합시키는 데 유리하고,

有利于(yǒulìyú) : …에 유리하다.

方针(fāngzhēn) : 방침. 1-9.

具体(jùtǐ) : 구체적. 2-11.

实际(shíjì) : 圐 실제. 圐 실제에 부합되다. 현실적이다. 실제〔구체〕적이다.

结合(jiéhé) : 결합하다. 결부되다. 4-14.

起来(qǐlai) : 1.圐 동사나 형용사 뒤에서, 동작이 시작되어 계속됨을 나타냄.

　　예 唱起歌来: 노래하기 시작하다. 暖和起来: 따뜻해지기 시작하다.

2.圐 동사 뒤에서, 위로 향함을 나타냄.

　　예 站起来: 일어서다. 抱起来: 안아 올리다.

3.圐 동사 뒤에서, 동작이 완성되거나 일정한 목적이 달성됨을 나타냄.

　　예 想起来了: 생각났다. 组织起来: 조직되다.

4.圐 동사 뒤에서, 어림짐작하거나 어떤 일에 대한 견해를 나타냄.

　　예 看起来: 보아하니.

结合起来 : …와 결합시키다.

c) 有利于把国家的发展和少数民族的发展结合起来，

yǒulìyú bǎ guójiā de fāzhǎn hé shǎoshù mínzú de fāzhǎn jiéhé qǐlai

국가의 발전을 소수민족의 발전과 결합시키는 데 유리하고,

d) 发挥各方面的优势。

fāhuī gè fāngmiàn de yōushì

각 방면의 장점을 발휘한다.

发挥(fāhuī)：동 발휘하다. (의견을) 나타내다. 표현하다.
优势(yōushì)：명 우세. 우위. 장점.

---

21) 截至目前，中国有民族自治地方155个，其中自治区5个·自治州30
个·自治县(旗)120个。

현재까지, 중국에는 민족자치지방이 155개 있고, 그 중에 자치구 5개·자치주 30개·자치
현(기) 120개이다.

---

a) 截至目前，中国有民族自治地方155个，

jiézhì mùqián, zhōngguó yǒu mínzú zìzhì dìfāng yī bǎi wǔ shí wǔ gè,

현재까지, 중국에는 민족자치지방이 155개 있고,

截至(jiézhì)：동 (시간적으로) …까지 마감이다. …에 이르다.
目前(mùqián)：명 지금. 현재.
截至目前：현재까지. 지금까지.

b) 其中自治区5个·自治州30个·自治县(旗)120个。

qízhōng zìzhìqū wǔ gè·zìzhìzhōu sān shí gè·zìzhìxiàn (qí) yī bǎi èr shí gè.

그 중에 자치구 5개·자치주 30개·자치현(기) 120개이다.

其中(qízhōng)：그 중에. 그 안에. 3-4.
自治区(zìzhìqū)：명 자치구.
〔소수민족이 집거하는 省級 행정 단위로, 省에 해당함〕
自治州(zìzhìzhōu)：명 자치주.
〔소수민족이 집거하는 地級 행정 단위로, 省과 县 사이의 지위임〕
自治县(zìzhìxiàn)：명 자치현.
〔소수민족이 집거하는 县級 행정 단위로, 县에 해당함〕
旗(qí)：명 네이멍구(内蒙古) 자치구의 행정구획 단위로, 县에 해당함.
명 기. 깃발.

6-3 번역 중국의 민족정책

중화인민공화국은 통일 다민족국가이고, 56개 민족이 있다. 소수민족의 정치·경제·문화 등 각종 사업의 전반적 발전을 촉진하기 위해, 중국 정부는 일련의 민족정책을 제정했다. 중국 정부의 민족정책은 주로 다음과 같다.

일, 민족 평등·단결을 견지한다

중국에서, 민족 평등의 뜻은 각 민족이 인구의 다소, 경제·사회 발전 수준의 고하, 풍속 습관과 종교 신앙의 차이를 막론하고, 모두 중화 민족 대가족의 평등한 일원이고, 동등한 지위를 구비하며, 국가 사회 생활의 모든 방면에서, 법에 따라 똑같은 권리를 향유하고, 똑같은 의무를 이행하며, 모든 형식의 민족 억압과 민족 경시를 반대한다는 것이다. 민족 단결의 뜻은 각 민족이 사회 생활과 교류 중에서 평등하게 대하고 우호적으로 함께 살고 서로 존중하고 서로 돕는다는 것이다. 민족 평등은 민족 단결의 전제와 기초이고, 민족 평등이 없으면, 바로 민족 단결을 실현할 수 없다. 민족 단결은 바로 민족 평등의 필연적 결과이고, 각 민족의 진정한 평등을 촉진하는 보장이다.

민족 평등과 민족 단결은 민족 문제를 해결하는 우리 나라의 정책으로서, 중국의 헌법과 관련 법률에서 명확히 규정되었다. 〈중화인민공화국 헌법〉의 규정에 의하면, "중화인민공화국의 각 민족은 일률적으로 평등하다. 국가는 각 소수민족의 합법적 권리와 이익을 보장하고, 각 민족의 평등·단결·상호부조 관계를 수호하고 발전시킨다. 모든 민족에 대한 경시와 억압을 금지한다."

이, 민족구역자치

민족구역자치는, 중국 정부가 민족 문제를 해결하며 채택한 기본 정책이고, 또한 중국의 중요 정치제도이다. 민족구역자치제도는 인민대표대회제도 및 중국공산당 영도의 다당합작·정치협상제도와 같이, 동일하게 우리 나라의 3대 기본 정치제도 중 하나이다. 민족구역자치는 국가의 통일적 영도 하에, 각 소수민족이 집거하는 지방에서는 민족구역자치를 실행하고, 자치기관을 설립하고, 자치권을 행사하며, 소수민족 대중을 주인으로 만들고, 자신의 자치지방의 내부 업무를 스스로 관리하는 것이다.

민족구역자치는 중국의 국가이익 및 각 민족 대중의 근본이익과 서로 일치하는 것이다. 민족구역자치의 실행은, 소수민족의 정치적인 평등 지위와 평등 권리를 보장했고, 각 소수민족이 국가 정치생활에 적극 참여하는 소망을 크게 만족시켰다. 민족구역 자치의 원칙에 의거하여, 하나의 민족은 자신의 민족이 집거하는 지역 안에서 단독으로 하나의 자치지방을 수립할 수 있고, 또한 그들이 분포하는 상황에 근거하여 전국 다른 지방에서 상이한 행정 단위의 여러 민족자치지방을 수립할 수 있다. 민족구역자치의 실행은, 소수민족이 주인으로 되는 자치 권리를 보장할 뿐만 아니라, 또한 국가의 통일을 수호했다. 민족구역자치의 실행은, 국가의 방침·정책을 소수민족지역의 구체적 실제와 결합시키는 데 유리하고, 국가의 발전을 소수민족의 발전과 결합시키는 데 유리하고, 각 방면의 장점을 발휘한다.

현재까지, 중국에는 민족자치지방이 155개 있고, 그 중에 자치구 5개·자치주 30개·자치현(기) 120개이다.

6-4 练习

　　中国的民族区域自治制度有如下两个显著的特色：一是中国的民族区域自治，是在国家统一领导下的自治，各民族自治地方都是中国不可分离的部分，各民族自治地方的自治机关都是中央政府领导下的一级地方政权，都必须服从中央集中统一的领导。上级国家机关在制定各项政策和计划·进行国家经济文化建设时，必须充分考虑各民族自治地方的具体情况和需要，动员各方面的力量予以帮助和支持。二是中国的民族区域自治，不只是单纯的民族自治或地方自治，而是民族因素与区域因素的结合，是政治因素和经济因素的结合。在中国，实行民族区域自治，既要有利于国家统一·社会稳定和民族团结，又要有利于实行自治的民族的发展和进步，有利于国家的建设。

三，发展少数民族地区经济文化事业

　　中华人民共和国成立后，国家尽一切努力，促进各民族的共同发展和共同繁荣。国家根据民族地区的实际情况，制定和采取了一系列特殊的政策和措施，帮助·扶持民族地区发展经济，并动员和组织汉族发达地区支援民族地区。《中华人民共和国民族区域自治法》中，有十三条规定了上级国家机关帮助民族自治地方发展的义务。国家在制定国民经济和社会发展计划时，有计划地在少数民族地区安排一些重点工程，调整少数民族地区的经济结构，发展多种产业，提高综合经济实力。特别是随着近年来中国改革开放的不断深入发展，国家加大了对少数民族地区的投投力度，加快了少数民族地区对外开放的步伐，使少数民族地区的经济发展呈现新的活力。

단어 정리

- 如下(rúxià)：⑧ 다음과 같다. 아래와 같다.
- 显著(xiǎnzhù)：.⑱ 현저하다. 뚜렷하다. 두드러지다. 돋보이다.
- 特色(tèsè)：특색. 특징. ⑱ 독특한. 특별한. 1-1.
- 在国家统一领导下的自治：국가의 통일적 영도 하에 있는 자치.
- 不可(bùkě)：⑧ …할 수가 없다. …해서는 안 된다.
- 分离(fēnlí)：⑧ 분리하다. 나누다. 가르다. 구별하다. 헤어지다. 이별하다.
- 不可分离：분리 불가능하다.
- 部分(bùfen)：일부(분). 3-四.
- 中央政府(zhōngyāng zhèngfǔ)：중앙정부.
- 一级(yìjí)：⑲ 등급. 단위. 일등급. 일급.
- 地方政权(dìfāng zhèngquán)：⑲ 지방정부. 지방정권.
- 服从(fúcóng)：⑧ 따르다. 복종하다.
- 集中(jízhōng)：중앙집권화하다. 중앙집권적. 4-9.
- 中央集中统一的领导：중앙집권화된 통일적 영도.
- 上级(shàngjí)：⑲ 상급. 상부. 상급자. 상사.
- 计划(jìhuà)：⑧ 계획하다. 기획하다. 꾸미다. …할 계획이다. ⑲ 계획. 작정. 방안.
- 进行(jìnxíng)：진행하다. 1-2.
- 建设(jiànshè)：건설. 1-5.
- 充分(chōngfēn)：⑱ 충분하다. 〔주로 추상적 사물에 쓰임〕⑲ 힘껏. 십분. 충분히.
- 考虑(kǎolǜ)：고려하다. 2-四.
- 具体(jùtǐ)：구체적인. 2-11.
- 情况(qíngkuàng)：상황. 형편. 사정. 6-18.
- 需要(xūyào)：⑧ 필요하다. 요구되다. ⑲ (사물에 대한) 욕망. 요구. 욕구.
- 动员(dòngyuán)：⑧ 동원하다. 설득하다. 교육하다. 작용하다. 전시 체제화하다.
- 力量(lìliang)：⑲ 힘. 역량. 작용. 효과. 효능. 효력.
- 予以(yúyǐ)：⑧ …을 주다.
- 支持(zhīchí)：지지. 지탱. 4-16.
- 不只(bùzhǐ)：⑳ …뿐만이 아니라.
- 单纯(dānchún)：⑱ 단순하다. ⑲ 오로지. 단순히.
- 而(ér)：…(하)고(도). 그리고. 1-1.
- 因素(yīnsù)：⑲ (구성) 요소. 성분. (사물이 발전하는) 원인. 요인. 조건. 요소.
- 既(jì)…又(yòu)〔也(yě)〕…：…하고 (또)…하다. …할 뿐만 아니라 …(도) 하다. 2-14.

- 事业(shìyè) : 사업. 비영리 사회 활동. 4-16.
- 成立(chénglì) : 수립하다. 성립되다. 1-9.
- 尽(jìn) : 图 다 없어지다. 다하다. 끝나다. 사망하다. 극치에 달하다. 최고에 달하다.
- 一切(yíqiè) : 일체. 전부. 모든. 4-19.
- 努力(nǔlì) : 노력하다. 힘쓰다. 4-19.
- 促进(cùjìn) : 촉진시키다. 촉진하다. 1-9.
- 繁荣(fánróng) : 번영. 번창. 4-四.
- 特殊(tèshū) : 图 특수하다. 특별하다.
- 措施(cuòshī) : 조치. 대책. 2-14.
- 扶持(fúchí) : 图 부축하다. 돕다. 지지하다. 보살피다.
- 组织(zǔzhī) : 图 조직하다. 구성하다. 결성하다. 图 조직. 계통. 시스템.
- 汉族(hànzú) : 图 한족.
- 发达(fādá) : 图 발전[발달]시키다. 图 발달하다. 흥성하다. 왕성하다. 번성하다.
- 支援(zhīyuán) : 图 지원하다.
- 条(tiáo) : 图 조. 항. 조항. 조목. 항목.〔항목으로 나누어진 것을 세는 단위〕4-四.
- 规定(guīdìng) : 규정하다. 정하다. 2-四.
- 安排(ānpái) : 안배(하다). 마련하다. 1-四.
- 一些(yìxiē) : 약간. 조금. 몇 번〔가지〕. 2-四
- 重点(zhòngdiǎn) : 중점. 중요한. 주요한. 5-13.
- 工程(gōngchéng) : 프로젝트. 사업. 계획. 공정. 대공사. 5-四.
- 调整(tiáozhěng) : 图 조정하다. 조절하다.
- 结构(jiégòu) : 구조. 구성. 조직. 5-9.
- 产业(chǎnyè) : 산업. 공업. 5-9.
- 种(zhǒng) : 종. 종류. 갈래. 3-四.
- 提高(tígāo) : 제고하다. 향상시키다. 5-13.
- 综合(zōnghé) : 종합하다. → 종합적인. 5-四.
- 实力(shílì) : 图 실력. (정치·경제적인) 힘.
- 特别(tèbié) : 특히. 각별히. 1-9.
- 随着(suízhe) : …따라서. …에 따라. 2-2
- 近年来(jìnniánlái) : 최근 몇 해 동안. 요 몇 년 사이. 최근(에).
- 改革(gǎigé) : 개혁. 1-5.
- 开放(kāifàng) : 개방. 1-5.
- 不断(búduàn) : 계속해서. 부단히. 끊임없이. 1-13.
- 深入(shēnrù) : 깊이 들어가다. 심화하다. 1-5.
- 加大(jiādà) : 图 (수량·정도를) 확대하다. 늘리다. 더하다. 증가하다.

- 投资(tóuzī) : 통 투자하다. 자금을 투입하다. 명 투자(금).
- 力度(lìdù) : 명 역량. 힘의 세기. (내포된 뜻의) 심도. (악곡에서 음량 변화의) 강약.
- 加快(jiākuài) : 속도를 올리다. 빠르게 하다. 1-6.
- 对外(duìwài) : 통 대외적으로 관계를 맺다. (외부에) 대처하다. 대적하다. 맞서다.
- 步伐(bùfá) : 걸음걸이. 발걸음. (일이 진행되는) 속도. 순서. 2-8.
- 使(shǐ) : (…에게) …시키다. …하게 하다. 6-15.
- 呈现(chéngxiàn) : 통 나타나다. 드러나다. 양상을 띠다.
- 新(xīn) : 형 새롭다. 사용하지 않은. 새 것의. 부 방금. 새로이. 갓.
- 活力(huólì) : 명 활력. 생기. 원기. 활기. 생기가 넘치는 힘. 살아 움직이는 힘.

번 역

　중국의 민족구역자치제도는 아래와 같은 두 가지 현저한 특색이 있다. 일, 중국의 민족 구역자치는 국가의 통일적 영도 하에 있는 자치이고, 각 민족자치지방은 모두 중국의 분리 불가능한 일부분이고, 각 민족자치지방의 자치기관은 모두 중앙정부 영도 하의 일급 지방 정권이고, 모두 반드시 중앙집권화된 통일적 영도에 복종해야 한다. 상급 국가기관은 각종 정책과 계획을 제정하고 국가 경제ㆍ문화 건설을 진행할 때, 반드시 각 민족자치지방의 구 체적인 상황과 요구를 충분히 고려하고, 각 방면의 역량을 동원하여 도움과 지지를 주어야 한다. 이, 중국의 민족구역자치는, 단순한 민족자치 혹 지방자치일 뿐만 아니라, 또한 민족 요소와 구역 요소의 결합이고, 정치 요소와 경제 요소의 결합이다. 중국에서 민족구역자치 의 실행은, 국가 통일과 사회 안정과 민족 단결에 유리해야 하고, 또 자치를 실행하는 민 족의 발전과 진보에 유리하고, 국가의 건설에 유리해야 한다.

　삼, 소수민족지역의 경제ㆍ문화 사업을 발전시킨다

　중화인민공화국 수립 이후, 국가는 일체의 노력을 다해서, 각 민족의 공동 발전과 공동 번영을 촉진시켰다. 국가는 민족지역의 실제 상황에 근거하여, 일련의 특수한 정책과 조치 를 제정하고 채택했으며, 민족지역을 돕고 지지하여 경제를 발전시키고, 또한 한족 발달지 역을 동원하고 조직하여 민족지역을 지원했다. 〈중화인민공화국 민족구역자치법〉 중에, 13 개 조항은 상급 국가기관이 민족자치지방의 발전을 돕는 의무를 규정했다. 국가는 국민경 제와 사회발전 계획을 제정할 때, 계획적으로 소수민족지역에서 몇 가지 중점 프로젝트를 마련하고, 소수민족지역의 경제 구조를 조정하고, 여러 종류의 산업을 발전시키며, 종합적 인 경제 실력을 제고한다. 특히 최근 중국 개혁개방의 부단히 심화하는 발전에 따라서, 국 가는 소수민족지역에 대한 투자 역량을 증가했고, 소수민족지역 대외 개방의 속도를 빠르 게 하여, 소수민족지역의 경제 발전으로 하여금 새로운 활력을 나타내게 한다.

제 **7** 과

中韩关系

중 · 한 관계

7-1 正文 胡锦涛不希望看到半岛缓和势头发生逆转

国家主席胡锦涛3月26日在青瓦台会见首尔核安全峰会东道主韩国总统李明博。这是继李明博总统1月份成功访华后两国元首再次会面。

两国元首就中韩关系及共同关心的国际和地区问题深入交换意见，一致同意以建交20周年和举办中韩友好交流年为契机，推动中韩关系不断取得新的发展。

胡锦涛表示，今年是中韩建交20周年，也是中韩友好交流年。20年来，双方政治沟通顺畅，经贸合作扩大和深化，友好交流日益活跃，在多边事务中保持密切沟通和协调。希望双方在认真总结中韩关系发展历程和经验的基础上做好下一步发展规划，推动中韩关系在新的历史时期更上一层楼，不断取得新的发展。

胡锦涛指出，双方要重点做好3个方面工作。

一是加强政治和战略互信。加强高层交往，通过相关部门的战略对话等机制，就共同关心的双边及国际和地区重大问题加强沟通，坦诚相待，增进理解，扩大共识，相互照顾对方重大关切，牢牢把握两国友好合作大方向。

二是扩大两国务实合作。中方有信心提前实现到2015年双边贸易额3000亿美元的目标。双方应该加强宏观经济政策协调，确保各自经济和双边经贸合作平稳健康发展。加快推进中韩自由贸易区建设。中方欢迎韩方扩大对华高端制造业·现代服务业·现代农业·新兴产业的投资，支持通过建设产业园等方式实现韩国对华投资向规模化·集约化方向发展。中方将继续鼓励本国企业扩大对韩投资。

三是改善两国关系民意基础。充分利用中韩友好交流年·韩国访问年·丽水世博会等契机，举办形式多样·丰富多彩的活动，加强媒体交流，增进两国人民相互了解和友好感情。

李明博欢迎胡锦涛出席首尔核安全峰会，对中方对峰会的重视和支持表示感谢。李明博表示韩方对中国发展抱有信心，期待着同中国建立更紧密·更强有力的战略伙伴关系，实现共同繁荣，为促进东北亚乃至世界和平与发展做出更大贡献。

李明博表示他完全赞同胡锦涛主席提出的3点建议，韩方希望同中国加强战略对话，深化互信。韩方愿同中方早日启动两国自由贸易区谈判，并为中国企业在韩投资创造良好条件。

目前我国是韩国最大贸易伙伴·最大出口市场和进口来源国，同时还是韩国最大海外投资对象国和最大海外劳务引进国。韩是我国第三大贸易伙伴国。

* 출처: 中国日报-2012年03月26日
http://web.3ch.net.cn/play.html?c=8yqsqomepxmtu2eb

7-2 生词与解释

1) 胡锦涛不希望看到半岛缓和势头发生逆转

hú jǐn tāo bù xīwàng kàndào bàndǎo huǎnhé shìtóu fāshēng nìzhuǎn

후진타오는 한반도의 완화 추세에 역전이 발생하는 것을 보고 싶어하지 않는다

胡锦涛(hú jǐn tāo) : 후진타오. 2003년~2013년 3월 중국 국가주석 역임. 1-2.

希望(xīwàng) : 희망하다. →…하고 싶어하다. 4-4.

看到(kàndào) : 보다. 2-14.

半岛(bàndǎo) : 몡 반도(半岛). → 조선반도. 한반도.

缓和(huǎnhé) : 혱 완화하다. 느슨해지다. 몽 완화시키다. 진정시키다.

势头(shìtóu) : 몡 정세. 형세. 추세. 기미. 세력. 기세.

发生(fāshēng) : 발생하다. 3-6.

逆转(nìzhuǎn) : 몽 역전하다. 뒤집다. 역으로 하다. (원상태로) 돌리다.

半岛缓和势头发生逆转 : 한반도의 완화 추세에 역전이 발생하다.

2) 国家主席胡锦涛3月26日在青瓦台会见首尔核安全峰会东道主韩国总统李明博。

guójiā zhǔxí hú jǐn tāo sān yuè èr shí liù rì zài qīngwǎtái huìjiàn shǒuěr hé ānquán fēnghuì dōngdàozhǔ hánguó zǒngtǒng lǐ míng bó.

국가주석 후진타오는 3월 26일 청와대에서 서울핵안보정상회의의 주최자 한국 대통령 이명박을 회견했다.

国家主席(guójiā zhǔxí) : 국가주석. 2-2.

青瓦台(qīngwǎtái) : 몡 청와대.

会见(huìjiàn) : 몽 회견하다. 접견하다. 만나다.

首尔(shǒuěr) : 몡 서울.

核(hé) : 몡 핵(원자핵·핵무기 따위를 가리킴). 사물의 핵(심). 과일의 씨. 핵.

安全(ānquán) : 안전. 5-9.

峰会(fēnghuì) : 몡 정상 회담〔회의〕.

首尔核安全峰会 : 서울핵안보정상회의.

东道主(dōngdàozhǔ) : 몡 주인. 주최측. 주최자. 초대측. 초대자.

韩国(hánguó) : 몡 대한민국. 한국.

总统(zǒngtǒng) : 몡 총통. 대통령.

李明博(lǐ míng bó) : 이명박. 2008~2013년 제17대 한국 대통령 역임.

3) 这是继李明博总统1月份成功访华后两国元首再次会面。

zhè shì jì lǐ míng bó zǒngtǒng yī yuèfèn chénggōng fǎng huá hòu liǎngguó yuánshǒu zàicì huìmiàn.

이것은 이명박 대통령의 (지난) 1월의 성공적인 중국 방문 이후를 뒤이은 양국 국가원수의 두 번째 만남이다.

継(jì) : [동] (뒤)잇다. 이어지다. 계속하다. 연속하다. [부] 뒤이어. 계속해서.

月份(yuèfèn) : [명] 월. 달. 〔어느 한 달을 가리킴〕

成功(chénggōng) : 성공. 성공하다. → 성공적인. 1-6.

访华(fǎng huá) : 중국 방문. 방중.

访(fǎng) : [동] 방문하다. 자문하다. 탐문하다.

华(huá) : [명] 중국.

元首(yuánshǒu) : [명] 국가원수. 군주. 임금.

再次(zàicì) : [부] 재차. 거듭. 두 번째. 다시 한 번.

会面(huìmiàn) : [동] 만나다. 대면하다. [명] 만남. 대면.

4) 两国元首就中韩关系及共同关心的国际和地区问题深入交换意见，一致同意以建交20周年和举办中韩友好交流年为契机，推动中韩关系不断取得新的发展。

양국 국가원수는 중·한 관계 및 공동 관심의 국제와 지역 문제에 대해 의견을 깊게 교환하고, 수교 20주년과 중·한 우호 교류의 해 거행을 계기로 삼아, 중·한 관계가 새로운 발전을 부단히 획득하도록 추진하는 것에 함께 동의했다.

a) 两国元首就中韩关系及共同关心的国际和地区问题深入交换意见，

liǎngguó yuánshǒu jiù zhōng hán guānxi jí gòngtóng guānxīn de guójì hé dìqū wèntí shēnrù jiāohuàn yìjiàn,

양국 국가원수는 중·한 관계 및 공동 관심의 국제와 지역 문제에 대해 의견을 깊게 교환하고,

就(jiù) : …에 대하여. …에 관하여. 5-2.

关系(guānxi) : 관계. 4-4.

共同(gòngtóng) : 공동의. 4-7.

关心(guānxīn) : [명] [동] 관심(을 갖다, 기울이다).

国际(guójì) : [명] 국제. [형] 국제의. 국제적인.

地区(dìqū) : 지역. 6-18.

问题(wèntí) : 문제. 1-12.

深入(shēnrù) : 깊다. 깊이 들어가다. → 깊게. 1-5.

交换(jiāohuàn) : [동] 교환하다. 매매하다. 서로 바꾸다.

意见(yìjiàn) : [명] 견해. 의견. 이의. 불만. 반대.

b) 一致同意以建交20周年和举办中韩友好交流年为契机,

yízhì tóngyì yǐ jiànjiāo èr shí zhōunián hé jǔbàn zhōng hán yǒuhǎo jiāoliú nián wéi qìjī,

수교 20주년과 중·한 우호 교류의 해 거행을 계기로 삼아, …에 함께 동의했다.

一致(yízhì) : 일치하다. 함께. 6-16.

同意(tóngyì) : …에 동의하다. 3-11.

以(yǐ)A…为(wéi)B… : A를 B로 삼다. 4-6.

建交(jiànjiāo) : 통 국교를 수립하다. 수교하다. 명 수교.

周年(zhōunián) : 주년. 4-2.

举办(jǔbàn) : 통 거행하다. 개최하다. 열다.

友好(yǒuhǎo) : 우호적이다. 6-7.

交流(jiāoliú) : 교류. 4-四.

友好交流年 : 우호 교류의 해.

举办中韩友好交流年 : 중·한 우호 교류의 해를 거행하다
　　　　　　　　　　　→중·한 우호 교류의 해 거행.

契机(qìjī) : 명 계기. 동기.

c) 推动中韩关系不断取得新的发展。

tuīdòng zhōng hán guānxi búduàn qǔdé xīn de fāzhǎn.

중·한 관계가 새로운 발전을 부단히 획득하도록 추진하다.

推动(tuīdòng) : 추진하다. 촉진하다. 1-9.

不断(búduàn) : 부단히. 끊임없이. 1-13.

取得(qǔdé) : 통 취득하다. 얻다.

发展(fāzhǎn) : 발전. 1-3.

5) 胡锦涛表示, 今年是中韩建交20周年, 也是中韩友好交流年。

hú jǐn tāo biǎoshì, jīnnián shì zhōng hán jiànjiāo èr shí zhōunián, yě shì zhōng hán yǒuhǎo jiāoliú nián.

후진타오의 의견에 의하면, 올해는 중·한 수교 20주년이고, 또한 중·한 우호 교류의 해이다.

表示(biǎoshì) : 통 의미하다. 가리키다. 나타내다. 표명하다. 명 표정. 기색.
　　　　　　→…의 의견에 의하면.

今年(jīnnián) : 명 올해. 금년.

6) 20年来，双方政治沟通顺畅，经贸合作扩大和深化，友好交流日益活
   跃，在多边事务中保持密切沟通和协调。

   20년 동안, 쌍방의 정치 소통은 원활하고, 경제·무역 협력은 확대되고 심화되며, 우호적 교
   류가 날로 활동적이고, 여러 방면의 업무에서 밀접한 의사 소통과 협조를 유지했다.

   a) 20年来，双方政治沟通顺畅，
      èr shí nián lái, shuāngfāng zhèngzhì gōutōng shùnchàng,
      20년 동안, 쌍방의 정치 소통은 원활하고,

      来(lái) : …동안. …이래. 2-1.
      双方(shuāngfāng) : 圐 쌍방. 양쪽. 양자. 양측.
      政治(zhèngzhì) : 정치. 2-10.
      沟通(gōutōng) : 图 소통〔연결, 교류〕하다. 서로 통하게 하다. 圐 (의사)소통.
      顺畅(shùnchàng) : 図 순조롭다. 원활하다. 매끄럽다. 순탄하다. 뜻대로 되다.

   b) 经贸合作扩大和深化，
      jīngmào hézuò kuòdà hé shēnhuà
      경제·무역 협력은 확대되고 심화되며,

      经贸(jīngmào) : 경제·무역.
      合作(hézuò) : 협력. 합작. 4-16.
      扩大(kuòdà) : 图 (범위나 규모를) 확대하다〔되다〕. 넓히다. 키우다.
      深化(shēnhuà) : 심화되다. 심화시키다. 1-6.

   c) 友好交流日益活跃，
      yǒuhǎo jiāoliú rìyì huóyuè,
      우호적 교류가 날로 활동적이고,

      日益(rìyì) : 圄 날로. 나날이 더욱.
      活跃(huóyuè) : 図 활동적이다. 활기 있다〔차다〕. 图 활성화하다. 활약하다.

   d) 在多边事务中保持密切沟通和协调。
      zài duōbiān shìwù zhōng bǎochí mìqiè gōutōng hé xiétiáo.
      여러 방면의 업무에서 밀접한 의사 소통과 협조를 유지했다.

      多边(duōbiān) : 図 다각〔다변〕적인. 다국적인. 다자적인. → 여러 방면의.
      事务(shìwù) : 일. 사무. 업무. 6-15.
      保持(bǎochí) : 유지하다. 2-四.
      密切(mìqiè) : 밀접한. 긴밀한. 4-四.
      协调(xiétiáo) : 图 협조(協調)〔조정, 조화〕하다. 図 어울리다. 조화롭다.

7) 希望双方在认真总结中韩关系发展历程和经验的基础上做好下一步发展
规划, 推动中韩关系在新的历史时期更上一层楼, 不断取得新的发展。

쌍방은 중·한 관계의 발전 과정과 경험을 진지하게 총결산하는 기초 위에서 다음 단계의
발전 계획을 잘 완성하고, 중·한 관계가 새로운 역사시기에 더욱 전진하도록 추진하여, 새
로운 발전을 부단히 획득하기를 희망한다.

a) 希望双方在认真总结中韩关系发展历程和经验的基础上做好下一步发
展规划,

xīwàng shuāngfāng zài rènzhēn zǒngjié zhōng hán guānxi fāzhǎn lìchéng hé
jīngyàn de jīchǔ shàng zuòhǎo xiàyíbù fāzhǎn guīhuà,

쌍방은 중·한 관계의 발전 과정과 경험을 진지하게 총결산하는 기초 위에서 다음 단계의
발전 계획을 잘 완성하고, …를 희망한다.

认真(rènzhēn) : 진지하게. 1-6.

总结(zǒngjié) : 총결산하다. 1-4.

历程(lìchéng) : 과정. 4-4.

经验(jīngyàn) : 경험. 1-4.

基础(jīchǔ) : 기초. 기반. 1-9.

做好(zuòhǎo) : 잘 (완성)하다. 1-四.

下一步(xiàyíbù) : 몡 다음 발걸음. 다음 단계〔방법〕.

规划(guīhuà) : 됭 기획하다. 계획하다. 꾀하다. 몡 발전 계획. 기획.

b) 推动中韩关系在新的历史时期更上一层楼, 不断取得新的发展。

tuīdòng zhōng hán guānxi zài xīn de lìshǐ shíqī gèng shàng yìcénglóu, búduàn
qǔdé xīn de fāzhǎn.

중·한 관계가 새로운 역사시기에 더욱 전진하도록 추진하여, 새로운 발전을 부단히 획득하다.

历史(lìshǐ) : 역사. 1-5.

时期(shíqī) : 시기. 1-6.

更(gèng) : 더욱. 다시. 1-3.

上(shàng) : 오르다. 3-四.

层楼(cénglóu) : 몡 층. 다층집. 이층 이상의 고층 건물.

一层楼(yìcénglóu) : 일층. 한층.

更上一层楼 : 다시 한층 위로 오르다. 더욱 전진〔발전〕하다.

8) 胡锦涛指出, 双方要重点做好3个方面工作。

hú jǐn tāo zhǐchū, shuāngfāng yào zhòngdiǎn zuòhǎo sān gè fāngmiàn gōngzuò.

후진타오의 제안에 의하면, 쌍방은 세 분야의 업무를 중점적으로 잘 완성해야 한다.

指出(zhǐchū) : 지적하다. 가리키다. → …의 제안에 의하면. 5-9.
重点(zhòngdiǎn) : 중점적으로. 5-13.
方面(fāngmiàn) : 방면. 분야. 영역. 부분. 3-6.
工作(gōngzuò) : 업무. 일. 1-四.

9) 一是加强政治和战略互信。

yī shì jiāqiáng zhèngzhì hé zhànlüè hùxìn.
첫째는 정치와 전략의 상호 신뢰를 강화하는 것이다.

加强(jiāqiáng) : 강화하다. 증강하다. 5-4.
战略(zhànlüè) : 전략. 1-3.
互信(hùxìn) : 동 서로 믿다. 명 상호 신뢰.

10) 加强高层交往，通过相关部门的战略对话等机制，就共同关心的双边
及国际和地区重大问题加强沟通，坦城相待，增进理解，扩大共识，
相互照顾对方重大关切，牢牢把握两国友好合作大方向。

고위층의 교류를 강화하고, 상관 부문의 전략적 대화 등 메커니즘을 통해, 공동 관심의 양
국 및 국제와 지역의 중대 문제에 대해 소통을 강화하고, 솔직하고 성실하게 대하고, 이해
를 증진시키고, 공통 인식을 확대하며, 상대방의 중대한 관심을 서로 고려하고, 양국 우호
협력의 기본 방향을 견고히 파악한다.

a) 加强高层交往，

jiāqiáng gāocéng jiāowǎng,
고위층의 교류를 강화하고,

高层(gāocéng) : 고위층. 2-1.
交往(jiāowǎng) : 교류. 왕래. 6-7.

b) 通过相关部门的战略对话等机制，

tōngguò xiāngguān bùmén de zhànlüè duìhuà děng jīzhì,
상관 부문의 전략적 대화 등 메커니즘을 통해,

通过(tōngguò) : …을 거쳐. …를 통해. 2-四.
相关(xiāngguān) : 동 상관이 있다. 서로 관련되다. 상관되다. → 상관(된).
部门(bùmén) : 명 부(部). 부문. 부서.
对话(duìhuà) : 동 대화하다. 접촉하다. 담판하다. 명 대화.
机制(jīzhì) : 메커니즘. 체제. 2-四.

≫ c) 就共同关心的双边及国际和地区重大问题加强沟通，

jiù gòngtóng guānxīn de shuāngbiān jí guójì hé dìqū zhòngdà wèntí jiāqiáng gōutōng,

공동 관심의 양국 및 국제와 지역의 중대 문제에 대해 소통을 강화하고,

双边(shuāngbiān)：몡 양자. 쌍방. 양국. 쌍무.

重大(zhòngdà)：중대하다. 1-3.

≫ d) 坦城相待，增进理解，扩大共识，

tǎnchéng xiāngdài, zēngjìn lǐjiě, kuòdà gòngshí,

솔직하고 성실하게 대하고, 이해를 증진시키고, 공통 인식을 확대하며,

坦诚(tǎnchéng)：혱 솔직하고 성실하다.

相待(xiāngdài)：대하다. 대우하다. 6-7.

增进(zēngjìn)：됭 증진하다. 증진시키다.

理解(lǐjiě)：됭 알다. 이해하다. → 이해.

共识(gòngshí)：몡 공통(된) 인식. 인식의 일치.

≫ e) 相互照顾对方重大关切，

xiānghù zhàogù duìfāng zhòngdà guānqiē,

상대방의 중대한 관심을 서로 고려하고,

相互(xiānghù)：서로. 상호간에. 1-9.

照顾(zhàogù)：1.됭 보살피다. 돌보다. 고려하다. 주의하다.

2.됭 특별히 관심을 갖다. 우대하다. 염려하다. 마음을 쓰다.

对方(duìfāng)：몡 상대방. 상대편.

关切(guānqiē)：1.됭 …에 대해 많은 관심을 갖다. 배려하다. 몡 관심. 배려.

2.혱 정이 두텁다. 친절하다. 몡 친절.

≫ f) 牢牢把握两国友好合作大方向。

láoláo bǎwò liǎngguó yǒuhǎo hézuò dà fāngxiàng.

양국 우호 협력의 기본 방향을 견고히 파악한다.

牢牢(láoláo)：견고히. 확실히. 4-四.

把握(bǎwò)：1.됭 (추상적 사물을) 파악〔장악〕하다. 포착하다. 붙들다. 잡다.

2.됭 (꽉 움켜) 쥐다. 잡다. 들다.

3.몡 (성공에 대한) 가망. 자신. 믿음. 가능성.

方向(fāngxiàng)：몡 방향.

大方向(dàfāngxiàng)：몡 큰 방향. 기본 방향. 대방침. 주요 방향. 주류.

11) 二是扩大两国务实合作。

 èr shì kuòdà liǎngguó wùshí hézuò.

둘째는 양국의 실용적 협력을 확대하는 것이다.

务实(wùshí)：1.[형] 실무〔실제·실용·사실〕적인. 실속 있는.
　　　　　　 2.[동] 구체〔실무〕적 사업에 힘쓰다. 실제〔실질〕적이다.
务虚(wùxū)：이론적 학습에 힘쓰다.

12) 中方有信心提前实现到2015年双边贸易额3000亿美元的目标。

zhōngfāng yǒu xìnxīn tíqián shíxiàn dào èr líng yī wǔ nián shuāngbiān màoyié sān qiān yì měiyuán de mùbiāo.

중국측은 2015년까지 양국 무역액 3천 억 달러의 목표를 미리 실현할 자신감이 있다.

中方(zhōngfāng)：[명] 중국측.
信心(xìnxīn)：[명] 자신(감). 확신. 신념. 믿음.
提前(tíqián)：[동] (예정된 때·곳을) 앞당기다. 앞서다. → 앞서서. 미리. 일찍.
实现(shíxiàn)：실현하다. 달성하다. 2-11.
到(dào)：1.[동] 도달하다. 도착하다. …에 이르다.
　　　　 2.[개] …에. …로. …까지.
　　　　 3.[동] …에 미치다. …에 이르다. …을 해내다.〔동사 뒤에서 보어로 쓰
　　　　　　여, 동작이 목적에 도달했거나 결과가 있음을 나타냄〕
贸易额(màoyié)：[명] 무역액.
贸易(màoyì)：[명] 무역. 교역. 매매. 거래. 통상.
亿(yì)：[수] 억.
美元(měiyuán)：[명] 미국 달러(dollar).
目标(mùbiāo)：목표. 4-四.

13) 双方应该加强宏观经济政策协调，确保各自经济和双边经贸合作平稳
健康发展。

shuāngfāng yīnggāi jiāqiáng hóngguān jīngjì zhèngcè xiétiáo, quèbǎo gèzì jīngjì hé shuāngbiān jīngmào hézuò píngwěn jiànkāng fāzhǎn.

쌍방은 반드시 거시경제 정책의 조정을 강화하고, 각자 경제와 양국 경제·무역 협력의
안정되고 건전한 발전을 확보해야 한다.

应该(yīnggāi)：반드시 …해야 한다. 5-15.
宏观经济(hóngguān jīngjì)：[명] 거시경제.
政策(zhèngcè)：정책. 4-18.
确保(quèbǎo)：[동] 확보하다. 확실히 보장하다.

各自(gèzì)：（대） 각자. 제각기.
平稳(píngwěn)：안정되다. 평온하다. 2-7.
健康(jiànkāng)：정상이다. 건전하다. 5-四.

---

14) 加快推进中韩自由贸易区建设。

jiākuài tuījìn zhōng hán zìyóu màoyìqū jiànshè.

중·한 자유무역지역의 건설을 빠르게 추진한다.

加快(jiākuài)：빠르게. 1-6.
推进(tuījìn)：추진하다. 1-5.
自由贸易区(zìyóumàoyìqū)：자유무역지역.
建设(jiànshè)：건설. 1-5.

---

15) 中方欢迎韩方扩大对华高端制造业·现代服务业·现代农业·新兴产业的投资，支持通过建设产业园等方式实现韩国对华投资向规模化·集约化方向发展。

중국측은 한국측이 대중 첨단 제조업·현대 서비스업·현대 농업·신흥 산업의 투자를 확대하는 것을 환영하고, 산업단지의 건설 등 방식을 통해 한국 대중 투자의 규모화·집약화 방향으로의 발전을 실현하는 것을 지지한다.

---

a) 中方欢迎韩方扩大对华高端制造业·现代服务业·现代农业·新兴产业的投资，

zhōngfāng huānyíng hánfāng kuòdà duì huá gāoduān zhìzàoyè · xiàndài fúwùyè · xiàndài nóngyè · xīnxīng chǎnyè de tóuzī,

중국측은 한국측이 대중 첨단 제조업·현대 서비스업·현대 농업·신흥 산업의 투자를 확대하는 것을 환영하고,

欢迎(huānyíng)：（동） 환영하다. 기쁘게 맞이하다〔영접하다〕. 환영받다.
韩方(hánfāng)：（명） 한국측.
对华(duì huá)：중국에 대해. 대중(对中)
高端(gāoduān)：（형） 고(위)급의. 첨단의.
制造业(zhìzàoyè)：（명） 제조업.
现代(xiàndài)：（명） 현대.
服务业(fúwùyè)：（명） 서비스업(종).
农业(nóngyè)：농업. 5-3.
新兴(xīnxīng)：（형） 신흥의. 새로 일어난.
产业(chǎnyè)：산업. 5-9.
投资(tóuzī)：투자. 6-四.

b) 支持通过建设产业园等方式实现韩国对华投资向规模化·集约化方向
发展。

zhīchí tōngguò jiànshè chǎnyèyuán děng fāngshì shíxiàn hánguó duì huá tóuzī
xiàng guīmóhuà·jíyuēhuà fāngxiàng fāzhǎn.

산업단지의 건설 등 방식을 통해 한국 대중 투자의 규모화·집약화 방향으로의 발전을 실
현하는 것을 지지한다.

支持(zhīchí) : 지지하다. 4-16.
产业园(chǎnyèyuán) : 산업단지.
　　建设产业园 : 산업단지를 건설하다 → 산업단지의 건설.
　　工业园(gōngyèyuán) : 공업단지. 创业园(chuàngyèyuán) : 창업단지.
方式(fāngshì) : 방식. 1-6.
向(xiàng) : ···(으)로. ···을 향하여. 3-四.
规模化(guīmóhuà) : 규범화. 2-四.
集约化(jíyuēhuà) : 명 집약(화). 동 (농업·경영을) 극대화하다. 집약시키다.
　　海运集约化(hǎiyùn jíyuēhuà) : 해운집약화.
　　集约化经营(jīngyíng) : 집약경영.
　　集约(jíyuē) : 명 농업〔경영〕 집약.
　　技术集约(jìshù jíyuē) : 기술집약.
实现韩国对华投资向规模化·集约化方向发展 : 한국 대중 투자가 규모화·집약
　　화의 방향으로 발전하는 것을 실현하다
　　→ 한국 대중 투자의 규모화·집약화 방향으로의 발전을 실현하는 것.

16) 中方将继续鼓励本国企业扩大对韩投资。

zhōngfāng jiāng jìxù gǔlì běnguó qǐyè kuòdà duì hán tóuzī.
중국측은 본국 기업의 대한 투자 확대를 장차 계속 격려할 것이다.

将(jiāng) : 장차. 곧. 2-8.
继续(jìxù) : 계속해서. 2-四.
鼓励(gǔlì) : 동 격려하다. 북돋우다.
本国(běnguó) : 명 본국. 이〔그〕 나라.
企业(qǐyè) : 명 기업.
对韩(duì hán) : 한국에 대해. 대한(对韩).
本国企业扩大对韩投资 : 본국 기업이 대한 투자를 확대하다
　　　　　　　　→ 본국 기업의 대한 투자 확대.

17) 三是改善两国关系民意基础。

sān shì gǎishàn liǎngguó guānxi mínyì jīchǔ.
셋째는 양국 관계의 민심 기반을 개선하는 것이다.

改善(gǎishàn)：개선하다. 5-10.

民意(mínyì)：몡 민의. 민심. 여론.

---

18) 充分利用中韩友好交流年·韩国访问年·丽水世博会等契机, 举办形
     式多样·丰富多彩的活动, 加强媒体交流, 增进两国人民相互了解和
     友好感情。
     중·한 우호 교류의 해·한국 방문의 해·여수세계박람회 등 계기를 충분히 이용하여, 형
     식이 다양하면서 풍부하고 다채로운 활동을 거행하고, 대중매체의 교류를 강화하고, 양국
     국민의 상호 이해와 우호적 감정을 증진한다.

⏩ a) 充分利用中韩友好交流年·韩国访问年·丽水世博会等契机,
    chōngfēn lìyòng zhōng hán yǒuhǎo jiāoliú nián·hánguó fǎngwèn nián·lìshuǐ
    shìbóhuì děng qìjī,
    중·한 우호 교류의 해·한국 방문의 해·여수세계박람회 등 계기를 충분히 이용하여,

充分(chōngfēn)：충분히. 6-四.

利用(lìyòng)：동 이용〔활용, 응용〕하다.

访问(fǎngwèn)：동 방문하다. 회견하다. 취재하다. 인터뷰하다. 구경하다.

丽水(lìshuǐ)：몡 전라남도 여수시.

世博会(shìbóhuì)：世界博览会(shìjiè bólǎnhuì, 세계 박람회)의 약칭.

丽水世博会：여수세계박람회.

⏩ b) 举办形式多样·丰富多彩的活动,
    jǔbàn xíngshì duōyàng·fēngfù duōcǎi de huódòng,
    형식이 다양하면서 풍부하고 다채로운 활동을 거행하고,

形式(xíngshì)：형식. 6-6.

多样(duōyàng)：혱 다양하다.

丰富(fēngfù)：풍부하다. 2-11.

多彩(duōcǎi)：다채롭다.

活动(huódòng)：활동. 3-3.

⏩ c) 加强媒体交流,
    jiāqiáng méitǐ jiāoliú,
    대중매체의 교류를 강화하고,

媒体(méitǐ)：몡 대중매체. 매스 미디어.

d) 增进两国人民相互了解和友好感情。

zēngjìn liǎngguó rénmín xiānghù liǎojiě hé yǒuhǎo gǎnqíng.

양국 국민의 상호 이해와 우호적 감정을 증진한다.

人民(rénmín) : 국민. 1-5.

了解(liǎojiě) : 이해하다. → 이해. 2-12.

感情(gǎnqíng) : 몡 감정. 정. 애정. 친근감.

19) 李明博欢迎胡锦涛出席首尔核安全峰会，对中方对峰会的重视和支持表示感谢。

이명박은 후진타오가 서울핵안보정상회의에 참석한 것을 환영하고, 중국측의 정상회의에 대한 중시와 지지에 대해서 감사를 표명했다.

a) 李明博欢迎胡锦涛出席首尔核安全峰会，

lǐ míng bó huānyíng hú jǐn tāo chūxí shǒuěr hé ānquán fēnghuì,

이명박은 후진타오가 서울핵안보정상회의에 참석한 것을 환영하고,

出席(chūxí) : 동 참가하다. 참석하다. 4-3.

b) 对中方对峰会的重视和支持表示感谢。

duì zhōngfāng duì fēnghuì de zhòngshì hé zhīchí biǎoshì gǎnxiè.

중국측의 정상회의에 대한 중시와 지지에 대해서 감사를 표명했다.

对(duì) : …에 대해(서). 3-4.

重视(zhòngshì) : 중시. 1-11.

表示(biǎoshì) : 나타내다. 표명하다. 7-5.

感谢(gǎnxiè) : 동 고맙다. 감사하다. 고맙게 여기다. 몡 감사. 고마움.

20) 李明博表示韩方对中国发展抱有信心，期待着同中国建立更紧密·更强有力的战略伙伴关系，实现共同繁荣，为促进东北亚乃至世界和平与发展做出更大贡献。

이명박의 의견에 의하면, 한국측은 중국의 발전에 대해 확신을 가지고, 중국과 더 긴밀하고 더 강력한 전략적 동반자 관계의 수립, 공동 번영의 실현, 동북아 더 나아가서 세계의 평화와 발전을 촉진하기 위한 더 큰 공헌의 실행을 기대하고 있다.

a) 李明博表示韩方对中国发展抱有信心，

lǐ míng bó biǎoshì hánfāng duì zhōngguó fāzhǎn bàoyǒu xìnxīn,

이명박의 의견에 의하면, 한국측은 중국의 발전에 대해 확신을 가지고,

抱有(bàoyǒu) : …을 품다. …을 가지다.
信心(xìnxīn) : 몡 자신(감). 확신. 신념. 믿음.......7-12.

b) 期待着同中国建立更紧密·更强有力的战略伙伴关系，

qīdài zhe tóng zhōngguó jiànlì gèng jǐnmì · gèng qiángyǒulì de zhànlüè huǒbàn guānxi,

중국과 더 긴밀하고 더 강력한 전략적 동반자 관계의 수립 … 기대하고 있다

※ 期待着는 뒤 문장 b) c) d)와 모두 연관되어 있다.
期待(qīdài) : 기대하다. 바라다. 1-5.
着(zhe) : …하고 있다. …하고 있는 중이다. 2-四.
同(tóng) : …와. 4-14.
建立(jiànlì) : 수립하다. 세우다. 4-17.
紧密(jǐnmì) : 긴밀하다. 밀접하다. 1-9.
强有力(qiángyǒulì) : 강력하다. 유력하다. 2-8.
伙伴(huǒbàn) : 동료. 친구. 동반자.
同中国建立更紧密·更强有力的战略伙伴关系 : 중국과 더 긴밀하고 더 강력한 전
    략적 동반자 관계를 수립하다
    →중국과 더 긴밀하고 더 강력한 전략적 동반자 관계의 수립.

c) 实现共同繁荣，

shíxiàn gòngtóng fánróng,

공동 번영을 실현하다 → 공동 번영의 실현.

实现(shíxiàn) : 실현하다. 2-11.
共同(gòngtóng) : 공동의. 4-7.
繁荣(fánróng) : 번영. 4-四.

d) 为促进东北亚乃至世界和平与发展做出更大贡献。

wèi cùjìn dōngběiyà nǎizhì shìjiè hépíng yǔ fāzhǎn zuòchū gèng dà gòngxiàn.
동북아 더 나아가서 세계의 평화와 발전을 촉진하기 위해 더 큰 공헌을 실행하다
→동북아 더 나아가서 세계의 평화와 발전을 촉진하기 위한 더 큰 공헌의 실행.

为(wèi) : …을 위해(서). 1-1.
促进(cùjìn) : 촉진하다. 1-9.
东北亚(dōngběiyà) : 동북아시아. 동북아.
乃至(nǎizhì) : 젭 더 나아가서. 심지어. 내지.
世界(shìjiè) : 세계. 4-6.

和平(hépíng) : 몡 평화. 혱 순하다. 부드럽다. 온화하다. 평온하다. 차분하다.

做出(zuòchū) : …을 실행하다. …을 행하다.

贡献(gòngxiàn) : 공헌. 1-14.

---

21) 李明博表示他完全赞同胡锦涛主席提出的3点建议, 韩方希望同中国加强战略对话, 深化互信。

이명박의 의견에 의하면, 그는 후진타오 국가주석이 제의한 3가지 제안을 완전히 찬동하고, 한국측은 중국과 전략적 대화를 강화하고 상호 신뢰를 심화시키기를 희망한다.

---

a) 李明博表示他完全赞同胡锦涛主席提出的3点建议,

lǐ míng bó biǎoshì tā wánquán zàntóng hú jǐn tāo zhǔxí tíchū de sān diǎn jiànyì,

이명박의 의견에 의하면, 그는 후진타오 국가주석이 제의한 3가지 제안을 완전히 찬동하고,

完全(wánquán) : 완전히. 4-4.

赞同(zàntóng) : 몡 찬성하다. 찬동하다. 동의하다

主席(zhǔxí) : 주석. 국가주석. 2-2.

提出(tíchū) : 제시하다. 제의하다. 1-9.

点(diǎn) : 양 (사항 등의) 가지.

建议(jiànyì) : 몡 제기하다. 제안하다. 건의하다. 몡 제안. 건의(안). 제의.

---

b) 韩方希望同中国加强战略对话, 深化互信。

hánfāng xīwàng tóng zhōngguó jiāqiáng zhànlüè duìhuà, shēnhuà hùxìn.

한국측은 중국과 전략적 대화를 강화하고 상호 신뢰를 심화시키기를 희망한다.

---

22) 韩方愿同中方早日启动两国自由贸易区谈判, 并为中国企业在韩投资创造良好条件。

한국측은 중국측과 양국 자유무역지역 협상을 빨리 시작하여, 또한 중국 기업의 한국 내 투자를 위해 양호한 조건을 창조하기를 희망한다.

---

a) 韩方愿同中方早日启动两国自由贸易区谈判,

hánfāng yuàn tóng zhōngfāng zǎorì qǐdòng liǎngguó zìyóu màoyìqū tánpàn,

한국측은 중국측과 양국 자유무역지역 협상을 빨리 시작하다 …를 희망하고,

愿(yuàn) : 몡 바라다. 희망하다. 몡 염원. 소망. 바람. 희망.

早日(zǎorì) : 뷔 일찍이. 신속하게. 빨리. 몡 이전. 예전. 조기. 조속한 시일.

启动(qǐdòng) : 시작하다. 개시하다. 3-2.

谈判(tánpàn) : 몡 담판하다. 회담하다. 교섭하다. 협상하다.

b) 并为中国企业在韩投资创造良好条件。

bìng wèi zhōngguó qǐyè zài hán tóuzī chuàngzào liánghǎo tiáojiàn.

또한 중국 기업의 한국 내 투자를 위해 양호한 조건을 창조하다.

在韩(zài hán) : 한국 안에서. 한국 내. 재한.
创造(chuàngzào) : 창조하다. 새로 만들다. 5-4.
良好(liánghǎo) : 양호하다. 5-4.
条件(tiáojiàn) : 명 조건. 기준. 표준.

23) 目前我国是韩国最大贸易伙伴·最大出口市场和进口来源国，同时还是韩国最大海外投资对象国和最大海外劳务引进国。

현재 우리 나라는 한국의 최대 무역 동반자·최대 수출 시장과 수입 원산국이고, 동시에 또 한국의 최대 해외 투자 대상국과 최대 해외 노동력 도입국이다.

a) 目前我国是韩国最大贸易伙伴·最大出口市场和进口来源国，

mùqián wǒguó shì hánguó zuìdà màoyì huǒbàn·zuìdà chūkǒu shìchǎng hé jìnkǒu láiyuán guó,

현재 우리 나라는 한국의 최대 무역 동반자·최대 수출 시장과 수입 원산국이고,

目前(mùqián) : 현재. 6-21
出口(chūkǒu) : 통 수출하다. 말을 꺼내다. 말을 하다. 명 수출. 출구.
市场(shìchǎng) : 명 시장. 상품의 판로.
进口(jìnkǒu) : 통 수입하다. 입항하다. 명 수입. 입구.
来源(láiyuán) : 명 근원. 출처. 원산지. 생산지. 통 기원〔유래〕하다. 생겨나다.
来源国(láiyuán guó) : 원산국.

b) 同时还是韩国最大海外投资对象国和最大海外劳务引进国。

tóngshí hái shì hánguó zuìdà hǎiwài tóuzī duìxiàng guó hé zuìdà hǎiwài láowù yǐnjìn guó.

동시에 또 한국의 최대 해외 투자 대상국과 최대 해외 노동력 도입국이다.

同时(tóngshí) : 부 동시에. 명 동시. 통 시간〔시기〕을 같이하다. 동시이다.
还(hái) : 또. 게다가. 2-5.
海外(hǎiwài) : 명 해외. 국외. 외국.
对象(duìxiàng) : 명 상대. 대상.
劳务(láowù) : 명 노무. 노동일. 노동력.
劳务市场(láowù shìchǎng) : 인력 시장.
劳务出口(láowù chūkǒu) : 노동력 수출. 용역 수출.
引进(yǐnjìn) : 통 도입하다. 끌어들이다. 명 도입.

24) 韩是我国第三大贸易伙伴国。

hán shì wǒguó dìsān dà màoyì huǒbàn guó.

한국은 우리 나라의 세 번째로 큰 무역 동반국이다.

7-3 번역 후진타오는 한반도의 완화 추세에 역전이 발생하는 것을 보고 싶어하지 않는다

국가주석 후진타오는 3월 26일 청와대에서 서울핵안보정상회의의 주최자 한국 대통령 이명박을 회견했다. 이것은 이명박 대통령의 지난 1월의 성공적인 방중 이후를 뒤이은 양국 국가원수의 두 번째 만남이다.

양국 국가원수는 중·한 관계 및 공동 관심의 국제와 지역 문제에 대해 의견을 깊게 교환하고, 수교 20주년과 중·한 우호 교류의 해 거행을 계기로 삼아, 중·한 관계가 새로운 발전을 부단히 획득하도록 추진하는 것에 함께 동의했다.

후진타오의 의견에 의하면, 올해는 중·한 수교 20주년이고, 또한 중·한 우호 교류의 해이다. 20년 동안, 쌍방의 정치 소통은 원활하고, 경제·무역 협력은 확대되고 심화되며, 우호적 교류가 날로 활동적이고, 여러 방면의 업무에서 밀접한 의사 소통과 협조를 유지했다. 쌍방은 중·한 관계의 발전 과정과 경험을 진지하게 총결산하는 기초 위에서 다음 단계의 발전 계획을 잘 완성하고, 중·한 관계가 새로운 역사시기에 더욱 전진하도록 추진하여, 새로운 발전을 부단히 획득하기를 희망한다.

후진타오의 제안에 의하면, 쌍방은 세 분야의 업무를 중점적으로 잘 완성해야 한다.

첫째는 정치와 전략의 상호 신뢰를 강화하는 것이다. 고위층의 교류를 강화하고, 상관 부문의 전략적 대화 등 메커니즘을 통해, 공동 관심의 양국 및 국제와 지역의 중대 문제에 대해 소통을 강화하고, 솔직하고 성실하게 대하고, 이해를 증진시키고, 공통 인식을 확대하며, 상대방의 중대한 관심을 서로 고려하고, 양국 우호 협력의 기본 방향을 견고히 파악한다.

둘째는 양국의 실용적 협력을 확대하는 것이다. 중국측은 2015년까지 양국 무역액 3천 억 달러의 목표를 미리 실현할 자신감이 있다. 쌍방은 반드시 거시경제 정책의 조정을 강화하고, 각자 경제와 양국 경제·무역 협력의 안정되고 건전한 발전을 확보해야 한다. 중·한 자유무역지역의 건설을 빠르게 추진한다. 중국측은 한국측이 대중 첨단 제조업·현대 서비스업·현대 농업·신흥 산업의 투자를 확대하는 것을 환영하고, 산업단지의 건설 등 방식을 통해 한국 대중 투자의 규모화·집약화 방향으로의 발전을 실현하는 것을 지지한다. 중국측은 본국 기업의 대한 투자 확대를 장차 계속 격려할 것이다.

셋째는 양국 관계의 민심 기반을 개선하는 것이다. 중 · 한 우호 교류의 해 · 한국 방문의 해 · 여수세계박람회 등 계기를 충분히 이용하여, 형식이 다양하면서 풍부하고 다채로운 활동을 거행하고, 대중매체의 교류를 강화하고, 양국 국민의 상호 이해와 우호적 감정을 증진한다.

이명박은 후진타오가 서울핵안보정상회의에 참석한 것을 환영하고, 중국측의 정상회의에 대한 중시와 지지에 대해서 감사를 표명했다. 이명박의 의견에 의하면, 한국측은 중국의 발전에 대해 확신을 가지고, 중국과 더 긴밀하고 더 강력한 전략적 동반자 관계의 수립, 공동 번영의 실현, 동북아 더 나아가서 세계의 평화와 발전을 촉진하기 위한 더 큰 공헌의 실행을 기대하고 있다.

이명박의 의견에 의하면, 그는 후진타오 국가주석이 제의한 3가지 제안을 완전히 찬동하고, 한국측은 중국과 전략적 대화를 강화하고 상호 신뢰를 심화시키기를 희망한다. 한국측은 중국측과 양국 자유무역지역 협상을 빨리 시작하여, 또한 중국 기업의 한국 내 투자를 위해 양호한 조건을 창조하기를 희망한다.

현재 우리 나라는 한국의 최대 무역 동반자 · 최대 수출 시장과 수입 원산국이고, 동시에 또 한국의 최대 해외 투자 대상국과 최대 해외 노동력 도입국이다. 한국은 우리 나라의 세 번째로 큰 무역 동반국이다.

7-4 练习

习近平：全面推进互利合作 推动中韩关系取得更大发展

国家主席习近平27日在人民大会堂同韩国总统朴槿惠举行会谈。两国元首就发展中韩战略合作伙伴关系·加强在朝鲜半岛局势等重大国际和地区问题上的合作深入交换意见，达成广泛共识。

习近平指出，中韩建交21年来，两国关系取得了历史性进展，给两国和两国人民带来了实实在在的利益，也为维护本地区和世界和平稳定作出了重要贡献。中方高度重视中韩关系，将中韩关系放在中国对外关系的重要位置。当前，中韩关系站在新的历史起点上。从各自国家经济发展到促进全球经济稳定复苏，从处理地区和国际热点问题到应对各种全球性挑战，中韩两国都拥有重要共同利益，怀有加强交流合作的积极意愿。展望未来，我们对中韩关系发展充满信心。中方愿同韩方一道，规划好两国关系长远发展，全面推进各领域互利合作。

习近平指出，中韩关系发展应该遵循以下基本精神：一是尊重各自选择的社会制度和发展模式，相互支持对方和平发展。二是本着优势互补·互利双赢原则，全面深化合作，实现共同发展繁荣。三是共同致力于推动朝鲜半岛无核化进程，维护本地区和平稳定。四是加强在重大国际和地区问题上协调和合作，为推进人类和平与发展事业贡献力量。

　　朴槿惠表示，韩中两国历史和文化相通。建交以来，双边关系突飞猛进。当前，两国关系正处在继往开来的重要时期。韩国正致力于开启"国民幸福时代"，中国人民正在努力实现中华民族伟大夏兴。韩方愿同中方加强战略合作伙伴关系，分享梦想，共同发展，携手促进东北亚地区和平与繁荣。

* 출처: 新华网-2013年06月27日
http://news.xinhuanet.com/politics/2013-06-27/c_116319494.htm

단어 정리

- 习近平(xí jìn píng) : 시진핑(2013년 국가주석 취임). 2-3.
- 全面(quánmiàn) : 전반적으로. 전면적으로. 1-1.
- 互利(hùlì) : 몡 상호 이익. 호혜. 통 서로 이익을 주다.
- 人民大会堂(rénmín dàhuìtáng) : 인민대회당. 4-2.
- 朴槿惠(piáo jǐn huì) : 박근혜(2013년 대통령 취임).
- 会谈(huìtán) : 몡 통 회담(하다).
- 朝鲜半岛(cháoxiān bàndǎo) : 몡 조선반도. 한반도.
- 局势(júshì) : 몡 국세. 국면. 정세. 형세. 시국. 사태.
- 达成(dáchéng) : 통 달성하다. 도달하다. 얻다.
- 广泛(guǎngfàn) : 광범위한. 1-四.
- 进展(jìnzhǎn) : 진전. 전진. 진행. 3-四.
- 带来(dàilái) : 통 가져오다. 가져다 주다. 일으키다. 야기하다. 초래하다. 자아내다.
- 实实在在(shíshízàizài) : 혱 착실하다. 확실하다.
- 维护(wéihù) : 수호하다. 5-9.
- 本(běn) : 떼 자기 쪽의. 이번의. → 자신의. 6-15.
- 稳定(wěndìng) : 안정. 1-12.
- 作出(zuòchū) : …을 하다. 1-四.
- 重要(zhòngyào) : 중요한. 1-9.
- 贡献(gòngxiàn) : 공헌. 공헌하다. 1-14.
- 高度(gāodù) : 높게. → 매우. 1-16.
- 将(jiāng) : …을. …(으)로써. 2-8.
- 放在(fàngzài) : …에 두다.
- 对外(duìwài) : 대외. 6-四.
- 位置(wèizhì) : 몡 위치. 지위. 직위.
- 当前(dāngqián) : 현재. 1-6.
- 站在(zhànzài) : …에 서다.
- 起点(qǐdiǎn) : 몡 기점. 시작점. 출발(점).
- 从(cóng)…到(dào)… : …에서〔부터〕 …까지〔로〕. 3-1.
- 全球(quánqiú) : 몡 전세계. 지구 전체. 온 세상.
- 全球性(quánqiúxìng) : 전세계적. 국제적.
- 复苏(fùsū) : 통 소생〔재생〕하다. 회복〔회생〕하다.
- 处理(chǔlǐ) : 처리하다. 5-10.

- 热点(rèdiǎn) : 閔 인기 장소. 핫 뉴스. 주관심사. 관심거리. 화두. 초점. 포커스.
- 热点问题(rèdiǎn wèntí) : 핫 이슈. 주관심사.
- 应对(yìngduì) : 돝 응답하다. 대답하다. 대응하다. 대처하다.
- 拥有(yōngyǒu) : 돝 보유하다. 소유하다. 가지다. 지니다.
- 利益(lìyì) : 이익. 6-11.
- 怀有(huáiyǒu) : 돝 품고 있다. 지니고 있다. 가지다.
- 积极(jījí) : 적극적이다. 6-17.
- 意愿(yìyuàn) : 閔 바람. 염원. 소원. 소망. 의향.
- 展望(zhǎnwàng) : 돝 전망하다. 앞을 내다보다. 멀리 바라보다. 閔 전망. 비전.
- 未来(wèilái) : 매래. 1-3.
- 充满(chōngmǎn) : 돝 충만하다. 넘치다. 가득 차다. 가득 퍼지다. 가득 채우다.
- 一道(yídào) : 같이. 함께. 1-16.
- 好(hǎo) : 다. 잘. 〔동사 뒤에서 동작이 완성되었거나 마무리되었음을 나타냄〕4-四.
- 长远(chángyuǎn) : 閔 (미래에) 길다. 장대〔장구〕하다. (과거에) 오래 되다.
- 领域(lǐngyù) : 閔 영역. 분야. 범위.
- 应该(yīnggāi) : 마땅히. 반드시. 5-15.
- 遵循(zūnxún) : 돝 따르다.
- 基本(jīběn) : 기본. 1-9.
- 精神(jīngshén) : 정신. 1-5.
- 尊重(zūnzhòng) : 존중하다. 5-9.
- 选择(xuǎnzé) : 閔 선택. 돝 고르다. 선택하다.
- 制度(zhìdù) : 제도. 2-四.
- 模式(móshì) : 閔 모식. (표준)양식. 패턴. 모델. 모드. 패러다임.
- 本着(běnzhe) : 깨 …에 의거하여. …에 근거하여. …에 입각하여. …을 기준으로.
- 优势(yōushì) : 우위. 우세. 장점. 6-20.
- 互补(hùbǔ) : 돝 서로 보충하여 보완하다. 서로 보각을 이루다. 閔 (상호) 보완.
- 双赢(shuāngyíng) : 돝 양측 모두 이익을 얻다. 윈윈(win win). 전체 이득. 이중이익.
  쌍방이익. 쌍리.
- 双赢原则(shuāngyíng yuánzé) : 윈윈 원칙. 상생 원칙.
- 致力(zhìlì) : (…에) 힘쓰다. 진력하다. 2-四.
- 无核(wúhé) : 閔 비핵의. 핵무기를 제조〔보유〕하지 않은. 씨 없는. 무과핵의.
- 无核化(wúhéhuà) : 비핵화.
- 进程(jìnchéng) : 閔 경과. 진행 과정. 추이. 코스. 발전 과정. 진전.
- 人类(rénlèi) : 閔 인류.
- 事业(shìyè) : 사업. 비영리 사회 활동. 4-16.

- 力量(lìliang) : 힘. 능력. 역량. 작용. 효과. 효능. 효력. 1-5.
- 相通(xiāngtōng) : 통 서로 통하다. 상통하다. 서로 일치〔일치〕하다.
- 突飞猛进(tūfēiměngjìn) : 갑자기 날아서 맹렬히 전진하다. 비약적으로 발전하다.
- 正(zhèng) : 부 마침. 한창. 바야흐로. …하고 있다. 〔진행(지속) 중에 있음〕
- 处在(chǔzài) : 통 …에 처하다. 놓이다.
- 继往开来(jìwǎngkāilái) : 과거를 계승하여 미래를 개척하다.
- 开启(kāiqǐ) : 시작하다. 일으키다. 열다. 개방하다. 4-5.
- 国民(guómín) : 명 국민.
- 幸福(xìngfú) : 명 통 행복(하다).
- 中华民族(zhōnghuá mínzú) : 중국민족. 중화민족. 2-8.
- 伟大(wěidà) : 위대하다. 1-9.
- 复兴(fùxīng) : 부흥. 부흥시키다. 부흥하다. 2-8.
- 分享(fēnxiǎng) : 통 함께 나누다〔누리다〕.
- 梦想(mèngxiǎng) : 명 꿈. 몽상. 이상. 통 갈망하다. 간절히 바라다. 몽상하다.
- 携手(xiéshǒu) : 서로 손을 잡다. 손에 손을 잡다. 서로 협력하다. 합작하다. 4-17.

번 역

시진핑 : 호혜 협력을 전반적으로 추진하고, 중·한 관계가 더 많은 발전을 이루도록 촉진하다

국가주석 시진핑은 27일 인민대회당에서 한국 대통령 박근혜와 회담을 거행했다. 양국 국가원수는 중·한 전략적 협력 동반자 관계의 발전 및 한반도 정세 등 중대한 국제와 지역 문제에서의 협력의 강화에 대해 의견을 깊게 교환하고, 광범한 공통 인식을 달성했다.

시진핑의 의견에 의하면, 중·한 수교 21년 동안, 양국 관계는 역사적 진전을 이루었고, 양국과 양국 국민에게 착실한 이익을 가져다 주었고, 또한 본 지역과 세계의 평화 안정의 수호를 위해 중요한 공헌을 했다. 중국측은 중·한 관계를 매우 중시하고, 중·한 관계를 중국 대외관계의 중요한 위치에 둔다. 현재, 중·한 관계는 새로운 역사적 출발점에 서있다. 각자의 국가 경제 발전에서 전세계 경제 안정의 회복을 촉진하는 것까지, 지역과 국제의 핫 이슈를 처리하는 것에서 각종 전세계적 도전에 대응하는 것까지, 중·한 양국은 모두 중요한 공동 이익을 가지고 있고, 교류 협력을 강화하는 적극적 소망을 품고 있다. 미래를 전망하며, 우리는 중·한 관계의 발전에 대해 자신감이 충만하다. 중국측은 한국측과 함께, 양국 관계의 장기적 발전을 잘 계획하고, 각 영역의 호혜 협력을 전반적으로 추진하기를 희망한다.

시진핑의 의견에 의하면, 중·한 관계 발전은 이하 기본 정신을 마땅히 따라야 한다. 첫째 각자 선택한 사회제도와 발전 모델을 존중하고, 상대방의 평화 발전을 상호 지지한다. 둘째 우위 보완과 호혜 상생 원칙에 근거하여, 협력을 전반적으로 심화시키고, 공동 발전·번영을 실현한다. 셋째 한반도 비핵화의 진전을 촉진하고, 본 지역의 평화 안정을 수호하는 데 공동으로 힘쓴다. 넷째 중대한 국제와 지역의 문제에서 협조와 협력을 강화하고, 인류 평화와 발전의 활동을 추진하기 위해 역량을 공헌한다.

박근혜의 의견에 의하면, 한·중 양국의 역사와 문화는 서로 통한다. 수교 이래로, 양국 관계는 비약적으로 발전했다. 현재, 양국 관계는 과거를 계승하여 미래를 개척하는 중요한 시기에 한창 놓여 있다. 한국은 '국민행복시대'를 시작하는 데 한창 힘쓰고 있고, 중국 국민은 중국민족의 위대한 부흥을 실현하는 데 한창 노력하고 있다. 한국측은 중국측과 전략적 협력 동반자 관계를 강화하고, 꿈을 함께 나누고, 공동으로 발전하며, 동북아지역의 평화와 번영을 서로 손잡고 추진하기를 희망한다.

제8과

中国金砖国家关系

중국 · 브릭스 관계

8-1 正文　金砖国家要坚定维护公平正义

金砖国家领导人第五次会晤27日在南非德班举行。中国国家主席习近平·南非总统祖马·巴西总统罗塞夫·俄罗斯总统普京·印度总理辛格出席。五国领导人围绕本次会晤主题"致力于发展·一体化和工业化的伙伴关系"发表看法和主张。

始终坚持平等民主

习近平发表了题为《携手合作　共同发展》的主旨讲话，强调加强金砖国家合作，既为各成员国人民带来福祉，也有利于促进国际关系民主化，是我们共同的愿望和责任。相信金砖国家在深化务实合作·加强伙伴关系等方面将取得新进展。

习近平强调，金砖国家要坚定维护国际公平正义，维护世界和平稳定。不管国际风云如何变幻，我们都要始终坚持和平发展·合作共赢。不管国际格局如何变化，我们都要始终坚持平等民主·兼容并蓄。不管全球治理体系如何变革，我们都要积极参与。

习近平指出，金砖国家要大力推动建设全球发展伙伴关系，促进各国共同繁荣。要努力发展经济·改善民生。要加强宏观经济政策协调，改革国际货币金融体系，促进贸易和投资自由化便利化。要共同参与国际发展议程制定，促进全球发展更加平衡。要用伙伴关系把金砖各国紧密联系起来，大力推进经贸·金融·基础设施建设·人员往来等领域合作。要共同支持非洲在谋求强劲增长·加快一体化·实现工业化方面作出的努力。

要深化谋求互利共赢

习近平提出，金砖国家要深化互利合作·谋求互利共赢。要增强政治互信和人民友谊，共同推动工业化·信息化·城镇化·农业现代化进程，加强在联合国·二十国集团·国际经济金融机构等框架内协调和配合。要积极推进金砖国家开发银行·外汇储备库等项目，加快各领域务实合作。

习近平强调，中国将继续同金砖国家加强合作，使金砖国家经济增长更加强劲·合作架构更加完善·合作成果更加丰富，为各国人民带来实实在在利益，为世界和平与发展作出更大贡献。

* 출처: 北京晨报-2013年03月28日
http://news.cn.yahoo.com/ypen/20130328/1679793.html

8-2 生词与解释

1) 金砖国家要坚定维护公平正义

jīnzhuān guójiā yào jiāndìng wéihù gōngpíng zhèngyì
브릭스는 공평 · 정의를 견고히 수호해야 한다

金砖国家(jīnzhuān guójiā) : 원래 브라질, 러시아, 인도, 중국 등 신흥경제 4국이
   2009년부터 매년 브릭스 정상회의(BRICs summits)를 개최하다가, 2011년
   남아프리카공화국이 정회원으로 인정되어 BRICS(신흥경제 5국)로 칭함.
金砖(jīnzhuān) : 몡 골드 바(gold bar). 벽돌 모양의 금괴.
坚定(jiāndìng) : 견고히. 4-16.
维护(wéihù) : 수호하다. 5-9.
公平(gōngpíng) : 혱 공평하다. 공정하다.
正义(zhèngyì) : 몡 정의. 혱 정의로운.

2) 金砖国家领导人第五次会晤27日在南非德班举行。

jīnzhuān guójiā lǐngdǎorén dì wǔ cì huìwù èr shí qī rì zài nánfēi débān jǔxíng.
제5차 브릭스 정상회의가 27일 남아프리카공화국 더반에서 거행되었다.

领导人(lǐngdǎorén) : 지도자. 국가 정상. 리더. 2-2.
会晤(huìwù) : 몡 동 만나다. 회견(하다). 회의(하다).
金砖国家领导人第五次会晤 : 브릭스 지도자의 제5차 회견
                              → 제5차 브릭스 정상회의.
南非(nánfēi) : 몡 남아프리카공화국(약칭 남아공). 아프리카의 남부지역.
德班(débān) : 몡 더반(Durban), 남아프리카공화국의 도시.
举行(jǔxíng) : 거행하다. 4-2.

3) 中国国家主席习近平 · 南非总统祖马 · 巴西总统罗塞夫 · 俄罗斯总统普京 · 印度总理辛格出席。

zhōngguó guójiā zhǔxí xí jìn píng · nánfēi zǒngtǒng zǔmǎ · bāxī zǒngtǒng luósāifū ·
éluósī zǒngtǒng pǔjīng · yìndù zǒnglǐ xīngé chūxí.
중국 국가주석 시진핑 · 남아공 대통령 제이콥 주마 · 브라질 대통령 지우마 호세프 · 러시아
대통령 블라디미르 푸틴 · 인도 총리 만모한 싱이 출석했다.

国家主席(guójiā zhǔxí) : 국가주석. 2-2.
祖马(zǔmǎ) : 제이콥 주마. 남아공 대통령. 취임 2009년.
总统(zǒngtǒng) : 대통령. 7-2.
巴西(bāxī) : 몡 브라질.

罗塞夫(luósāifū) : 지우마 호세프. 브라질 대통령. 취임 2011년.

俄罗斯(éluósī) : 명 러시아.

普京(pǔjīng) : 블라디미르 푸틴. 3-四.

印度(yìndù) : 명 인도.

总理(zǒnglǐ) : 총리. 2-2.

辛格(xīngé) : 만모한 싱. 인도 총리. 취임 2004년.

出席(chūxí) : 출석하다. 4-3.

4) 五国领导人围绕本次会晤主题"致力于发展·一体化和工业化的伙伴关系"发表看法和主张。

wǔ guó lǐngdǎorén wéirào běncì huìwù zhǔtí "zhìlì yú fāzhǎn·yìtǐhuà hé gōngyèhuà de huǒbàn guānxi" fābiǎo kànfǎ hé zhǔzhāng.

5개국 정상은 이번 회의 주제 '개발·통합·산업화의 동반자 관계에 힘쓰다'를 둘러싸고 의견과 주장을 발표했다.

五国领导人 : 5개국 (국가)정상.

围绕(wéirào) : …을 둘러싸다. 1-9.

本次(běncì) : 이번. 금번. 이 차례.

主题(zhǔtí) : 명 주제. 주지.

致力(zhìlì) : 힘쓰다. 진력하다. 2-四.

发展(fāzhǎn) : 발전. 개발. 1-3.

一体化(yìtǐhuà) : 명 동 일체화(하다). 일원화(하다). 통합(하다).

工业化(gōngyèhuà) : 명 동 공업화(하다). 산업화(하다).

伙伴(huǒbàn) : 동반자. 7-20.

关系(guānxi) : 관계. 4-4.

发表(fābiǎo) : 발표하다. 4-3.

看法(kànfǎ) : 견해. 의견. 3-11.

主张(zhǔzhāng) : 명 동 주장(하다). 견해. 의견.

5) 始终坚持平等民主

shǐzhōng jiānchí píngděng mínzhǔ

평등·민주를 한결같이 견지한다

始终(shǐzhōng) : 명 처음과 끝. 시종. 부 시종일관. 한결같이. 줄곧.

坚持(jiānchí) : 견지하다. 1-9.

平等(píngděng) : 평등. 6-5.

民主(mínzhǔ) : 민주. 2-四.

6) 习近平发表了题为《携手合作 共同发展》的主旨讲话，强调加强金砖国家合作，既为各成员国人民带来福祉，也有利于促进国际关系民主化，是我们共同的愿望和责任。

시진핑은 제목 〈손 잡고 협력하여 더불어 발전하다〉라는 주지의 연설을 발표했고, 브릭스 협력의 강화가, 각 회원국 국민에게 복지를 가져올 뿐만 아니라, 또한 국제관계 민주화의 촉진에도 유리하고, 우리 공동의 소망과 책임이라고 강조했다.

a) 习近平发表了题为《携手合作 共同发展》的主旨讲话，

xí jìn píng fābiǎo le tíwé 〈xiéshǒu hézuò gòngtóng fāzhǎn〉 de zhǔzhǐ jiǎnghuà,

시진핑은 제목 〈손 잡고 협력하여 더불어 발전하다〉라는 주지의 연설을 발표했고,

题为(tíwéi)：…으로 제목이 붙다.

携手(xiéshǒu)：서로 손을 잡다. 서로 협력하다. 4-17.

合作(hézuò)：협력. 합작. 4-16.

共同(gòngtóng)：공동의. 함께. 더불어. 4-7.

主旨(zhǔzhǐ)：몡 주지. 요지. 중심 사상. 대의. 취지. 요점. 종지.

讲话(jiǎnghuà)：연설. 4-3.

b) 强调加强金砖国家合作，

qiángdiào jiāqiáng jīnzhuān guójiā hézuò,

브릭스 협력의 강화가, …을 강조하다

※ 强调는 주어 习近平에 대한 서술어로서, 뒤에 목적절을 이끈다.
　그 목적절 안의 주어는 加强金砖国家合作이고, 서술어는 아래의 既(jì)…,
　也(yě)…, 是… 어구 속에 각각 있다.

强调(qiángdiào)：강조하다. 2-14.

加强(jiāqiáng)：강화하다. 5-4.

加强金砖国家合作：브릭스의 협력을 강화하다 → 브릭스 협력의 강화.

c) 既为各成员国人民带来福祉，也有利于促进国际关系民主化，

jì wèi gè chéngyuánguó rénmín dàilái fúzhǐ, yě yǒulìyú cùjìn guójì guānxi mínzhǔhuà,

각 회원국 국민에게 복지를 가져올 뿐만 아니라, 또한 국제관계 민주화의 촉진에도 유리하고,

既(jì)…也(yě)…：…할 뿐만 아니라 …(도) 하다. 2-14.

为(wèi)：…에게. …을 위해. 1-1.

成员国(chéngyuánguó)：몡 성원국. 회원국.

人民(rénmín)：국민. 1-5.

带来(dàilái)：가져오다. 가져다 주다. 7-四.

福祉(fúzhǐ) : 복지. 복리. 5-6.

有利于(yǒulìyú) : …에 유리하다. 6-20.

促进(cùjìn) : 촉진하다. 1-9

国际(guójì) : 명 국제. 형 국제의. 국제적인.

民主化(mínzhǔhuà) : 민주화.

▶ d) 是我们共同的愿望和责任。

shì wǒmén gòngtóng de yuànwàng hé zérèn.

우리 공동의 소망과 책임이다.

愿望(yuànwàng) : 소망. 소원. 4-9.

责任(zérèn) : 책임. 5-4.

7) 相信金砖国家在深化务实合作·加强伙伴关系等方面将取得新进展。

xiāngxìn jīnzhuò guójiā zài shēnhuà wùshí hézuò·jiāqiáng huǒbàn guānxi děng fāngmiàn jiāng qǔdé xīn jìnzhǎn.

(또한 시진핑은) 브릭스가 실용적 협력의 심화·동반자 관계의 강화 등 방면에서 새로운 진전을 장차 이룰 것이라고 믿는다.

※ 相信의 주어는 위 문장의 习近平이다.

相信(xiāngxìn) : 동 믿다. 신임하다. 신뢰하다.

深化(shēnhuà) : 심화시키다. 1-6.

务实(wùshí) : 실용적인. 7-11.

深化务实合作 : 실용적 협력을 심화시키다 → 실용적 협력의 심화.

加强伙伴关系 : 동반자 관계를 강화하다 → 동반자 관계의 강화.

方面(fāngmiàn) : 방면. 3-6.

将(jiāng) : 장차. …하게 될 것이다. 2-8.

取得(qǔdé) : 취득하다. 이루다. 7-4.

进展(jìnzhǎn) : 진전. 전진. 3-四.

8) 习近平强调, 金砖国家要坚定维护国际公平正义, 维护世界和平稳定。

xí jìn píng qiángdiào, jīnzhuān guójiā yào jiānding wéihù guójì gōngpíng zhèngyì, wéihù shìjiè hépíng wěndìng.

시진핑은 다음과 같이 강조했다. 즉 브릭스는 견고히 국제 공평·정의를 수호하고 세계 평화·안정을 수호해야 한다.

习近平强调 : 시진핑은 …을 강조했다 → 시진핑은 다음과 같이 강조했다.

和平(hépíng) : 평화. 7-20.

稳定(wěndìng) : 안정. 1-12.

9) 不管国际风云如何变幻，我们都要始终坚持和平发展·合作共赢。

국제 정세가 어떻게 변환하든지 간에, 우리는 모두 평화 발전과 협력 상생을 시종 견지해야한다.

a) 不管国际风云如何变幻，

bùguǎn guójì fēngyún rúhé biànhuàn,

국제 정세가 어떻게 변환하든지 간에,

不管(bùguǎn) : 1.접 …을 막론하고. …에 관계없이. …하든지 간에.

2.동 상관하지 않다. 돌보지 않다. 책임지지 않다.

风云(fēngyún) : 명 바람과 구름. (복잡하게 급변하는) 정세. (요동치는) 형세.

如何(rúhé) : 대 어떠한가. 어떠하냐. 어떻게. 어떤. 어쩌면. 어찌하면. 왜.

变幻(biànhuàn) : 동 변환하다. 불규칙적으로 변하다.

b) 我们都要始终坚持和平发展·合作共赢。

wǒmen dōu yào shǐzhōng jiānchí hépíng fāzhǎn · hézuò gòngyíng.

우리는 모두 평화 발전과 협력 상생을 시종 견지해야 한다.

共赢(gòngyíng) : 모두 이익을 얻다. 상생. 전체 이득. 双赢(shuāngyíng) : 7-四.

10) 不管国际格局如何变化，我们都要始终坚持平等民主·兼容并蓄。

국제 구조가 어떻게 변화하든지 간에, 우리는 모두 평등 민주와 용납 수용을 시종 견지해야한다.

a) 不管国际格局如何变化，

bùguǎn guójì géjú rúhé biànhuà,

국제 구조가 어떻게 변화하든지 간에,

格局(géjú) : 구조. 구성. 5-9.

变化(biànhuà) : 변화하다. 3-6.

b) 我们都要始终坚持平等民主·兼容并蓄。

wǒmen dōu yào shǐzhōng jiānchí píngděng mínzhǔ · jiānróng bìngxù.

우리는 모두 평등 민주와 용납 수용을 시종 견지해야 한다.

兼容(jiānróng) : 동 동시에 수용하다. 용납[겸용]하다. 명 수용. 겸용. 용납.

兼容性(jiānróngxìng) : 명 호환성.

并蓄(bìngxù) : 동 수용하다. 받아들이다.

11) **不管全球治理体系如何变革，我们都要积极参与。**

전세계 관리 체계가 어떻게 변혁되든지 간에, 우리는 모두 적극적으로 참여해야 한다.

a) **不管全球治理体系如何变革，**

bùguǎn quánqiú zhìlǐ tǐxì rúhé biàngé,

전세계 관리 체계가 어떻게 변혁되든지 간에,

全球(quánqiú) : 전세계. 7-四.
治理(zhìlǐ) : 통치. 관리. 5-4.
体系(tǐxì) : 체계. 5-四.
变革(biàngé) : 변혁되다. 4-5.

b) **我们都要积极参与。**

wǒmen dōu yào jījí cānyǔ.

우리는 모두 적극적으로 참여해야 한다.

积极(jījí) : 적극적으로. 6-17.
参与(cānyǔ) : 참여하다. 6-17.

12) **习近平指出，金砖国家要大力推动建设全球发展伙伴关系，促进各国共同繁荣。**

xí jìn píng zhǐchū, jīnzhuān guójiā yào dàlì tuīdòng jiànshè quánqiú fāzhǎn huǒbàn guānxi, cùjìn gèguó gòngtóng fánróng.

시진핑의 의견에 의하면, 브릭스는 강력하게 전세계의 발전적인 동반자 관계의 건설을 추진하고, 각국의 공동 번영을 촉진해야 한다.

习近平指出 : 시진핑의 의견〔제안〕에 의하면. 5-9.
大力(dàlì) : 강력하게. 힘껏. 5-2.
推动(tuīdòng) : 추진하다. 촉진하다. 1-9.
建设(jiànshè) : 건설. 1-5.
建设全球发展伙伴关系 : 전세계의 발전적인 동반자 관계를 건설하다
    → 전세계의 발전적인 동반자 관계의 건설.
繁荣(fánróng) : 번영. 4-四.

13) **要努力发展经济·改善民生。**

yào nǔlì fāzhǎn jīngjì · gǎishàn mínshēng.

경제 발전과 민생 개선을 노력해야 한다.

努力(nǔlì) : 노력하다. 4-19.
经济(jīngjì) : 경제. 2-四.
发展经济 : 경제를 발전시키다 → 경제 발전.
改善(gǎishàn) : 개선하다. 5-10.
民生(mínshēng) : 민생. 2-12.
改善民生 : 민생을 개선하다 → 민생 개선.

14) 要加强宏观经济政策协调, 改革国际货币金融体系, 促进贸易和投资
自由化便利化。

yào jiāqiáng hóngguān jīngjì zhèngcè xiétiáo, gǎigé guójì huòbì jīnróng tǐxì, cùjìn
màoyì hé tóuzī zìyóuhuà biànlìhuà.
거시경제정책의 협조를 강화하고, 국제 화폐 금융 체계를 개혁하고, 무역과 투자의 자유
화 · 편리화를 촉진해야 한다.

宏观经济(hóngguān jīngjì) : 거시경제. 7-13.
协调(xiétiáo) : 협조. 조화. 7-6.
改革(gǎigé) : 개혁. 1-5.
货币(huòbì) : 명 화폐.
金融(jīnróng) : 명 금융.
贸易(màoyì) : 무역. 7-12.
投资(tóuzī) : 투자. 투자하다. 6-四.
自由化(zìyóuhuà) : 자유화.
便利(biànlì) : 형 편리하다. 동 편리하게 하다.
便利化(biànlìhuà) : 편리화.

15) 要共同参与国际发展议程制定, 促进全球发展更加平衡。

yào gòngtóng cānyǔ guójì fāzhǎn yìchéng zhìdìng, cùjìn quánqiú fāzhǎn gèngjiā
pínghéng.
국제 개발 아젠다의 제정에 공동 참여하고, 전세계 발전이 더욱 균형잡히도록 촉진해야 한다.

议程(yìchéng) : 명 의사일정. 의제. 예정안. 아젠다.
国际发展议程 : 국제 개발 아젠다.
制定(zhìdìng) : 제정(하다). 6-3.
更加(gèngjiā) : 더욱. 5-10.
平衡(pínghéng) : 1.형 균형이 맞다. 균형잡히다. 평형하다.
2.동 균형[평형]되게[있게] 하다. 균형을 맞추다[잡다].

16) 要用伙伴关系把金砖各国紧密联系起来，大力推进经贸·金融·基础设施建设·人员往来等领域合作。

동반자 관계로써 브릭스 각국을 긴밀하게 결합시키고, 경제·무역·금융·기초시설 건설·인원 교류 등 영역의 협력을 강력하게 추진해야 한다.

a) 要用伙伴关系把金砖各国紧密联系起来，

yào yòng huǒbàn guānxi bǎ jīnzhuān gèguó jǐnmì liánxì qǐlái,

동반자 관계로써 브릭스 각국을 긴밀하게 결합시키고, …해야 한다

用(yòng) : …로써. 4-15.
把(bǎ) : …을. 1-14.
紧密(jǐnmì) : 긴밀하게. 1-9.
联系(liánxì) : 동 연락〔연결, 결합, 관계〕하다. 연관짓다. 명 연락. 연계. 연관.
起来(qǐlái) : 〔동사나 형용사 뒤에서, 동작이 시작되어 계속됨을 나타냄.〕 6-20.

b) 大力推进经贸·金融·基础设施建设·人员往来等领域合作。

dàlì tuījìn jīngmào · jīnróng · jīchǔ shèshī jiànshè · rényuán wǎnglái děng lǐngyù hézuò.

경제·무역·금융·기초시설 건설·인원 교류 등 영역의 협력을 강력하게 추진한다.

推进(tuījìn) : 추진하다. 1-5.
经贸(jīngmào) : 경제·무역. 7-6.
基础(jīchǔ) : 기초. 1-9.
设施(shèshī) : 명 시설.
基础施设(jīchǔ shèshì) : 인프라. 기반시설. 기초시설.
人员(rényuán) : 인원. 2-2.
往来(wǎnglái) : 1.동 왕래하다. 오가다. 방문〔교제, 교환, 거래〕하다. 사귀다.
2.명 왕래. 교류. 방문. 거래. 교환. 교제.
领域(lǐngyù) : 분야. 영역. 7-四.

17) 要共同支持非洲在谋求强劲增长·加快一体化·实现工业化方面作出的努力。

yào gòngtóng zhīchí fēizhōu zài móuqiú qiángjìn zēngzhǎng · jiākuài yìtǐhuà · shíxiàn gōngyèhuà fāngmiàn zuòchū de nǔlì.

아프리카가 강력한 성장·빠른 통합·산업화 실현을 모색하는 방면에서 기울이는 노력을 공동으로 지지해야 한다.

支持(zhīchí) : 지지하다. 4-16.

非洲(fēizhōu) : 명 아프리카.

在(zài)···方面(fāngmiàn) : ···방면에서. 3-6.

谋求(móuqiú) : 통 강구하다. 모색하다. 꾀하다.

强劲(qiángjìn) : 형 세다. 강력하다. 세차다.

增长(zēngzhǎng) : 증가하다. 성장하다. 향상시키다. 5-10.

加快(jiākuài) : 빠르게 하다. 1-6.

作出(zuòchū) : ···을 하다. 1-四.

作出努力 : 노력을 하다. 노력을 기울이다. 노력하다.

---

18) 要深化谋求互利共赢

yào shēnhuà móuqiú hùlì gòngyíng

호혜·상생의 모색을 심화시켜야 한다

互利(hùlì) : 상호 이익. 호혜. 7-四.

谋求互利共赢 : 호혜 상생을 모색하다 → 호혜 상생의 모색.

---

19) 习近平提出, 金砖国家要深化互利合作·谋求互利共赢。

xí jìn píng tíchū, jīnzhuān guójiā yào shēnhuà hùlì hézuò·móuqiú hùlì gòngyíng.

시진핑의 제안에 의하면, 브릭스는 호혜·협력을 심화시키고 호혜·상생을 모색해야 한다.

提出(tíchū) : 내놓다. 제시하다. → 의견을 제안하다. 제안에 의하면. 1-9.

---

20) 要增强政治互信和人民友谊, 共同推动工业化·信息化·城镇化·农业现代化进程, 加强在联合国·二十国集团·国际经济金融机构等框架内协调和配合。

정치적 상호 신뢰와 국민의 우의를 증강하고, 산업화·정보화·도시화·농업 현대화의 진전을 공동으로 촉진하고, 유엔·G20·국제 경제 금융 기구 등 구조 안에서의 협조와 협동을 강화해야 한다.

---

a) 要增强政治互信和人民友谊,

yào zēngqiáng zhèngzhì hùxìn hé rénmín yǒuyì,

정치적 상호 신뢰와 국민의 우의를 증강하고, ···해야 한다

增强(zēngqiáng) : 증강하다. 강화하다. 4-四.

政治(zhèngzhì) : 정치. 2-10.

互信(hùxìn) : 상호 신뢰. 7-9.

友谊(yǒuyì) : 명 우의. 우정.

≫ b) 共同推动工业化·信息化·城镇化·农业现代化进程，

gòngtóng tuīdòng gōngyèhuà·xìnxīhuà·chéngzhènhuà·nóngyè xiàndàihuà jìnchéng,

산업화·정보화·도시화·농업 현대화의 진전을 공동으로 촉진하고,

推动(tuīdòng)：촉진하다. 추진하다. 1-9.
信息化(xìnxīhuà)：[동] (국민 경제와 사회 각 영역을) 정보화하다. [명] 정보화.
信息化时代(xìnxīhuà shídài)：정보시대.
城镇化(chéngzhènhuà)：도시화. 5-13.
农业(nóngyè)：농업. 5-13.
现代化(xiàndàihuà)：현대화. 1-5.
进程(jìnchéng)：진행 과정. 발전 과정. 진전. 7-四.

≫ c) 加强在联合国·二十国集团·国际经济金融机构等框架内协调和配合。

jiāqiáng zài liánhéguó·èr shí guó jítuán·guójì jīngjì jīnróng jīgòu děng kuàngjià nèi xiétiáo hé pèihé.

유엔·G20·국제 경제 금융 기구 등 구조 안에서의 협조와 협동을 강화한다.

联合国(liánhéguó)：[명] 유엔(UN). 국제연합.
集团(jítuán)：[명] 집단. 단체. 무리. (기업) 집단. (기업) 그룹.
二十国集团(èr shí guó jítuán)：G20(Group of 20). 주요 20개국.
机构(jīgòu)：기구. 3-12.
框架(kuàngjià)：[명] 뼈대. 프레임. 골격. 골조. 뼈대. 골격. 구성. 구조.
配合(pèihé)：[동] 협동[협력, 호응]하다. 호흡을 맞추다. 균형을 잡다.

21) 要积极推进金砖国家开发银行·外汇储备库等项目，加快各领域务实合作。

yào jījí tuījìn jīnzhuān guójiā kāifā yínháng·wàihuì chǔbèikù děng xiàngmù, jiākuài gè lǐngyù wùshí hézuò.

브릭스 개발 은행·외환 저장고 등 프로젝트를 적극 추진하고, 각 영역의 실용적 협력을 빠르게 진행해야 한다.

开发(kāifā)：개발. 개간. 개척. 5-12.
银行(yínháng)：[명] 은행.
外汇(wàihuì)：[명] 외화. 외환.
储备(chǔbèi)：[동] 비축하다. 저장하다. [명] 비축한 물건. 예비품. 예비 인원.
储备库(chǔbèikù)：[명] 저장고.
项目(xiàngmù)：[명] 항목. 종목. 사항. 과제. 프로젝트. 사업.

22) 习近平强调，中国将继续同金砖国家加强合作，使金砖国家经济增长
更加强劲·合作架构更加完善·合作成果更加丰富，为各国人民带来
实实在在利益，为世界和平与发展作出更大贡献。

시진핑은 중국이 장차 계속해서 브릭스와 협력을 강화하고, 브릭스의 경제 성장으로 하여
금 더욱 강력하게 하고, 협력 구조로 하여금 더욱 완벽하게 하고, 협력 성과로 하여금 더욱
풍부하게 하여, 각국 국민을 위해 착실한 이익을 가져오고, 세계 평화와 발전을 위해 더
큰 공헌을 하는 것을 강조했다.

a) 习近平强调，中国将继续同金砖国家加强合作，

xí jìn píng qiángdiào, zhōngguó jiāng jìxù tóng jīnzhuān guójiā jiāqiáng hézuò,

시진핑은 …을 강조했다. 중국이 장차 계속해서 브릭스와 협력을 강화하고,

继续(jìxù) : 계속하다. → 계속해서. 2-四.
同(tóng) : …와 (함께). 4-14.

b) 使金砖国家经济增长更加强劲·合作架构更加完善·合作成果更加丰富，

shǐ jīnzhuān guójiā jīngjì zēngzhǎng gèngjiā qiángjìn · hézuò jiàgòu gèngjiā
wánshàn · hézuò chéngguǒ gèngjiā fēngfù,

브릭스의 경제 성장으로 하여금 더욱 강력하게 하고, 협력 구조로 하여금 더욱 완벽하게
하고, 협력 성과로 하여금 더욱 풍부하게 하여,

使(shǐ) : (…에게) …시키다. …하게 하다. 6-15.
架构(jiàgòu) : 명 틀. 구조. 짜임새. 구성. 통 구축하다. 건조하다.
完善(wánshàn) : 완벽하게〔완전하게〕하다〔만들다〕. 완비하다. 2-四.
成果(chéngguǒ) : 성과. 결과. 3-17.
丰富(fēngfù) : 풍부〔풍족〕하게 하다. 2-11.

c) 为各国人民带来实实在在利益，

wèi gèguó rénmín dàilái shíshízàizài lìyì,

각국 국민을 위해 착실한 이익을 가져오고,

各国(gèguó) : 명 각국. 각 나라.
实实在在(shíshízàizài) : 착실하다. 확실하다. 7-四.
利益(lìyì) : 이익. 6-11.

d) 为世界和平与发展作出更大贡献。

wèi shìjiè hépíng yǔ fāzhǎn zuòchū gèngdà gòngxiàn.

세계 평화와 발전을 위해 더 큰 공헌을 하다.

更大(gèngdà) : 더 크다.
贡献(gòngxiàn) : 공헌. 1-14.

8-3 번 역 브릭스는 공평·정의를 견고히 수호해야 한다

제5차 브릭스 정상회의가 27일 남아프리카공화국 더반에서 거행되었다. 중국 국가 주석 시진핑·남아공 대통령 제이콥 주마·브라질 대통령 지우마 호세프·러시아 대통령 블라디미르 푸틴·인도 총리 만모한 싱이 출석했다. 5개국 정상은 이번 회의 주제 '개발·통합·산업화의 동반자 관계에 힘쓰다'를 둘러싸고 의견과 주장을 발표했다.

평등·민주를 한결같이 견지한다

시진핑은 제목 〈손 잡고 협력하여 더불어 발전하다〉라는 주지의 연설을 발표했고, 브릭스 협력의 강화가, 각 회원국 국민에게 복지를 가져올 뿐만 아니라, 또한 국제관계 민주화의 촉진에도 유리하고, 우리 공동의 소망과 책임이라고 강조했다. 또한 브릭스 가 실용적 협력의 심화·동반자 관계의 강화 등 방면에서 새로운 진전을 장차 이룰 것이라고 믿는다.

시진핑은 다음과 같이 강조했다. 즉 브릭스는 견고히 국제 공평·정의를 수호하고 세계 평화·안정을 수호해야 한다. 국제 정세가 어떻게 변환하든지 간에, 우리는 모두 평화 발전과 협력 상생을 시종 견지해야 한다. 국제 구조가 어떻게 변화하든지 간에, 우리는 모두 평등 민주와 용납 수용을 시종 견지해야 한다. 전세계 관리 체계가 어떻게 변혁되든지 간에, 우리는 모두 적극적으로 참여해야 한다.

시진핑의 의견에 의하면, 브릭스는 강력하게 전세계의 발전적인 동반자 관계의 건 설을 추진하고, 각국의 공동 번영을 촉진해야 한다. 경제 발전과 민생 개선을 노력해야 한다. 거시경제정책의 협조를 강화하고, 국제 화폐 금융 체계를 개혁하고, 무역과 투자 의 자유화·편리화를 촉진해야 한다. 국제 개발 아젠다의 제정에 공동 참여하고, 전세 계 발전이 더욱 균형잡히도록 촉진해야 한다. 동반자 관계로써 브릭스 각국을 긴밀하 게 결합시키고, 경제·무역·금융·기초시설 건설·인원 교류 등 영역의 협력을 강력 하게 추진해야 한다. 아프리카가 강력한 성장·빠른 통합·산업화 실현을 모색하는 방 면에서 기울이는 노력을 공동으로 지지해야 한다.

호혜·상생의 모색을 심화시켜야 한다

시진핑의 제안에 의하면, 브릭스는 호혜·협력을 심화시키고 호혜·상생을 모색해야 한다. 정치적 상호 신뢰와 국민의 우의를 증강하고, 산업화·정보화·도시화·농업 현대화의 진전을 공동으로 촉진하고, 유엔·G20·국제 경제 금융 기구 등 구조 안에서의 협조와 협동을 강화해야 한다. 브릭스 개발 은행·외환 저장고 등 프로젝트를 적극 추진하고, 각 영역의 실용적 협력을 빠르게 진행해야 한다.

시진핑은 중국이 장차 계속해서 브릭스와 협력을 강화하고, 브릭스의 경제 성장으로 하여금 더욱 강력하게 하고, 협력 구조로 하여금 더욱 완벽하게 하고, 협력 성과로 하여금 더욱 풍부하게 하여, 각국 국민을 위해 착실한 이익을 가져오고, 세계 평화와 발전을 위해 더 큰 공헌을 하는 것을 강조했다.

8-4 练习

　　在讨论促进包容性增长和全球治理议题时，习近平指出，当前形势下，最重要的是共同应对好世界经济下行风险，同时加快转变经济发展方式，主动寻找新的经济增长点。要维护全球和平与安全，以自身稳定和发展维护世界和平，也要推动国际社会以平等求安全·以发展促安全·以合作谋安全。

朝一体化大市场迈进

　　在讨论关于发展·一体化和工业化的伙伴关系议题时，习近平指出，金砖国家要朝着一体化大市场·多层次大流通·陆海空大联通·文化大交流的目标迈进。要加强宏观经济政策协调，并以金砖国家协调带动发展中国家合作，共同推动世界经济复苏和增长。要围绕创新增长主题，共同探索形成新的经济竞争优势。要加强基础设施建设合作，实现互联互通。要妥善处理合作和竞争的关系，谋求互利共赢。

　　习近平最后表示，今天的会晤传递了金砖国家求和平·谋发展·促合作·图共赢的积极信号，符合时代潮流。金砖国家合作继续走下去，有利于世界经济更加平衡·国际关系更加民主·全球经济治理更加完善。

단어 정리

- 讨论(tǎolùn)：图 토론하다.
- 包容(bāoróng)：图 포용하다. 너그럽게 감싸다. 수용하다.
- 性(xìng)：…성. …적.〔사물의 성질·성능·범위·방식 등을 나타냄〕1-12.
- 包容性(bāoróngxìng)：圐 포용성. 수용성. 圐 포용적인. 수용적인.
- 议题(yìtí)：圐 의제.
- 促进包容性增长：포용적인 성장을 촉진하다 → 포용적 성장(의) 촉진.
- 全球治理：전세계 관리.
- 促进包容性增长和全球治理议题：포용적 성장 촉진과 전세계 관리에 관한 의제
  → 포용적 성장 촉진과 전세계 관리의 의제.
- 当前(dāngqián)：현재. 1-6.
- 形势(xíngshì)：형세. 4-4.
- 应对(yìngduì)：응답하다. 대답하다. 대응하다. 대처하다. 7-四.
- 好(hǎo)：다. 잘. 4-四.
- 下行(xiàxíng)：图 하행하다. 내려가다. (공문서를) 내려보내다. 하달하다.
- 风险(fēngxiǎn)：위험(성). 모험. 1-12.
- 同时(tóngshí)：동시(에). 7-23.
- 转变(zhuǎnbiàn)：전변(하다). 바꾸다. 1-6.
- 方式(fāngshì)：방식. 1-6.
- 主动(zhǔdòng)：圐 주동적인. 자발적인. 자각적인. 능동적인.
- 寻找(xúnzhǎo)：图 찾다. 구하다.
- 增长点(zēngzhǎngdiǎn)：성장점. 증가점. 향상점. 신장점.
- 安全(ānquán)：안전. 5-9.
- 以(yǐ)：…(으)로(써). 1-13.
- 自身(zìshēn)：圙 자신. 본인.
- 求(qiú)：图 부탁하다. 청구하다. 추구하다. 찾다. 탐구하다. 요구되다. 필요로 하다.
- 促(cù)：图 재촉하다. 다그치다. 촉진하다. 圐 (시간이) 촉박하다. 다급하다.
- 谋(móu)：图 계획〔계책〕을 세우다. 기획하다. 도모〔강구, 꾀, 모색〕하다. 의논하다.
- 朝(cháo)：囝 …을 향하여. …쪽으로. 图 …을 마주하다. …(으)로 향하다.
- 市场(shìchǎng)：시장. 7-23.
- 迈进(màijìn)：图 돌진하다. 매진하다. 약진하다. 나아가다.
- 关于(guānyú)：…에 관해서. …에 관한. 3-8.
- 朝着(cháozhe)：…을 향해(서).

- 层次(céngcì) : 몡 단계. 순서. 차등. 차례. 층차. (서로 관련된) 각급 기구.
- 多层次 : 여러 단계. 여러 기구. 다차원.
- 流通(liútōng) : 유통되다. 소통되다. → (경제) 유통. 5-四.
- 陆海空(lùhǎikōng) : 몡 육해공. 땅·바다·하늘.
- 联通(liántōng) : 동 횡으로 연결하다〔잇다〕. 몡 횡적 연결.
- 文化(wénhuà) : 문화. 3-22.
- 交流(jiāoliú) : 서로 소통하다. 교류하다. → 교류. 4-四.
- 目标(mùbiāo) : 목표. 4-四.
- 带动(dàidòng) : 동 (이끌어) 움직이다. 이끌어 나가다. 선도하다. 움직이게 하다.
- 发展中国家(fāzhǎnzhōng guójiā) : 개발도상국. 개도국. 2-8.
- 复苏(fùsū) : 소생. 회복. 회생. 7-四.
- 围绕(wéirào) : …을 둘러싸다. …을 중심에 놓다. 1-9.
- 创新(chuàngxīn) : 혁신. 창의(성). 창조(성). → 혁신적인. 1-9.
- 创新增长主题 : 혁신적 성장의 주제.
- 探索(tànsuǒ) : 탐색〔탐구〕하다. 2-四.
- 形成(xíngchéng) : 형성하다. 구성하다. 1-9.
- 竞争(jìngzhēng) : 몡 동 경쟁(하다).
- 优势(yōushì) : 우세. 우위. 6-20.
- 竞争优势(jìngzhēng yōushì) : 경쟁우위.
- 互联(hùlián) : 몡 상호 연결.
- 互通(hùtōng) : 동 서로 통하다. 서로 교환하다. 몡 상호 교환. 상호 소통.
- 妥善(tuǒshàn) : 혱 나무랄 데 없다. 알맞다. 적절하다. 타당하다. → 적절하게.
- 处理(chǔlǐ) : 처리하다. 5-10.
- 最后(zuìhòu) : 혱 최후의. 맨 마지막의. 몡 최후. 제일 마지막. 끝.
- 表示(biǎoshì) : 표명하다. …의 의견에 의하면. 7-5.
- 传递(chuándì) : 동 (차례차례) 전달하다. 전하다. 건네다.
- 图(tú) : 몡 도모. 계획. 의도. 동 도모〔계획, 꾀, 강구〕하다. 꾸미다. 탐〔추구〕하다.
- 信号(xìnhào) : 몡 신호. 사인.
- 符合(fúhé) : 부합하다. 일치하다. 4-四.
- 潮流(cháoliú) : 조류. 추세. 풍조. 경향. 4-12.
- 走下去(zǒuxiàqù) : 진행해 나가다. 걸어 내려가다.
- 下去(xiàqù) : 동 동사 뒤에서, 지금부터 앞으로 계속 지속됨을 나타냄.
          동 동사 뒤에서, 고지〔근처〕에서 저지〔먼 곳〕로의 움직임을 나타냄.

번 역

포용적 성장 촉진과 전세계 관리의 의제를 토론할 때, 시진핑의 의견에 의하면, 현재 형세 하에서, 가장 중요한 것은 세계 경제의 하행 위험을 공동으로 잘 대처하고, 동시에 경제 발전 방식을 빠르게 변화시키고, 새로운 경제 성장점을 주동적으로 찾는 것이다. 전세계 평화와 안전을 수호하고, 자신의 안정과 발전으로써 세계 평화를 수호해야 하며, 또한 국제 사회가 평등으로써 안전을 구하고, 발전으로써 안전을 재촉하고, 협력으로써 안전을 도모하는 것을 촉진해야 한다.

통합의 큰 시장을 향해 매진한다

개발 · 통합 · 산업화의 동반자 관계에 관한 의제를 토론할 때, 시진핑의 의견에 의하면, 브릭스는 통합의 큰 시장, 여러 단계의 큰 유통, 육해공의 큰 횡적 연결, 문화의 큰 교류 등의 목표를 향해 매진해야 한다. 거시경제정책의 협조를 강화하고, 또한 브릭스의 협조로써 개발도상국의 협력을 선도하고, 세계 경제의 회복과 성장을 공동으로 촉진해야 한다. 혁신적 성장의 주제를 둘러싸고, 새로운 경제의 경쟁우위를 형성하는 것을 공동으로 탐색해야 한다. 기반시설 건설의 협력을 강화하고, 상호 연결과 상호 소통을 실현해야 한다. 협력과 경쟁의 관계를 적절하게 처리하고, 호혜 상생을 모색해야 한다.

시진핑은 마지막으로 오늘의 회의는 브릭스의 평화 추구 · 발전 모색 · 협력 촉진 · 상생 도모의 적극적 신호를 전달했고, 시대의 추세에 부합하며, 브릭스의 협력이 계속해서 진행해 나가면, 세계 경제가 더 균형잡히고 국제관계가 더 민주적이고 전세계 경제 관리가 더 완벽해지는 데 유리할 것이라고 표명했다.

제 9 과

中俄关系
중 · 러 관계

9-1 正文　中俄关系发展再添新动力

　　中国国家主席习近平24日结束了对友好邻邦俄罗斯的国事访问。俄罗斯成为习近平就任国家主席后出访的首个国家，充分体现了中国新领导层对中俄关系的高度重视，表明中俄全面战略协作伙伴关系的高水平和特殊性。

　　分析人士认为，习近平此访对中俄关系具有承前启后·继往开来的重大意义，为双边关系持续深入发展注入了新的强大动力。

　规划发展蓝图

　　访问期间，习近平与俄罗斯总统普京就两国如何加强相互支持·扩大各领域合作·密切在国际和地区事务中的协调配合深入交换了意见。通过与俄各界人士的广泛接触，习近平传递了中国政府和人民对俄罗斯政府和人民的深情厚谊。

　　中俄两国元首共同签署了《中华人民共和国和俄罗斯联邦关于合作共赢·深化全面战略协作伙伴关系的联合声明》，宣示了中俄就两国战略协作及重大国际问题的立场主张。

　　访问期间，中俄双方批准了《〈中华人民共和国和俄罗斯联邦睦邻友好合作条约〉实施纲要(2013年至2016年)》，以加强合作，共同提升两国的综合国力和国际竞争力。

　　习近平此访在俄罗斯掀起了一股"中国热"。俄各大媒体对习近平访问行程和中俄关系进行了大量报道，俄社会各界争相目睹中国新领导人的风采，对中俄关系发展前景普遍持乐观态度。

推进务实合作

目前中俄在发展双边关系方面面临的战略任务是把两国前所未有的高水平政治关系优势转化为经济·人文等领域的务实合作成果，更好地惠及两国人民。

习近平与普京会谈期间就务实合作进行了深入探讨。双方认为，中俄开展大规模经济合作时机和条件已经成熟。要从全局和长远角度，充分挖掘互补优势和发展潜力，重视加强经贸合作，共同提高各自经济实力和国际竞争力。

中俄在23日发表的联合声明中表示，要实现两国经济合作量和质的平衡发展，实现双边贸易额2015年前达到1000亿美元，2020年前达到2000亿美元，促进贸易结构多元化。

中俄近年来加强了人文领域交流，互办"国家年"·"语言年"等重大双边交流活动。去年举办的中国俄罗斯旅游年取得圆满成功。习近平此次访俄期间，俄罗斯中国旅游年在莫斯科盛大开幕，再次将双方人文合作推向高潮。

此外，习近平访俄期间，双方表示要重视青年交流，鼓励两国高校交往，增加互派留学生名额，在2014年和2015年互办中俄青年友好交流年。

* 출처: 新华网-2013年03月24日
http://news.xinhuanet.com/world/2013-03-24/c_115138146.htm

1-2 生词与解释

1) 中俄关系发展再添新动力

zhōng é guānxi fāzhǎn zài tiān xīn dònglì

중·러 관계 발전은 새 원동력을 다시 첨가하다

中(zhōng) : 뗑 중국.
俄(é) : 러시아. 4-18.
关系(guānxi) : 관계. 4-4.
发展(fāzhǎn) : 발전. 1-3.
再(zài) : 또. 다시. 2-四.
添(tiān) : 똥 보태다. 더하다. 증가하다. 덧붙이다. 첨가하다.
新(xīn) : 새로운. 6-四.
动力(dònglì) : 뗑 (일·사업 등을 추진시키는) 동력. 원동력.

2) 中国国家主席习近平24日结束了对友好邻邦俄罗斯的国事访问。

zhōngguó guójiā zhǔxí xí jìn píng èr shí sì rì jiéshù le duì yǒuhǎo línbāng éluósī de guóshì fǎngwèn.

중국 국가주석 시진핑은 24일 우호적 인접국 러시아에 대한 공식 방문을 종료했다.

国家主席(guójiā zhǔxí) : 국가주석. 2-2.
习近平(xí jìn píng) : 시진핑. 2-3.
结束(jiéshù) : 종료하다. 4-11.
对(duì) : …에 대한. 3-4.
友好(yǒuhǎo) : 우호적이다. 6-7.
邻邦(línbāng) : 뗑 이웃나라〔국가〕. 인방. 인접국.
俄罗斯(éluósī) : 러시아. 8-3.
国事(guóshì) : 뗑 국사. 국가대사. 나랏일.
访问(fǎngwèn) : 방문. 7-18.
国事访问(guóshì fǎngwèn) : 뗑 똥 공식 방문(하다).

3) 俄罗斯成为习近平就任国家主席后出访的首个国家，充分体现了中国新领导层对中俄关系的高度重视，表明中俄全面战略协作伙伴关系的高水平和特殊性。

러시아가 시진핑의 국가주석 취임 이후 최초 방문 국가로 된 것은, 충분히 중국 새 지도부의 중·러 관계에 대한 높은 중시를 구체적으로 드러냈고, 중·러 전반적 전략 협력 동반자 관계의 높은 수준과 특수성을 표명했다.

a) 俄罗斯成为习近平就任国家主席后出访的首个国家,

éluósī chéngwéi xí jìn píng jiùrèn guójiā zhǔxí hòu chūfǎng de shǒu gè guójiā,

러시아는 시진핑이 국가주석에 취임한 이후 방문한 최초의 국가로 되고

→ 러시아가 시진핑의 국가주석 취임 이후 최초 방문 국가로 된 것은,

成为(chéngwéi) : …이〔으로〕 되다. 2-4.

就任(jiùrèn) : 图 취임하다. (직무를) 맡다.

出访(chūfǎng) : 图 외국을 방문하러 가다. (출국해) 방문하다.

首(shǒu) : 图 시작. 최초. 처음. 머리. 우두머리. 수령. 수반. 지도자.

b) 充分体现了中国新领导层对中俄关系的高度重视,

chōngfēn tǐxiàn le zhōngguó xīn lǐngdǎocéng duì zhōng é guānxi de gāodù zhòngshì,

충분히 중국 새 지도부의 중·러 관계에 대한 높은 중시를 구체적으로 드러냈고,

充分(chōngfēn) : 충분히. 6-四.

体现(tǐxiàn) : 구현하다. 구체적으로 드러내다. 2-四.

领导层(lǐngdǎocéng) : 图 지도부. 지도층.

高度(gāodù) : 정도가 매우 높다. 1-16.

重视(zhòngshì) : 중시. 중요시. 1-11.

c) 表明中俄全面战略协作伙伴关系的高水平和特殊性。

biǎomíng zhōng é quánmiàn zhànlüè xiézuò huǒbàn guānxi de gāoshuǐpíng hé tèshūxìng.

중·러 전반적 전략 협력 동반자 관계의 높은 수준과 특수성을 표명했다.

表明(biǎomíng) : 표명하다. 4-四.

全面(quánmiàn) : 전반적이다. 전면적이다. 1-1.

战略(zhànlüè) : 전략. 1-3.

协作(xiézuò) : 图 힘을 모아 공동으로 완성하다. 협동〔협력, 협업〕하다. → 협력.

伙伴(huǒbàn) : 동반자. 7-2.

高水平(gāoshuǐpíng) : 높은 수준.

特殊性(tèshūxìng) : 图 특수성. 特殊(tèshū) : 6-四.

4) 分析人士认为, 习近平此访对中俄关系具有承前启后·继往开来的重大意义, 为双边关系持续深入发展注入了新的强大动力。

분석가의 의견에 의하면, 시진핑의 이번 방문은 중·러 관계에 대해 과거를 계승하여 미래를 개척하는 중대한 의의를 가지고 있고, 양자 관계의 지속적이고 깊은 발전을 위해 새롭고 강대한 원동력을 주입했다.

a) 分析人士认为,

fēnxī rénshì rènwéi,

분석가의 의견에 의하면,

分析人士(fēnxī rénshì)：분석가. 2-8.

人士(rénshì)：인사. 2-8.

认为(rènwéi)：여기다. 생각하다. 2-8.

b) 习近平此访对中俄关系具有承前启后·继往开来的重大意义,

xí jìn píng cǐ fǎng duì zhōng é guānxi jùyǒu chéngqiánqǐhòu · jìwǎngkāilái de zhòngdà yìyì,

시진핑의 이번 방문은 중·러 관계에 대해 과거를 계승하여 미래를 개척하는 중대한 의의를 가지고 있고,

此(cǐ)：이. 이것. 2-7.

访(fǎng)：방문. 7-3.

具有(jùyǒu)：가지다. 지니다. 구비하다. 1-3.

承前启后(chéngqiánqǐhòu)：(학문·사업 등) 선대의 유업을 계승 발전시키다.
　　　지나간 것을 이어받아 미래의 것을 창조해 나가다.

继往开来(jìwǎngkāilái)：과거를 계승하여 미래를 개척하다. 7-四.
　　　지난 날의 사업을 계승하여 앞길을 개척하다.

承前启后·继往开来：과거를 계승하여 미래를 개척하다.

重大(zhòngdà)：중대하다. 1-3.

意义(yìyì)：의미. 의의. 1-3.

c) 为双边关系持续深入发展注入了新的强大动力。

wèi shuāngbiān guānxi chíxù shēnrù fāzhǎn zhùrù le xīn de qiángdà dònglì.

양자 관계의 지속적이고 깊은 발전을 위해 새롭고 강대한 원동력을 주입했다.

为(wèi)：…하기 위하여. …을 위하여. 1-1.

双边(shuāngbiān)：양자. 쌍방. 양국. 7-10.

持续(chíxù)：지속하다. 지속적이다. 5-四.

深入(shēnrù)：깊다. 철저하다. 1-5.

注入(zhùrù)：[동] 주입[유입]하다. 부어 넣다. 흘러들어가다. 투자[투입]하다.

强大(qiángdà)：[형] 강대하다.

5) 规划发展蓝图

guīhuà fāzhǎn lántú

발전 미래상의 계획

　　規划(guīhuà) : 기획(하다). 계획(하다). 7-7.
　　蓝图(lántú) : 명 청사진. 설계도. (미래의) 계획〔구상〕. 미래상.
　　規划发展蓝图 : 발전 미래상(청사진)을 계획하다 → 발전 청사진(미래상)의 계획.

6) 访问期间，习近平与俄罗斯总统普京就两国如何加强相互支持·扩大
各领域合作·密切在国际和地区事务中的协调配合深入交换了意见。

fǎngwèn qījiān, xí jìn píng yǔ éluósī zǒngtǒng zǒngtǒng pǔjīng jiù liǎng guó rúhé
jiāqiáng xiānghù zhīchí · kuòdà gè lǐngyù hézuò · mìqiē zài guójì hé dìqū shìwù
zhōng de xiétiáo pèihé shēnrù jiāohuàn le yìjiàn.

방문기간에, 시진핑은 러시아 대통령 푸틴과 양국이 어떻게 상호 지지를 강화하고 각 영역의
협력을 확대하고 국제와 지역 사무 중에서의 협조 · 협동을 긴밀하게 하는가에 대해 의견을
깊게 교환했다.

　　期间(qījiān) : 명 기간. 시간.
　　与(yǔ) : …와. 3-四.
　　总统(zǒngtǒng) : 대통령. 7-2.
　　普京(pǔjīng) : 플라디미르 푸틴. 3-四.
　　就(jiù) : …에 대하여. …에 관하여. 5-2.
　　两国(liǎng guó) : 양국.
　　如何(rúhé) : 어떻게. 8-9.
　　加强(jiāqiáng) : 강화하다. 5-4.
　　相互(xiānghù) : 상호. 서로. 1-9.
　　支持(zhīchí) : 지지하다. 견디다. 4-16.
　　扩大(kuòdà) : 확대하다. 7-6.
　　各(gè) : 대 각. 여러. 갖가지. 여러 가지. 부 각자. 각기. 각각. 저마다.
　　领域(lǐngyù) : 영역. 분야. 범위. 7-四.
　　合作(hézuò) : 합작. 협력. 공동. 4-16.
　　密切(mìqiē) : 밀접하게 하다. 가깝게 하다. 4-四.
　　在(zài)…中(zhōng) : …(중)에서. 1-12.
　　国际(guójì) : 국제. 8-6.
　　地区(dìqū) : 지역. 지구. 6-18.
　　事务(shìwù) : 사무. 업무. 일. 6-15.
　　协调(xiétiáo) : 협조하다. 조화하다. 7-6.
　　配合(pèihé) : 협동〔협력, 호응〕하다. 호흡을 맞추다. 균형을 잡다. 8-20.
　　交换(jiāohuàn) : 동 교환하다. 매매하다. 서로 바꾸다.
　　意见(yìjiàn) : 명 견해. 의견. 이의. 불만. 반대.

7) 通过与俄各界人士的广泛接触, 习近平传递了中国政府和人民对俄罗斯政府和人民的深情厚谊。

러시아 각계 인사와의 광범한 접촉을 통해, 시진핑은 중국 정부와 국민의 러시아 정부와 국민에 대한 정답고 두터운 우정을 전달했다.

a) 通过与俄各界人士的广泛接触,

tōngguò yǔ é gèjiè rénshì de guǎngfàn jiēchù,

러시아 각계 인사와의 광범한 접촉을 통해,

通过(tōngguò) : ···에 의해. ···을 통해. 2-四.
各界(gèjiè) : 각계. 3-3.
广泛(guǎngfàn) : 광범(위)하다. 폭넓다. 1-四.
接触(jiēchù) : 몡 동 닿다. 접촉[접근](하다). 관계를 갖다. 교제[왕래](하다).

b) 习近平传递了中国政府和人民对俄罗斯政府和人民的深情厚谊。

xí jìn píng chuándì le zhōngguó zhèngfǔ hé rénmín duì éluósī zhèngfǔ hé rénmín de shēnqíng hòuyì.

시진핑은 중국 정부와 국민의 러시아 정부와 국민에 대한 정답고 두터운 우정을 전달했다.

传递(chuándì) : 전달하다. 건네다. 8-四.
政府(zhèngfǔ) : 정부. 3-12.
人民(rénmín) : 국민. 1-5.
深情(shēnqíng) : 몡 깊은 정. 깊은 친분. 깊은 감개. 혱 정이 두텁다. 정답다.
厚谊(hòuyì) : 몡 두터운[돈독한] 우정[우애·우의].
深情厚谊 : 정답고 두터운 우정. 깊고 두터운 정의(情谊).

8) 中俄两国元首共同签署了《中华人民共和国和俄罗斯联邦关于合作共赢·深化全面战略协作伙伴关系的联合声明》, 宣示了中俄就两国战略协作及重大国际问题的立场主张。

중·러 양국 국가원수는 〈중화인민공화국과 러시아 연방의 협력 상생·전반적 전략 협력 동반자 관계의 심화에 관한 공동성명〉을 공동으로 서명했고, 중·러의 양국 전략 협력과 중대 국제문제에 대한 입장·주장을 선언했다.

a) 中俄两国元首共同签署了《中华人民共和国和俄罗斯联邦关于合作共赢·深化全面战略协作伙伴关系的联合声明》,

zhōng é liǎng guó yuánshǒu gòngtóng qiānshǔ le 〈zhōnghuá rénmín gònghéguó hé éluósī liánbāng guānyú hézuò gòngyíng · shēnhuà quánmiàn zhànlüè xiézuò huǒbàn guānxi de liánhé shēngmíng〉,

중·러 양국 국가원수는 〈중화인민공화국과 러시아 연방의 협력 상생·전반적 전략 협력 동반자 관계의 심화에 관한 공동성명〉을 공동으로 서명했고,

元首(yuánshǒu) : 국가원수. 7-3.
共同(gòngtóng) : 공동으로. 함께. 다 같이. 4-7.
签署(qiānshǔ) : 몡 동 정식 서명(하다).
中华人民共和国(zhōnghuá rénmín gònghéguó) : 중화인민공화국. 중국. 6-2.
联邦(liánbāng) : 몡 연방(국).
关于(guānyú) : …에 관한. 3-8.
共赢(gòngyíng) : 상생. 8-9.
深化(shēnhuà) : 심화되다. 심화시키다. 1-6.
深化全面战略协作伙伴关系 : 전반적 전략 협력 동반자 관계를 심화시키다
　　　　　　　　　　　　　→ 전반적 전략 협력 동반자 관계의 심화.
联合声明(liánhé shēngmíng) : 공동성명(서). ≒联合公报(gōngbào).

b) 宣示了中俄就两国战略协作及重大国际问题的立场主张。

xuānshì le zhōng é jiù liǎng guó zhànlüè xiézuò jí zhòngdà guójì wèntí de lìchǎng zhǔzhāng.

중·러의 양국 전략 협력과 중대 국제문제에 대한 입장·주장을 선언했다.

宣示(xuānshì) : 동 공개적으로 표명하다. 선언〔포고, 공시, 선포, 공포〕하다.
问题(wèntí) : 문제. 1-12.
立场(lìchǎng) : 몡 입장. 태도. 관점.
主张(zhǔzhāng) : 주장. 견해. 8-4.

9) 访问期间, 中俄双方批准了《〈中华人民共和国和俄罗斯联邦睦邻友好合作条约〉实施纲要(2013年至2016年)》, 以加强合作, 共同提升两国的综合国力和国际竞争力。

방문기간에, 중·러 쌍방은 〈중화인민공화국과 러시아 연방의 선린우호 협력 조약의 실시 강령(2013년에서 2016년까지)〉을 비준했고, 이로써 협력을 강화하고, 양국의 종합 국력과 국제 경쟁력을 공동으로 향상시킨다.

a) 访问期间，中俄双方批准了《〈中华人民共和国和俄罗斯联邦睦邻友好合作条约〉实施纲要(2013年至2016年)》，

fǎngwèn qījiān, zhōng é shuāngfāng pīzhǔn le 〈zhōnghuá rénmín gònghéguó hé éluósī liánbāng mùlín yǒuhǎo hézuò tiáoyuē〉 shíshī gāngyào(èr líng yī sān nián zhì èr líng yī liù nián)〉,

방문기간에, 중·러 쌍방은 〈중화인민공화국과 러시아 연방의 선린우호 협력 조약의 실시 강령(2013년에서 2016년까지)〉을 비준했고,

批准(pīzhǔn) : 통 비준하다. 허가하다. 승인하다. 재가하다.
睦邻(mùlín) : 통 잘 지내다. 화목하게 지내다. 명 선린.
睦邻友好(mùlín yǒuhǎo) : 선린우호.
条约(tiáoyuē) : 명 조약.
实施(shíshī) : 실시하다. 실행하다. 5-13.
纲要(gāngyào) : 명 강령. 대요. 요지. 대강. 개요.
至(zhì) : 통 이르다. 도착하다. …까지 미치다. …에 이르다〔도달하다〕.

b) 以加强合作，共同提升两国的综合国力和国际竞争力。

yǐ jiāqiáng hézuò, gòngtóng tíshēng liǎng guó de zōnghé guólì hé guójì jìngzhēnglì.
이로써 협력을 강화하고, 양국의 종합 국력과 국제 경쟁력을 공동으로 향상시킨다.

以(yǐ) : 접 …하여. …함으로써. …하기 위하여. → 그래서. 그리하여.
　　　〔앞 문장은 결과를, 뒷 문장은 목적을 나타냄〕 1-13.
提升(tíshēng) : 높은 곳으로 운반하다. 향상시키다. 제고하다. 4-四.
综合(zōnghé) : 종합. 5-四.
国力(guólì) : 명 국력.
竞争力(jìngzhēnglì) : 경쟁력. 4-四.

10) 习近平此访在俄罗斯掀起了一股"中国热"。

xí jìn píng cǐ fǎng zài éluósī xiānqǐ le yìgǔ "zhōngguórè".
시진핑의 이번 방문은 러시아에서 "중국 열기"를 불러일으켰다.

掀起(xiānqǐ) : 통 열다. 들어올리다. 출렁거리다. 불러일으키다. 행동하게 하다.
一股(yìgǔ) : 한 가닥. 한 줄기. 한 몫.
股(gǔ) : 1.양 줄기. 〔맛·기체·냄새·힘 따위를 세는 단위〕
　　　 2.양 가닥. 줄기. 〔한 줄기를 이룬 물건을 세는 단위〕
　　　 3.양 무리. 패거리. 〔집단을 세는 단위〕
　　　 4.명 배당. 몫. 출자금.
中国热(zhōngguórè) : 중국 열풍〔열기, 과열〕. 중국붐.
热(rè) : 1.형 덥다. 뜨겁다. 유행하다. 인기 있다. 통 가열하다. 데우다.
　　　 2.명 …붐. …열풍. 유행.

11) 俄各大媒体对习近平访问行程和中俄关系进行了大量报道, 俄社会各
界争相目睹中国新领导人的风采, 对中俄关系发展前景普遍持乐观态度。

러시아 각 대형 대중매체는 시진핑 방문 여정과 중·러 관계에 대해 많이 보도했고, 러시아 사회 각계는 중국 새 지도자의 풍채를 다투어 목도하며, 중·러 관계의 발전 장래에 대해 낙관적 태도를 보편적으로 지녔다.

a) 俄各大媒体对习近平访问行程和中俄关系进行了大量报道,

é gè dà méitǐ duì xí jìn píng fǎngwèn xíngchéng hé zhōng é guānxi jìnxíng le dàliàng bàodào,

러시아 각 대형 대중매체는 시진핑 방문 여정과 중·러 관계에 대해 많이 보도했고,

媒体(méitǐ) : 대중매체. 7-18.
行程(xíngchéng) : 몡 노정. 여정. 길. 진행 과정. 진도. 추이.
进行(jìnxíng) : 진행하다. …하다. 1-2.
大量(dàliàng) : 대량의. 다량의. 많은 양의. 2-11.
报道(bàodào) : 보도. 2-9.
进行大量报道 : 많은 보도를 진행하다 → 많이 보도하다.

b) 俄社会各界争相目睹中国新领导人的风采,

é shèhuì gèjiè zhēngxiāng mùdǔ zhōngguó xīn lǐngdǎorén de fēngcǎi,

러시아 사회 각계는 중국 새 지도자의 풍채를 다투어 목도하며,

社会(shèhuì) : 사회. 1-9.
争相(zhēngxiāng) : 뷔 다투어 …을 하다.
目睹(mùdǔ) : 직접 보다. 목도하다.
领导人(lǐngdǎorén) : 지도자. 리더. 2-2.
风采(fēngcǎi) : 몡 풍채. 풍모. 기품. 문예 방면의 재능.

c) 对中俄关系发展前景普遍持乐观态度。

duì zhōng é guānxi fāzhǎn qiánjǐng pǔbiàn chí lèguān tàidù.

중·러 관계의 발전 장래에 대해 낙관적 태도를 보편적으로 지녔다.

前景(qiánjǐng) : 몡 장래. 앞날. 가장 가까운 경물.
普遍(pǔbiàn) : 휑 보편적인. 일반적인. 전면적인. 널리 퍼져 있는.
持(chí) : 동 가지다. 주장하다. 지니다〔품다〕. 주관〔처리〕하다. 견지〔지지〕하다.
乐观(lèguān) : 휑 낙관적이다. 희망차다. 긍정적이다.
态度(tàidù) : 태도. 5-4.

12) 推进务实合作
tuījìn wùshí hézuò
실용적 협력의 추진

推进(tuījìn)：추진하다. 1-5.
务实(wùshí)：실용적인. 7-11.
推进务实合作：실용적 협력을 추진하다 → 실용적 협력의 추진.

13) 目前中俄在发展双边关系方面面临的战略任务是把两国前所未有的高水平政治关系优势转化为经济·人文等领域的务实合作成果，更好地惠及两国人民。

현재 중·러가 양자 관계의 발전 방면에서 직면한 전략적 임무는 양국의 역사상 유례가 없는 높은 수준의 정치관계 장점을 경제·인문 등 영역의 실용적 협력 성과로 전환시키고, 양국 국민에게 더 좋게 혜택을 주는 것이다.

a) 目前中俄在发展双边关系方面面临的战略任务是把两国前所未有的高水平政治关系优势转化为经济·人文等领域的务实合作成果，

mùqián zhōng é zài fāzhǎn shuāngbiān guānxi fāngmiàn miànlín de zhànlüè rènwu shì bǎ liǎng guó qiánsuǒwèiyǒu de gāoshuǐpíng zhèngzhì guānxi yōushì zhuǎnhuà wéi jīngjì · rénwén děng lǐngyù de wùshí hézuò chéngguǒ,

현재 중·러가 양자 관계의 발전 방면에서 직면한 전략적 임무는 양국의 역사상 유례가 없는 높은 수준의 정치관계 장점을 경제·인문 등 영역의 실용적 협력 성과로 전환시키고,

目前(mùqián)：현재. 6-21.
在(zài)···方面(fāngmiàn)：···방면〔분야, 영역〕에서. 3-6.
发展双边关系：양자 관계를 발전시키다 → 양자 관계의 발전.
面临(miànlín)：직면하다. 당면하다. 1-12.
任务(rènwu)：임무. 1-5.
把(bǎ)：···을. 1-14.
前所未有(qiánsuǒwèiyǒu)：역사상 유례가 없다. 4-6.
政治(zhèngzhì)：정치. 2-10.
优势(yōushì)：우세. 우위. 장점. 6-20.
转化(zhuǎnhuà)：통 전화하다. 바꾸다. 전환하다〔시키다〕.
经济(jīngjì)：경제. 2-四.
人文(rénwén)：명 인문. 인류 사회의 각종 문화 현상.
等(děng)：명 등급. 조 등. 따위. 통 (···까지) 기다리다.
成果(chéngguǒ)：성과. 결과. 3-17.

b) 更好地惠及两国人民。

gènghǎodi huìjí liǎng guó rénmín.
양국 국민에게 더 좋게 혜택을 주는 것이다.

更好地(gènghǎodi) : 더 좋게.
更好(gènghǎo) : …을 하는 것이 좋다. 더 좋다.
惠及(huìjí) : 동 (…에게) 은혜가〔혜택이〕 미치다. …에게 혜택을 주다.

14) 习近平与普京会谈期间就务实合作进行了深入探讨。

xí jìn píng yǔ pǔjīng huìtán qījiān jiù wùshí hézuò jìnxíng le shēnrù tàntǎo.
시진핑과 푸틴은 회담기간에 실용적 협력에 대해 깊은 토론을 진행했다.

会谈(huìtán) : 회담. 7-四.
探讨(tàntǎo) : 동 연구 토론하다. 탐구하다. 조사하다. 연구하다.
进行探讨 : 토론을 진행하다 → 토론하다.

15) 双方认为，中俄开展大规模经济合作时机和条件已经成熟。

shuāngfāng rènwéi, zhōng é kāizhǎn dàguīmó jīngjì hézuò shíjī hé tiáojiàn yǐjīng chéngshú.
쌍방의 생각에 의하면, 중·러가 대규모 경제 협력을 전개하는 시기와 조건이 이미 성숙하여,

开展(kāizhǎn) : 동 전개〔확대〕되다. 확대시키다. 펼치다. (전시회) 열리다.
大规模(dàguīmó) : 형 대규모의. 대량의.
时机(shíjī) : 명 시기. 기회. 때.
条件(tiáojiàn) : 조건. 기준. 표준. 7-22.
中俄开展大规模经济合作时机和条件 : 중·러가 대규모 경제 협력을 전개하는 시기
와 조건.
成熟(chéngshú) : 형 성숙하다. 익다. 여물다. 완숙되다. 무르익다. 숙련되다.

16) 要从全局和长远角度，充分挖掘互补优势和发展潜力，重视加强经贸合作，共同提高各自经济实力和国际竞争力。

전체 국면과 장구적 관점에서, 상호 보완적 장점과 발전 잠재력을 충분히 발굴하고, 경제·무역의 강화를 중시하고, 각자의 경제 실력과 국제 경쟁력을 공동으로 향상시켜야 한다.

⊙ a) 要从全局和长远角度，充分挖掘互补优势和发展潜力，

yào cóng quánjú hé chángyuǎn jiǎodù, chōngfēn wājué hùbǔ yōushì hé fāzhǎn qiánlì,

전체 국면과 장구적 관점에서, 상호 보완적 장점과 발전 잠재력을 충분히 발굴하고, …해야 한다

要(yào) : (마땅히) …해야(만) 한다. …할 것이다. …하려 하고 있다. 3-21.
从(cóng) : 개 …부터. …을 기점으로. …을. …에 의거하여. 동 따르다. 좇다.
全局(quánjú) : 명 전체 국면. 대세. 1-16.
长远(chángyuǎn) : (미래에) 길다. 장대〔장구〕하다. (과거에) 오래 되다. 7-四.
角度(jiǎodù) : 명 각도. → 관점.
挖掘(wājué) : 동 파(내)다. 캐다. 찾아내다. 발굴하다. 명 발굴.
互补(hùbǔ) : 서로 보충하여 보완하다. (상호) 보완. 7-四.
互补优势(yōushì) : 상호 보완적 장점.
潜力(qiánlì) : 명 잠재능력. 잠재력. 저력.

⊙ b) 重视加强经贸合作，

zhòngshì jiāqiáng jīngmào hézuò

경제 · 무역의 강화를 중시하고,

经贸(jīngmào) : 경제 · 무역. 7-6.

⊙ c) 共同提高各自经济实力和国际竞争力。

gòngtóng tígāo gèzì jīngjì shílì hé guójì jìngzhēnglì.

각자의 경제 실력과 국제 경쟁력을 공동으로 향상시키다.

提高(tígāo) : 제고하다. 향상시키다. 5-13.
各自(gèzì) : 각자. 7-13.
实力(shílì) : 실력. 힘. 6-四.

17) 中俄在23日发表的联合声明中表示，要实现两国经济合作量和质的平衡发展，实现双边贸易额2015年前达到1000亿美元，2020年前达到2000亿美元，促进贸易结构多元化。

중 · 러는 23일 발표된 공동성명에서, 양국 경제 협력의 양과 질의 균형적 발전을 실현하고, 양자 무역액이 2015년 이전에 1천억 달러에 도달하고, 2020년 이전에 2천억 달러에 도달하는 것을 실현하고, 무역 구조의 다원화를 촉진할 것이라고 표명했다.

a) 中俄在23日发表的联合声明中表示，

zhōng é zài èr shí sān rì fābiǎo de liánhé shēngmíng zhōng biǎoshì,

중 · 러는 23일 발표된 공동성명에서 …라고 표명했다

> 表示(biǎoshì) : 나타내다. 표명하다. 7-5.

b) 要实现两国经济合作量和质的平衡发展，

yào shíxiàn liǎng guó jīngjì hézuò liàng hé zhì de pínghéng fāzhǎn,

양국 경제 협력의 양과 질의 균형적 발전을 실현하고, …할 것이다

> 量(liàng) : 명 수량. 양. 분량. 용량. 통 짐작하다. 헤아리다. 무게를 달다.
> 量(liáng) : 통 재다. 측정하다. 달다. 짐작하다. 추측하다.
> 质(zhì) : 명 질. 품질. 물질. 성질. 본질.
> 平衡(pínghéng) : 균형이 맞다. 균형잡히다. → 균형적인. 8-15.

c) 实现双边贸易额2015年前达到1000亿美元，2020年前达到2000亿美元，

shíxiàn shuāngbiān màoyìè èr líng yī wǔ nián qián dádào yī qiān yì měiyuán, èr líng èr líng nián qián dádào èr qiān yì měiyuán,

양자 무역액이 2015년 이전에 1천억 달러에 도달하고, 2020년 이전에 2천억 달러에 도달하는 것을 실현하고,

> 贸易额(màoyìè) : 무역액. 7-12.
> 达到(dádào) : 통 달성하다. 도달하다. 이르다.
> 亿(yì) : 억. 7-12.
> 美元(měiyuán) : 미국 달러. 7-12.

d) 促进贸易结构多元化。

cùjìn màoyì jiégòu duōyuánhuà.

무역 구조의 다원화를 촉진한다.

> 促进(cùjìn) : 촉진시키다. 촉진하다. 재촉하다. 1-9.
> 结构(jiégòu) : 구조. 구성. 조직. 5-9.
> 多元化(duōyuánhuà) : 통 다원화하다. 명 다원화.

18) 中俄近年来加强了人文领域交流，互办"国家年" · "语言年"等重大双边交流活动。

중 · 러는 최근 인문 영역의 교류를 강화했고, "국가의 해" · "언어의 해" 등 중대한 양자 교류 활동을 서로 거행했다.

a) 中俄近年来加强了人文领域交流,

zhōng é jìnniánlái jiāqiáng le rénwén lǐngyù jiāoliú,

중 · 러는 최근 인문 영역의 교류를 강화했고,

近年来(jìnniánlái) : 요 몇 년 사이. 최근(에). 6-四.
交流(jiāoliú) : 서로 소통하다. 교류하다. 4-四.

b) 互办"国家年" · "语言年"等重大双边交流活动。

hù bàn "guójiā nián" · "yǔyán nián" děng zhòngdà shuāngbiān jiāoliú huódòng.

"국가의 해" · "언어의 해" 등 중대한 양자 교류 활동을 서로 거행했다.

互(hù) : 〔부〕 서로.
办(bàn) : 〔동〕 처리〔취급〕하다. 하다. 처벌〔운영, 마련〕하다. 거행〔개최〕하다.
互办(hù bàn) : 서로 거행하다.
国家年(guójiā nián) : 국가의 해.
语言年(yǔyán nián) : 언어의 해.
活动(huódòng) : 활동. 3-3.

19) 去年举办的中国俄罗斯旅游年取得圆满成功。

qùnián jǔbàn de zhōngguó éluósī lǚyóu nián qǔdé yuánmǎn chénggōng.

작년 거행한 중국 · 러시아 여행의 해는 원만한 성공을 거두었다.

去年(qùnián) : 작년. 3-10.
举办(jǔbàn) : 거행하다. 개최하다. 7-4.
旅游年(lǚyóu nián) : 여행의 행.
取得(qǔdé) : 얻다. 거두다. 7-4.
圆满(yuánmǎn) : 〔형〕 원만하다. 완벽하다. 훌륭하다. 충분하다.
成功(chénggōng) : 성공. 1-6.

20) 习近平此次访俄期间, 俄罗斯中国旅游年在莫斯科盛大开幕, 再次将双方人文合作推向高潮。

시진핑의 이번 방러 기간에, 러시아 · 중국 여행의 해가 모스크바에서 성대히 개막되어, 거듭 쌍방의 인문 협력을 정점으로 끌어올렸다.

a) 习近平此次访俄期间, 俄罗斯中国旅游年在莫斯科盛大开幕,

xí jìn píng cǐ cì fǎng é qījiān, éluósī zhōngguó lǚyóu nián zài mòsīkē shèngdà kāimù,

시진핑의 이번 방러 기간에, 러시아 · 중국 여행의 해가 모스크바에서 성대히 개막되어,

访俄(fǎng é) : 러시아 방문. 방러.

莫斯科(mòsīkē) : 몡 모스크바(러시아의 수도).

盛大(shèngdà) : 톙 성대하다. 대단하다. 혁혁하다. →성대히.

开幕(kāimù) : 통 개막하다. 막을 열다. 시작되다. 시작하다.

b) 再次将双方人文合作推向高潮。

zàicì jiāng shuāngfāng rénwén hézuò tuīxiàng gāocháo.

거듭 쌍방의 인문 협력을 정점으로 끌어올렸다.

再次(zàicì) : 재차. 거듭. 7-3.

将(jiāng) : 장차. 곧. 막. …하게 될 것이다. 2-8.

推向(tuīxiàng) : 통 일정한 방향으로 밀다〔추진하다〕. 끌어올리다.

高潮(gāocháo) : 몡 만조. (최)고조. 클라이맥스. 절정. 정점. 극치. 최고점.

21) 此外，习近平访俄期间，双方表示要重视青年交流，鼓励两国高校交往，增加互派留学生名额，在2014年和2015年互办中俄青年友好交流年。

이 밖에, 시진핑의 방러 기간에, 쌍방은 젊은이의 교류를 중시하고, 양국 고등교육기관의 왕래를 격려하고, 상호 파견 유학생의 정원을 증가하며, 2014년과 2015년에 중·러 청년 우호 교류의 해를 상호 거행할 것이라고 표명했다.

a) 此外，习近平访俄期间，双方表示要重视青年交流，

cǐwài, xí jìn píng fǎng é qījiān, shuāngfāng biǎoshì yào zhòngshì qīngnián jiāoliú,

이 밖에, 시진핑의 방러 기간에, 쌍방은 젊은이의 교류를 중시하고, …할 것이다. …라고 표명했다

此外(cǐwài) : 이 외에. 이 밖에.

青年(qīngnián) : 몡 청년. 젊은이.

b) 鼓励两国高校交往，增加互派留学生名额，

gǔlì liǎng guó gāoxiào jiāowǎng, zēngjiā hùpài liúxuéshēng míngé,

양국 고등교육기관의 왕래를 격려하고, 상호 파견 유학생의 정원을 증가하며,

鼓励(gǔlì) : 격려하다. 7-16.

高校(gāoxiào) : 몡 고등교육기관. 대학교.

交往(jiāowǎng) : 왕래. 교제. 교류. 6-7.

增加(zēngjiā) : 증가하다. 더하다. 1-四.

互派(hùpài) : 통 상호 파견하다.

留学生(liúxuéshēng) : 몡 유학생.

名额(míngé) : 정원. 인원 수. 1-四.

c) 在2014年和2015年互办中俄青年友好交流年。

zài èr líng yī sì nián hé èr líng yī wǔ nián hùbàn zhōng é qīngnián yǒuhǎo jiāoliú nián.

2014년과 2015년에 중·러 청년 우호 교류의 해를 상호 거행하다.

9-3 번역   중·러 관계 발전은 새 원동력을 다시 첨가하다

중국 국가주석 시진핑은 24일 우호적 인접국 러시아에 대한 공식 방문을 종료했다. 러시아가 시진핑의 국가주석 취임 이후 최초 방문 국가로 된 것은, 충분히 중국 새 지도부의 중·러 관계에 대한 높은 중시를 구체적으로 드러냈고, 중·러 전반적 전략 협력 동반자 관계의 높은 수준과 특수성을 표명했다.

분석가의 의견에 의하면, 시진핑의 이번 방문은 중·러 관계에 대해 과거를 계승하여 미래를 개척하는 중대한 의의를 가지고 있고, 양자 관계의 지속적이고 깊은 발전을 위해 새롭고 강대한 원동력을 주입했다.

발전 미래상의 계획

방문기간에, 시진핑은 러시아 대통령 푸틴과 양국이 어떻게 상호 지지를 강화하고 각 영역의 협력을 확대하고 국제와 지역 사무 중에서의 협조·협동을 긴밀하게 하는가에 대해 의견을 깊게 교환했다. 러시아 각계 인사와의 광범한 접촉을 통해, 시진핑은 중국 정부와 국민의 러시아 정부와 국민에 대한 정답고 두터운 우정을 전달했다.

중·러 양국 국가원수는 〈중화인민공화국과 러시아 연방의 협력 상생·전반적 전략 협력 동반자 관계의 심화에 관한 공동성명〉을 공동으로 서명했고, 중·러의 양국 전략 협력과 중대 국제문제에 대한 입장·주장을 선언했다.

방문기간에, 중·러 쌍방은 〈중화인민공화국과 러시아 연방의 선린우호 협력 조약의 실시 강령(2013년에서 2016년까지)〉을 비준했고, 이로써 협력을 강화하고, 양국의 종합 국력과 국제 경쟁력을 공동으로 향상시킨다.

시진핑의 이번 방문은 러시아에서 "중국 열기"를 불러일으켰다. 러시아 각 대형 대중매체는 시진핑 방문 여정과 중·러 관계에 대해 많이 보도했고, 러시아 사회 각계는 중국 새 지도자의 풍채를 다투어 목도하며, 중·러 관계의 발전 장래에 대해 낙관적 태도를 보편적으로 지녔다.

실용적 협력의 추진

현재 중·러가 양자 관계의 발전 방면에서 직면한 전략적 임무는 양국의 역사상 유례가 없는 높은 수준의 정치관계 장점을 경제·인문 등 영역의 실용적 협력 성과로 전환시키고, 양국 국민에게 더 좋게 혜택을 주는 것이다.

시진핑과 푸틴은 회담기간에 실용적 협력에 대해 깊은 토론을 진행했다. 쌍방의 생각에 의하면, 중·러가 대규모 경제 협력을 전개하는 시기와 조건이 이미 성숙하여, 전체 국면과 장구적 관점에서, 상호 보완적 장점과 발전 잠재력을 충분히 발굴하고, 경제·무역의 강화를 중시하고, 각자의 경제 실력과 국제 경쟁력을 공동으로 향상시켜야 한다.

중·러는 23일 발표된 공동성명에서, 양국 경제 협력의 양과 질의 균형적 발전을 실현하고, 양자 무역액이 2015년 이전에 1천억 달러에 도달하고, 2020년 이전에 2천억 달러에 도달하는 것을 실현하고, 무역 구조의 다원화를 촉진할 것이라고 표명했다.

중·러는 최근 인문 영역의 교류를 강화했고, "국가의 해"·"언어의 해" 등 중대한 양자 교류 활동을 서로 거행했다. 작년 거행한 중국·러시아 여행의 해는 원만한 성공을 거두었다. 시진핑의 이번 방러 기간에, 러시아·중국 여행의 해가 모스크바에서 성대히 개막되어, 거듭 쌍방의 인문 협력을 정점으로 끌어올렸다.

이 밖에, 시진핑의 방러 기간에, 쌍방은 젊은이의 교류를 중시하고, 양국 고등교육 기관의 왕래를 격려하고, 상호 파견 유학생의 정원을 증가하며, 2014년과 2015년에 중·러 청년 우호 교류의 해를 상호 거행할 것이라고 표명했다.

9-4 练习

中俄关系前景广阔

经过双方20多年的不懈努力，中俄关系已发展成为全面战略协作伙伴关系。双方彻底解决了历史遗留的边界问题，政治关系基础牢固，双边贸易额迅猛增长，人文交流蓬勃发展，在国际舞台上的战略协作更加密切。

习近平不久前在接受金砖国家媒体联合采访时说，中俄互为最主要·最重要的战略协作伙伴，两国关系在各自外交全局和对外政策中都占据优先地位。

普京在会谈时表示，两国都致力于国家发展振兴，共同利益广泛，合作前景广阔。事实证明，俄中全面战略协作伙伴关系符合人民利益，也成为当今国际关系中的重要积极因素。俄方愿加强两国战略合作。

中俄关系能够实现并继续保持健康稳定发展，得益于两国政府在积极发展中俄关系方面形成高度共识。双方将恪守2001年签署的《中俄睦邻友好合作条约》的原则和精神，把平等信任·相互支持·共同繁荣·世代友好的全面战略协作伙伴关系提升至新阶段，将此作为本国外交的优先方向。

《中俄睦邻友好合作条约》将两国和两国人民"世代友好·永不为敌"的和平思想和"不结盟·不对抗·不针对第三"的外交理念以法律形式固定下来，确立了新型国家关系。该条约以及两国根据该条约精神和时代发展新要求签署的一系列重要文件确保了中俄关系始终会在一条稳定·健康·正确的轨道上不断前行。

단어 정리

- 广阔(guǎngkuò)：형 넓다. 광활하다.
- 多(duō)：㉾ (수량사 뒤에 쓰여) …남짓. …여.
- 不懈(búxiè)：형 게으르지 않다. 꾸준하다.
- 成为(chéngwéi)：…(으)로 되다. 2-4.
- 彻底(chèdǐ)：형 철저하다. 철저히 하다.
- 遗留(yíliú)：동 남겨 놓다. 남기다. 남아 있다.
- 边界(biānjiè)：명 경계선. (토지의) 경계. 범위. 국경선.
- 牢固(láogù)：견고하다. 5-10.
- 迅猛(xùnměng)：형 갑작스럽고〔빠르고〕맹렬하다. 날쌔고 사납다. 급격하다.
- 蓬勃(péngbó)：형 번영〔번창·창성〕하다. 왕성하다. 활기 있다. 생기가 넘치다.
- 不久前(bùjiǔqián)：얼마 전(에).
- 接受(jiēshòu)：동 받아들이다. 받다. 수락하다. 접수하다. 영수하다.
- 联合(liánhé)：명 동 연합〔결합, 단결〕(하다). 형 연합한. 공동의. 여럿의.
- 采访(cǎifǎng)：동 탐방하다. 인터뷰하다. 취재하다.
- 接受采访：인터뷰를 받다. 인터뷰에 응하다.
- 互为(hùwéi)：동 서로 …(의 관계)가 되다.
- 全局(quánjú)：전체 국면. 대세. 1-16
- 对外政策(duìwài zhèngcè)：명 대외정책.
- 占据(zhānjù)：동 점거하다. 점유하다.
- 优先地位(yōuxiān dìwèi)：우선적 지위. 우선 순위.
- 证明(zhèngmíng)：동 증명하다. 명 증명. 증서. 증명서.
- 事实证明(shìshí zhèngmíng)：사실이 …을 증명하다. …을 사실로(써) 증명하다.
- 当今(dāngjīn)：오늘날. 현재. 1-5.
- 积极(jījí)：적극적이다. 긍정적이다. 6-17.
- 健康(jiànkāng)：건강하다. 건전하다. 정상이다. 5-四.
- 得益(déyì)：동 이익을 얻다. 도움을 받다. 덕을 입다.
- 得益于(déyìyú)：…덕분이다.
- 高度(gāodù)：고도. 매우 높다. 1-16.
- 共识(gòngshí)：공통 인식. 7-10.
- 恪守(kèshǒu)：동 철저히 지키다. 준수하다. 엄수하다. 충실히 지키다.
- 信任(xìnrèn)：동 신임하다. 신뢰하다. 믿고 맡기다.
- 世代(shìdài)：명 여러 대. 대대. 세대. 연대.

- 世代友好 : 대대로 우호적이다.
- 提升(tíshēng) : 높은 곳으로 운반하다. 향상시키다. 제고하다. 4-四.
- 作为(zuòwéi) : …으로 삼다. …로 하다. 3-13.
- 永(yǒng) : 형 길다. 오래다. 부 영원히. 언제까지나. 늘.
- 敌(dí) : 명 적(수). 상대. 형 적대적인. (힘이) 비슷하다. 서로 맞먹다. 필적하다.
- 永不为敌(yǒngbùwéidí) : 영원히 적수가 되지 않다.
- 结盟(jiéméng) : 통 동맹〔맹약〕을 체결하다. 결맹하다.
- 不结盟 : 비동맹.
- 对抗(duìkàng) : 통 대항〔저항〕하다. 적대시하다. 대치〔대립〕하다. → 적대적이다.
- 不对抗 : 적대시하지 않다. 적대적이지 않다. → 비적대(非敌对).
- 针对(zhēnduì) : 통 겨누다. 조준하다. 초점을 맞추다.
- 第三国(dìsānguó) : 제3국.
- 不针对第三国 : 제3국을 겨누지 않다.
- 外交(wàijiāo) : 명 외교.
- 固定(gùdìng) : 형 고정되다(하다). 불변하다. 정착하다(시키다).
- 文件(wénjiàn) : 명 공문·서류·서신 등의 총칭. 파일. 기록철. 문건. 문장. 문헌.
- 轨道(guǐdào) : 명 궤도. 궤적. 철로. 선로.
- 前行(qiánxíng) : 통 앞으로 나아가다.

번 역

중 · 러 관계의 앞날은 광활하다

쌍방의 20여 년의 구준한 노력을 통해, 중 · 러 관계는 전반적 전략 협력 동반자 관계로 이미 발전했다. 쌍방은 역사가 남겨 놓은 국경문제를 철저히 해결했고, 정치관계의 기초는 견고하고, 양국 무역액은 급격하게 성장하고, 인문 교류는 왕성하게 발전하고, 국제 무대에서의 전략적 협력은 더욱 밀접하다.

시진핑은 얼마 전 브릭스 대중매체의 공동 인터뷰에 응할 때, 중국 · 러시아는 서로 가장 주요하고 중요한 전략적 협력 동반자가 되고, 양국 관계는 각자의 외교 대세와 대외정책에서 모두 우선적 지위를 접한다고 말했다.

회담할 때 푸틴의 의견에 의하면, 양국은 모두 국가 발전의 진흥에 노력하고, 공동 이익은 광범하고, 협력의 앞날은 광활하다. 러 · 중의 전반적 전략 협력 동반자 관계는 양국 국민 이익에 부합하고, 또한 오늘날 국제관계 중에서의 중요한 긍정적 요소가 되고, 러시아 측이 양국 간의 전략적 협력의 강화를 희망하는 것을 사실로써 증명했다.

중 · 러 관계가 정상적이고 안정적인 발전을 실현하고 아울러 계속 유지할 수 있는 것은, 중 · 러 관계를 적극적으로 발전시키는 방면에서 양국 정부가 고도의 공통 인식을 형성한 덕분이다. 쌍방은 장차 2001년 서명한 〈중 · 러 선린우호협력조약〉의 원칙과 정신을 엄수하고, 평등 · 신뢰하고 상호 지지하고 공동 번영하고 대대로 우호적인 전반적 전략 협력 동반자 관계를 새 단계로 향상시키고, 이를 본국 외교의 우선 방향으로 삼을 것이다.

〈중 · 러 선린우호협력조약〉은 양국과 양국 국민의 "대대로 우호적이고 영원히 적수가 되지 않는" 평화사상과 "비동맹 · 비적대 · 제3국을 겨누지 않는" 외교이념을 법률 형식으로써 정착시켰고, 새 형식의 국가 관계를 확립했다. 이 조약 그리고 양국이 이 조약의 정신과 시대 발전의 새 요구에 근거하여 서명한 일련의 중요 문건은, 중 · 러 관계가 시종 안정적 · 정상적 · 정확한 궤도 위에서 부단히 앞으로 나아갈 수 있음을 확보했다.

제10과

中美关系

중·미 관계

10-1 正文 习奥会：开创中美关系新格局

当地时间6月7日~8日，中国国家主席习近平在美国加利福尼亚州安纳伯格庄园与美国总统奥巴马举行了会晤。此次会晤不仅是两国政府换届后中美元首第一次面对面接触和交流，也是中美高层交往的一个创举。

没有欢迎仪式，没有21响礼炮，不打领带；有的是两场会晤，一次晚宴，一起散步，两位元首落座在同一把加州红杉木长椅上的促膝交谈。超过8小时的会晤和交流，习奥谈话内容既包含各自国内情况和治国理政经验，也有中美关系和国际地区问题；既有政治安全问题，也有经济金融问题；既有双边问题，也有网络安全·气候变化等全球性问题；既谈合作，也不回避分歧，不求面面俱到，但求深入坦诚。

这场不讲形式但求实效的中美高层交流无论是互动的时间和质量，还是交流的深度和广度，都前所未有，反映了双方对中美关系的高度重视，适应了新时期中美关系发展的需要，体现了中美关系的战略意义和全球影响。

成果超乎想象
国务委员杨洁篪总结了习奥会的七大成果：
一是双方相互介绍了本国的国内情况和政府的执政理念。
二是两国元首均强调了中美关系的重要性，双方同意共同努力构建新型大国关系，相互尊重·合作共赢，造福两国人民和世界人民。

　　三是双方同意加强各层次对话沟通，不断增进相互理解与信任，双方将共同推动将于今夏举行的第五轮中美战略与经济对话·第四次中美人文交流高层磋商取得积极务实成果。中国国防部长和外交部长将应邀适时访美。

　　四是双方同意不断加强两国在经贸·投资·能源·环境·人文·地方等领域务实合作，深化全方位利益交融格局；同意就气候变化·网络安全问题加强对话与合作，充分发挥好有关工作组的作用。双方均强调了改善和发展两军关系的重要性，愿推进中美新型军事关系建设。中方将应邀参加2014年太平洋军演。

　　五是习近平重申了中方在台湾问题上的原则立场，强调台湾问题涉及13亿中国人民的民族感情，希望美方恪守中美三个联合公报，坚持一个中国政策，以实际行动支持两岸关系的和平发展，停止售台武器。

　　六是两国元首就亚太地区形势和中美在亚太的互动交换了意见。双方认为应加强沟通协调，减少摩擦，努力形成良性互动格局，给中美以及整个地区带来发展机遇。

　　七是两国元首同意继续深化中美在多边机构内的合作，在国际和地区热点问题上保持密切协调和配合，进一步加强在全球性问题上的合作，为促进世界的和平·稳定与繁荣发挥积极作用。

＊ 출처: 国际商报-2013年06月13日
http://news.hexun.com/2013-06-13/155112453.html

10-2 生词与解释

1) 习奥会：开创中美关系新格局

xí ào huì : kāichuàng zhōng měi guānxi xīn géjú
시진핑·오바마 회담 : 중·미 관계의 새 구조를 열다

习近平(xí jìn píng) : 시진핑(2013년 중국 국가주석 취임). 2-3.
奥巴马(àobāmǎ) : 버락 오바마. 미국 대통령. 취임 2009년.
会(huì) : 회. 모임. 집회. 회합. → 회담. 3-11.
开创(kāichuàng) : 창립하다. 시작하다. 열다. 1-6.
中(zhōng) : 중국. 9-1
美(měi) : 몡 미국.
关系(guānxi) : 관계. 4-4.
新(xīn) : 새롭다. 6-四.
格局(géjú) : 구조. 구성. 짜임새. 5-9.

2) 当地时间6月7日~8日，中国国家主席习近平在美国加利福尼亚州安纳伯格庄园与美国总统奥巴马举行了会晤。

dāngdì shíjiān liù yuè qī rì~bā rì, zhōngguó guójiā zhǔxí xí jìn píng zài měiguó
jiālìfúníyà zhōu ānnàbógé zhuāngyuán yǔ měiguó zǒngtǒng àobāmǎ jǔxíng le huìwù.
현재 시간 6월 7일~8일, 중국 국가주석 시진핑은 미국 캘리포니아 주 에넌버그 대농원에서
미국 대통령 오바마와 회담을 거행했다.

当地(dāngdì) : 몡 현지. 현장. 그 지방〔고장〕. 그 곳.
时间(shíjiān) : 시간. 3-20.
国家主席(guójiā zhǔxí) : 국가주석. 2-2.
加利福尼亚州(jiālìfúníyà zhōu) : (미국) 캘리포니아 주, 약칭 加州(jiā zhōu).
安纳伯格庄园(ānnàbógé zhuāngyuán) : 에넌버그 대농원(Annenberg Estate).
　　　　캘리포니아 주 휴양도시 랜초 미라지의 서니랜즈 소재.
庄园(zhuāngyuán) : 몡 장원. 대농원. 대농장. 별장.
与(yǔ) : …와. …함께. 3-四.
总统(zǒngtǒng) : 대통령. 7-2.
举行(jǔxíng) : 거행하다. 4-2.
会晤(huìwù) : 만나다. 회견(하다). 회의(하다). 회담. 8-2.

3) 此次会晤不仅是两国政府换届后中美元首第一次面对面接触和交流，
也是中美高层交往的一个创举。

cǐcì huìwù bùjǐn shì liǎng guó zhèngfǔ huànjiè hòu zhōng měi yuánshǒu dìyīcì
miànduìmiàn jiēchù hé jiāoliú, yě shì zhōng měi gāocéng jiāowǎng de yígè chuàngjǔ.
이번 회담은 양국 정부 교체 이후 중·미 국가원수의 최초 대면 접촉과 교류일 뿐만 아니라,
또한 중·미 고위층 왕래의 최초 행동이다.

此次(cǐcì)：이번(에·의). 2-7.

不仅(bùjǐn)：접 …뿐만 아니라. 부 …에 그치지 않다. …만은 아니다.

政府(zhèngfǔ)：정부. 3-12.

换届(huànjiè)：임기 만료로 교체하다. 임기만료 교체. 2-四.

元首(yuánshǒu)：국가원수. 7-3.

第一次(dìyīcì)：명 제1차. 최초. 맨 처음.

面对面(miànduìmiàn)：통 얼굴을 맞대다. 대면하다. 명 대면. 일대일.

接触(jiēchù)：접촉. 접근. 왕래. 관계를 갖다. 9-7.

交流(jiāoliú)： 교류. 소통. 4-四.

高层(gāocéng)：고층의. 고위(층)의. 2-1.

交往(jiāowǎng)：왕래. 교제. 교류. 6-7.

创举(chuàngjǔ)：명 전례 없는 최초의 사업. 최초의 시도. 최초의 행동.

4) 没有欢迎仪式，没有21响礼炮，不打领带；

méiyǒu huānyíng yíshì, méiyǒu èr shí yī xiǎng lǐpào, bù dǎ lǐngdài ;
환영 의식이 없고, 예포 21발이 없고, 넥타이를 매지 않고,

欢迎(huānyíng)：환영. 영접. 7-15.

仪式(yíshì)：명 의식.

响(xiǎng)：통 소리가 나다. 형 우렁차다. 명 소리. 음향. 메아리.

礼炮(lǐpào)：명 예포. 축포.

21响礼炮：예포 21발.

打(dǎ)：통 묶다. 동여매다.

领带(lǐngdài)：명 넥타이.

打领带：넥타이를 매다.

5) 有的是两场会晤，一次晚宴，一起散步，两位元首落座在同一把加州
红杉木长椅上的促膝交谈。

yǒude shì liǎng chǎng huìwù, yícì wǎnyàn, yìqǐ sǎnbù, liǎng wèi yuánshǒu luòzuò
zài tóngyī bǎ jiā zhōu hóng shāmù chángyǐ shàng de cùxī jiāotán.

행한 것은 두 차례 회담, 한 차례 만찬회이고, 함께 산책한 것이며, 두 국가원수가 동일한
캘리포니아 홍삼목 장의자에 앉아서 하는 대면 대화이다.

有的(yǒude) : 1.있는 것 → 행한 것.
　　　　　　 2.명 어떤 것. 어떤 사람.
场(chǎng) : 양 회. 번. 차례. 〔문예·오락·체육 활동 등에 쓰임〕
晚宴(wǎnyàn) : 명 저녁 연회. 만찬(회). 야연.
一起(yìqǐ) : 부 같이. 더불어. 함께. 전부. 모두. 합해서. 명 한 곳. 한데.
散步(sǎnbù) : 명 동 산보(하다). 산책(하다).
位(wèi) : 양 분. 명. 〔공경의 뜻을 내포함〕 명 자리. 곳. 위치. 직위. 지위.
落座(luòzuò) : 동 좌석에 앉다. 착석하다. 참석하다.
同一(tóngyī) : 형 같다. 동일하다. 일치하다.
把(bǎ) : 양 자루. 〔손잡이·자루가 있는 기구를 셀 때 쓰임〕 1-14.
一把倚子 : 의자 하나.
红(hóng) : 형 붉다. 빨갛다.
杉木(shāmù) : 명 삼나무 목재.
长椅(chángyǐ) : 명 장의자. 벤치.
落座在同一把加州红杉木长椅上 : 동일한 캘리포니아 홍삼목 장의자에 앉다.
促膝(cùxī) : 동 무릎을 마주하다. (두 사람이 얼굴을 맞대고) 가까이 앉다.
交谈(jiāotán) : 동 이야기를 나누다. 대화(하다).
促膝交谈(cùxī jiāotán) : 얼굴〔무릎〕을 대고 이야기하다. → 대면 대화.

6) 超过8小时的会晤和交流，习奥谈话内容既包含各自国内情况和治国理
政经验，也有中美关系和国际地区问题；

chāoguò bā xiǎoshí de huìwù hé jiāoliú, xí ào tánhuà nèiróng jì bāohán gèzì guónèi
qíngkuàng hé zhìguó lǐzhèng jīngyàn, yě yǒu zhōng měi guānxi hé guójì dìqū wèntí ;

8시간의 회담과 교류를 넘어서, 시진핑·오바마 담화 내용은 각자 국내 상황과 치국통치 경
험을 포함할 뿐만 아니라, 또한 중·미 관계와 국제 지역 문제가 있으며,

超过(chāoguò) : 초과하다. 넘다. 추월하다. 2-四.
谈话(tánhuà) : 동 이야기하다. 담화하다. 명 담화.
内容(nèiróng) : 명 내용.
既(jì)…也(yě)… : …하고 (또)…하다. …할 뿐만 아니라 …(도) 하다. 2-14.
包含(bāohán) : 동 포함하다. 양해하다. 용서하다.

各自(gèzì) : 각자. 제각기. 7-13
国内(guónèi) : 몡 국내.
情况(qíngkuàng) : 상황. 정황. 6-18.
治国(zhìguó) : 치국. 2-14.
理政(lǐzhèng) : 통치. 2-14.
经验(jīngyàn) : 경험. 1-4.
国际(guójì) : 국제. 국제의. 국제적인. 8-6.
地区(dìqū) : 지역. 지구. 6-18
问题(wèntí) : 문제. 1-12.

---

7) 既有政治安全问题，也有经济金融问题；

jì yǒu zhèngzhì ānquán wèntí, yě yǒu jīngjì jīnróng wèntí ;
정치 안전 문제가 있을 뿐만 아니라, 또한 경제 금융 문제가 있으며,

政治(zhèngzhì) : 정치. 2-10.
安全(ānquán) : 안전(하다). 5-9.
经济(jīngjì) : 경제. 2-四.
金融(jīnróng) : 금융. 8-14.

---

8) 既有双边问题，也有网络安全 · 气候变化等全球性问题；

jì yǒu shuāngbiān wèntí, yě yǒu wǎngluò ānquán · qìhòu biànhuà děng quánqiúxìng
wèntí ;
양국 문제가 있을 뿐만 아니라, 또한 네트워크 안전 · 기후 변화 등 전세계적 문제가 있으며,

双边(shuāngbiān) : 양자. 쌍방. 양국. 7-10.
网络(wǎngluò) : 몡 그물처럼 생긴 것. 조직. 계통. 망. 시스템. 네트워크. 웹.
气候(qìhòu) : 몡 기후. 결과. 성취. 동향. 정세.
变化(biànhuà) : 변화. 3-6.
等(děng) : 등. 따위. 9-13.
全球性(quánqiúxìng) : 전세계적. 국제적. 7-四.

---

9) 既谈合作，也不回避分歧，不求面面俱到，但求深入坦诚。

협력을 토론할 뿐만 아니라, 또한 상호 차이를 피하지 않으며, 모든 면에 빈틈이 없기를 구하
지 않고, 단지 철저히 솔직하기를 구할 뿐이다.

a) 既谈合作，也不回避分歧，

jì tán hézuò, yě bù huíbì fēnqí,

협력을 토론할 뿐만 아니라, 또한 상호 차이를 피하지 않으며,

谈(tán)：⑧ 말하다. 이야기하다. 토론하다. ⑲ 언론. 담화. 이야기. 말.

合作(hézuò)：협력. 합작. 공동. 4-16.

回避(huíbì)：⑧ 회피하다. 피하다. 비켜가다.

分歧(fēnqí)：⑳ 불일치하다. 어긋나다. ⑲ (상호) 불일치. 상이. 다름. 차이.

b) 不求面面俱到，但求深入坦诚。

bù qiú miànmiàn jù dào, dàn qiú shēnrù tǎnchéng.

모든 면에 빈틈이 없기를 구하지 않고, 단지 철저히 솔직하기를 구할 뿐이다.

求(qiú)：추구하다. 찾다. 탐구하다. 8-四.

面面(miànmiàn)：⑲ 각 방면. 겉. 표면. 외관. 외면. 외형.

俱(jù)：⑨ 전부. 모두. 다.

到(dào)：도달하다. 도착하다. …에 이르다. …에 미치다. 7-12.

面面俱到：모든 면에 빈틈이 없다. 각 방면을 빈틈없이 돌보다[배려하다].

但(dàn)：⑳ 그러나. 그렇지만. 하지만. ⑨ 다만. 단지. 오직. 오로지.

深入(shēnrù)：철저하다. 투철하다. 철저히. 1-5.

坦诚(tǎnchéng)：솔직하고 성실하다. 7-10.

10) 这场不讲形式但求实效的中美高层交流无论是互动的时间和质量，还是交流的深度和广度，都前所未有，反映了双方对中美关系的高度重视，适应了新时期中美关系发展的需要，体现了中美关系的战略意义和全球影响。

형식을 중시하지 않고 단지 실효를 구하는 이번 중·미 고위층 교류는 상호 작용의 시간과 질, 아니면 교류의 깊이와 넓이를 막론하고, 모두 역사상 유례가 없고, 쌍방의 중·미 관계에 대한 매우 높은 중시를 반영했고, 새로운 시기 중·미 관계 발전의 요구에 적응했고, 중·미 관계의 전략적 의의와 전세계적 영향을 구현했다.

a) 这场不讲形式但求实效的中美高层交流无论是互动的时间和质量，还是交流的深度和广度，

zhè chǎng bù jiǎng xíngshì dàn qiú shíxiào de zhōng měi gāocéng jiāoliú wúlùn shì hùdòng de shíjiān hé zhìliàng, háishì jiāoliú de shēndù hé guǎngdù,

형식을 중시하지 않고 단지 실효를 구하는 이번 중·미 고위층 교류는 상호 작용의 시간과 질, 아니면 교류의 깊이와 넓이를 막론하고,

讲(jiǎng)：图 중시하다. 주의하다. 신경을 쓰다. 말하다. 설명하다. 협의하다.

形式(xíngshì)：형식. 형태. 6-6.

实效(shíxiào)：图 실효. 실제 효과.

无论(wúlùn)：图 …을 막론하고. …을 따지지 않고. …에 관계없이. …든지.

互动(hùdòng)：图 상호 작용을 하다. 图 상호 작용.

质量(zhìliàng)：图 (생산품이나 일의) 질. 품질. 질량.

还是(háishì)：또는. 아니면. 3-6.

深度(shēndù)：图 깊이. 심도. 정도. 图 (정도가) 심한.

广度(guǎngdù)：图 넓이. 범위. 폭.

---

b) 都前所未有，

dōu qiánsuǒwèiyǒu,

모두 역사상 유례가 없고,

前所未有(qiánsuǒwèiyǒu)：역사상 유례가 없다. 4-6.

---

c) 反映了双方对中美关系的高度重视，

fǎnyìng le shuāngfāng duì zhōng měi guānxi de gāodù zhòngshì,

쌍방의 중·미 관계에 대한 매우 높은 중시를 반영했고,

反映(fǎnyìng)：반영하다. 4-9.

双方(shuāngfāng)：쌍방. 양자. 7-6.

高度(gāodù)：정도가 매우 높다. 1-16.

重视(zhòngshì)：중시하다. 중요시하다. 1-11.

---

d) 适应了新时期中美关系发展的需要，

shìyìng le xīn shíqī zhōng měi guānxi fāzhǎn de xūyào,

새로운 시기 중·미 관계 발전의 요구에 적응했고,

适应(shìyìng)：图 적응하다. 순응하다.

时期(shíqī)：시기. 1-6.

发展(fāzhǎn)：발전. 1-3.

需要(xūyào)：필요. 요구. 6-四.

---

e) 体现了中美关系的战略意义和全球影响。

tǐxiàn le zhōng měi guānxi de zhànlüè yìyì hé quánqiú yǐngxiǎng.

중·미 관계의 전략적 의의와 전세계적 영향을 구현했다.

体现(tǐxiàn)：구현〔체현〕하다. 2-四.

战略(zhànlüè)：전략. 전략적인. 1-3.

意义(yìyì)：의의. 1-3.

全球(quánqiú)：전세계. 7-四.

影响(yǐngxiǎng)：图 영향. 图 영향을 주다〔끼치다〕.

11) 成果超乎想象

chéngguǒ chāohū xiǎngxiàng
성과는 상상을 초과하다

> 成果(chéngguǒ)：성과. 3-17.
> 超乎(chāohū)：동 (…을) 초과하다. 뛰어넘다.
> 想象(xiǎngxiàng)：명 동 상상(하다).

12) 国务委员杨洁篪总结了习奥会的七大成果：

guówù wěiyuán yáng jié chí zǒngjié le xí ào huì de qī dà chéngguǒ：
국무위원 양제츠는 시진핑·오바마 회담의 7대 성과를 총결산했다：

> 国务委员(guówù wěiyuán)：명 국무위원.
> 杨洁篪(yáng jié chí)：명 양제츠, Yang Jiechi.
> 总结(zǒngjié)：총결산[총정리]하다. 1-4.

13) 一是双方相互介绍了本国的国内情况和政府的执政理念。

yī shì shuāngfāng xiānghù jièshào le běnguó de guónèi qíngkuàng hé zhèngfǔ de zhízhèng lǐniàn.
첫째, 쌍방은 본국의 국내 상황과 정부의 집권 이념을 서로 소개했다.

> 相互(xiānghù)：상호(간에). 서로(간에). 1-9.
> 介绍(jièshào)：동 소개하다. 설명하다. 안내하다. 추천하다.
> 本国(běnguó)：본국. 7-16.
> 执政(zhízhèng)：집권하다. 정권을 잡다. 2-8.
> 理念(lǐniàn)：이념. 신념. 4-11.

14) 二是两国元首均强调了中美关系的重要性，双方同意共同努力构建新型大国关系，相互尊重·合作共赢，造福两国人民和世界人民。

둘째, 양국 국가원수는 모두 중·미 관계의 중요성을 강조했고, 쌍방은 공동으로 노력하여 신형의 대국 관계를 구축하고, 상호 존중하고 협력 상생하며, 양국 국민과 세계 국민에게 행복을 가져오는 데 동의했다.

> a) 二是两国元首均强调了中美关系的重要性，
>
> èr shì liǎng guó yuánshǒu jūn qiángdiào le zhōng měi guānxi de zhòngyàoxìng,
> 둘째, 양국 국가원수는 모두 중·미 관계의 중요성을 강조했고,

均(jūn) : 囲 모두. 다. 阄 균등하다. 균일하다. 상등하다. 고르다.
强调(qiángdiào) : 강조하다. 2-14.
重要性(zhòngyàoxìng) : 중요성. 5-4.

b) 双方同意共同努力构建新型大国关系，相互尊重·合作共赢，造福两
国人民和世界人民。

shuāngfāng tóngyì gòngtóng nǔlì gòujiàn xīnxíng dàguó guānxi, xiānghù zūnzhòng ·
hézuò gòngyíng, zàofú liǎng guó rénmín hé shìjiè rénmín.

쌍방은 공동으로 노력하여 신형의 대국 관계를 구축하고, 상호 존중하고 협력 상생하며, 양
국 국민과 세계 국민에게 행복을 가져오는 데 동의했다.

同意(tóngyì) : …에 동의하다. 찬성하다. 3-11.
共同(gòngtóng) : 공동으로. 함께. 다 같이. 더불어. 공동의. 공통의. 4-7.
努力(nǔlì) : 노력하다. 힘쓰다. 4-19.
构建(gòujiàn) : 세우다. 수립하다. 구축하다. 5-13.
新型(xīnxíng) : 阄 신형의. 신식의.
尊重(zūnzhòng) : 존중하다. 중시하다. 5-9.
共赢(gòngyíng) : 상생. 전체 이득. 다같이 이익을 얻다. 상생하다. 8-9.
造福(zàofú) : 囲 행복하게 하다. 행복을 가져오다.
人民(rénmín) : 국민. 1-5.
世界(shìjiè) : 세계. 세상. 4-6.

15) 三是双方同意加强各层次对话沟通，不断增进相互理解与信任，双方
将共同推动将于今夏举行的第五轮中美战略与经济对话·第四次中美
人文交流高层磋商取得积极务实成果。

셋째, 쌍방은 각계각층의 대화 소통을 강화하고, 상호 이해와 신뢰를 부단히 증진하는 데
동의했고, 쌍방은 곧 올해 여름에 거행될 제5회 중·미 전략과 경제 대화 및 제4차 중·미
인문 교류 고위층 협의가 긍정적이고 실용적 성과를 획득하도록 장차 공동으로 추진할 것
이다.

a) 三是双方同意加强各层次对话沟通，不断增进相互理解与信任，

sān shì shuāngfāng tóngyì jiāqiáng gè céngcì duìhuà gōutōng, búduàn zēngjìn
xiānghù lǐjiě yǔ xìnrèn,

셋째, 쌍방은 각계각층의 대화 소통을 강화하고, 상호 이해와 신뢰를 부단히 증진하는 데
동의했고,

加强(jiāqiáng) : 강화하다. 증강하다. 5-4.
各(gè) : 각. 여러. 갖가지. 여러 가지. 9-6.
层次(céngcì) : 단계. 순서. 차등. 차례. 층차. 8-四.

各层次(gè céngcì) : 각계각층.

对话(duìhuà) : 대화. 7-10.

沟通(gōutōng) : (의사) 소통. 연결. 교류. 7-6.

不断(búduàn) : 계속해서. 부단히. 끊임없이. 1-13.

增进(zēngjìn) : 증진하다. 증진시키다. 7-10.

理解(lǐjiě) : 이해. 7-10.

信任(xìnrèn) : 신뢰. 신임. 9-四.

b) 双方将共同推动将于今夏举行的第五轮中美战略与经济对话·第四次中美人文交流高层磋商取得积极务实成果。

shuāngfāng jiāng gòngtóng tuīdòng jiāng yú jīnxià jǔxíng de dìwǔ lún zhōng měi zhànlüè yǔ jīngjì duìhuà · dìsì cì zhōng měi rénwén jiāoliú gāocéng cuōshāng qǔdé jījí wùshí chéngguǒ.

쌍방은 곧 올해 여름에 거행될 제5회 중·미 전략과 경제 대화 및 제4차 중·미 인문 교류 고위층 협의가 긍정적이고 실용적 성과를 획득하도록 장차 공동으로 추진할 것이다.

将(jiāng) : 장차. 곧. 막. …하게 될 것이다. …일 것이다. 2-8.

推动(tuīdòng) : 추진하다. 촉진하다. 1-9.

今夏(jīnxià) : 올해〔금년〕 여름.

轮(lún) : 양 회. 차. 번. 〔순환하는 사물이나 동작을 세는 단위〕

次(cì) : 차례. 번. 회. 2-7.

人文(rénwén) : 인문. 인류 사회의 각종 문화 현상. 9-13.

磋商(cuōshāng) : 명 협의. 협상. 동 협의하다. 협상하다. 상세하게 논의하다.

取得(qǔdé) : 취득하다. 얻다. 7-4.

积极(jījí) : 긍정적인. 건설적인. 적극적인. 진취적인. 6-17.

务实(wùshí) : 실용적인. 실무적인. 실제적인. 실속 있는. 7-11.

16) 中国国防部长和外交部长将应邀适时访美。

zhōngguó guófáng bùzhǎng hé wàijiāo bùzhǎng jiāng yìngyāo shìshí fǎng měi.

중국 국방장관과 외교장관은 장차 초청에 응해 적당한 시기에 미국을 방문할 것이다.

国防(guófáng) : 명 국방.

部长(bùzhǎng) : 명 (행정부의) 장관. 기업이나 단체 내 각 부서의 책임자.

外交(wàijiāo) : 외교. 9-四.

应邀(yìngyāo) : 동 초청〔초대〕에 응하다. 초청을 받아들이다.

适时(shìshí) : 형 시의적절하다. 시기가 적절하다. → 제때에. 적당한 때에.

访美(fǎng měi) : 미국을 방문하다.

17) 四是双方同意不断加强两国在经贸 · 投资 · 能源 · 环境 · 人文 · 地方
等领域务实合作，深化全方位利益交融格局；

sì shì shuāngfāng tóngyì búduàn jiāqiáng liǎng guó zài jīngmào · tóuzī · néngyuán ·
huánjìng · rénwén · dìfāng děng lǐngyù wùshí hézuò, shēnhuà quánfāngwèi lìyì
jiāoróng géjú；

넷째, 쌍방은 부단히 양국의 경제무역 · 투자 · 에너지 · 환경 · 인문 · 지방 등 영역에서의
실용적 협력을 강화하고, 전방위적 이익의 융합 구조를 심화시키는 데 동의하며,

经贸(jīngmào)：경제 · 무역. 7-6.
投资(tóuzī)：투자. 6-四.
能源(néngyuán)：에너지. 5-四.
环境(huánjìng)：환경. 5-1.
地方(dìfāng)：(중앙에 대하여) 지방. 6-15.
领域(lǐngyù)：영역. 분야. 범위. 7-四.
深化(shēnhuà)：심화되다. 심화시키다. 1-6.
全方位(quánfāngwèi)：몡 모든 방향〔위치〕. 사면팔방. 전방위. 각 방면.
利益(lìyì)：이익. 6-11.
交融(jiāoróng)：통 한데 융합하다. 어우러지다. 몡 융합. 융화. 교감.

18) 同意就气候变化 · 网络安全问题加强对话与合作，充分发挥好有关工
作组的作用。

tóngyì jiù qìhòu biànhuà · wǎngluò ānquán wèntí jiāqiáng duìhuà yǔ hézuò,
chōngfēn fāhuī hǎo yǒuguān gōngzuòzǔ de zuòyòng.

기후 변화 · 네트워크 안전 문제에 대해 대화와 협력을 강화하고, 관련 업무조의 역할을
충분히 잘 발휘하는 데 동의했다.

就(jiù)：…에 대하여. …에 관하여. 5-2.
充分(chōngfēn)：힘껏. 십분. 충분히. 6-四.
发挥(fāhuī)：발휘하다. 표현하다. 6-20.
好(hǎo)：다. 잘. 4-四.
有关(yǒuguān)：1.통 관계(관련)가 있다. 연관되다.
　　　　　　　2.혱 관계가 있는. 관련 있는. 연관된. → 관련.
工作组(gōngzuòzǔ)：몡 (특별히 임시로 파견된) 근무팀. 작업팀. 업무조.
作用(zuòyòng)：몡 작용. 영향. 효과. 역할. 통 작용하다. 영향을 미치다.

19) 双方均强调了改善和发展两军关系的重要性，愿推进中美新型军事关系建设。

shuāngfāng jūn qiángdiào le gǎishàn hé fāzhǎn liǎng jūn guānxi de zhòngyàoxìng, yuàn tuījìn zhōng měi xīnxíng jūnshì guānxi jiànshè.

쌍방은 모두 양군 관계의 개선과 발전의 중요성을 강조했고, 중·미 신형 군사 관계 수립의 추진을 희망했다.

改善(gǎishàn)：개선하다. 5-10.
两军(liǎng jūn)：양군. 두 군대.
改善和发展两军关系：양군 관계를 개선하고 발전시키다
　　　　　　　　→ 양군 관계의 개선과 발전.
愿(yuàn)：바라다. 희망하다. 7-22.
推进(tuījìn)：추진하다. 추진시키다. 1-5.
军事(jūnshì)：명 군사.
建设(jiànshè)：건설. 수립. 1-5.
推进中美新型军事关系建设：중·미 신형 군사 관계의 수립을 추진하다
　　　　　　　　→ 중·미 신형 군사 관계 수립의 추진.

20) 中方将应邀参加2014年太平洋军演。

zhōngfāng jiāng yīngyāo cānjiā èr líng yī sì nián tàipíngyáng jūnyǎn.

중국측은 장차 초청에 응하여 2014년 태평양 군사훈련을 참가할 것이다.

中方(zhōngfāng)：중국측. 7-12.
参加(cānjiā)：동 참가〔가입〕하다. 참여〔참석〕하다. (의견을) 제출〔제시〕하다.
太平洋(tàipíngyáng)：명 태평양.
军演(jūnyǎn)：명 군사훈련.

21) 五是习近平重申了中方在台湾问题上的原则立场，强调台湾问题涉及13亿中国人民的民族感情，希望美方恪守中美三个联合公报，坚持一个中国政策，以实际行动支持两岸关系的和平发展，停止售台武器。

다섯째, 시진핑은 중국측의 타이완 문제에 관한 원칙적 입장을 거듭 천명했고, 타이완 문제는 13억 중국 국민의 민족 감정과 관련됨을 강조했으며, 미국측이 중·미 3개 공동성명서를 엄수하고, 하나의 중국 정책을 견지하고, 실제 행동으로써 양안 관계의 평화적 발전을 지지하고, 타이완에 대한 무기 판매를 중지하기를 희망했다.

🔊 a) 五是习近平重申了中方在台湾问题上的原则立场, 强调台湾问题涉及
13亿中国人民的民族感情,

wǔ shì xí jìn píng chóngshēn le zhōngfāng zài táiwān wèntí shàng de yuánzé
lìchǎng, qiángdiào táiwān wèntí shèjí shí sān yì zhōngguó rénmín de mínzú
gǎnqíng,

다섯째, 시진핑은 중국측의 타이완 문제에 관한 원칙적 입장을 거듭 천명했고, 타이완 문제
는 13억 중국 국민의 민족 감정과 관련됨을 강조했으며,

重申(chóngshēn) : 동 거듭 표명하다. 재차 천명하다.
台湾(táiwān) : 타이완. 대만. 약칭은 台. 4-四.
原则(yuánzé) : 원칙(적). 5-12.
立场(lìchǎng) : 입장. 태도. 9-8.
在台湾问题上的 : 타이완 문제 (위)에서의→타이완 문제에 관한.
涉及(shèjí) : 동 (…과)관련〔연관, 연루〕되다. (…에)미치다. 언급하다.
亿(yì) : 억. 7-12.
民族(mínzú) : 민족. 4-4.
感情(gǎnqíng) : 감정. 7-18.

🔊 b) 希望美方恪守中美三个联合公报, 坚持一个中国政策, 以实际行动支
持两岸关系的和平发展, 停止售台武器。

xīwàng měifāng kèshǒu zhōng měi sān gè liánhé gōngbào, jiānchí yíge zhōngguó
zhèngcè, yǐ shíjì xíngdòng zhīchí liǎng àn guānxi de hépíng fāzhǎn, tíngzhǐ shòu
tái wǔqì.

미국측이 중 · 미 3개 공동성명서를 엄수하고, 하나의 중국 정책을 견지하고, 실제 행동으로
써 양안 관계의 평화적 발전을 지지하고, 타이완에 대한 무기 판매를 중지하기를 희망했다.

希望(xīwàng) : 희망하다. 바라다. 4-4.
恪守(kèshǒu) : 철저히 지키다. 준수하다. 엄수하다. 9-四.
联合公报(liánhé gōngbào) : 공동성명(서). 9-8.
中美三个联合公报 : 중 · 미 3개 공동성명서. 1972년 2월 서명한 〈상해공동성명
　　서〉, 1978년 12월 발표한 〈중 · 미 수교 공동성명서〉, 1982년 8월 서명한
　　〈817공동성명서〉. 미국은 3개 공동성명서에서 모두 1개 중국 원칙의 견지
　　를 강조했다.
坚持(jiānchí) : 견지하다. 굳건히 유지하다. 고수하다. 1-9.
政策(zhèngcè) : 정책. 4-18.
一个中国政策 : 하나의 중국 정책. 중화인민공화국이 세계적으로 중국을 대표하
　　는 유일한 합법 국가이고, 타이완은 중국과 분리될 수 없는 일부분이라는
　　중국의 대외정책이다.
实际(shíjì) : 실제. 실제〔구체〕적인. 6-20.
行动(xíngdòng) : 명 행위. 동작. 행동. 동 움직이다. 걷다. 행동〔활동〕하다.
支持(zhīchí) : 지지하다. 견디다. 지탱하다. 4-16.

两岸关系(liǎng àn guānxi)：양안관계, 즉 중국 대륙과 타이완의 관계. 4-4.

和平(hépíng)：평화. 7-20.

停止(tíngzhǐ)：멈추다. 정지하다. 중지하다. 3-11.

售(shòu)：[동] 팔다. (간계를) 쓰다. 부리다.

武器(wǔqì)：[명] 무기. 병기. 투쟁의 도구.

售台武器：타이완에게 무기를 판매하다. → 타이완에 대한 무기 판매.

22) 六是两国元首就亚太地区形势和中美在亚太的互动交换了意见。

liù shì liǎng guó yuánshǒu jiù yàtài dìqū xíngshì hé zhōng měi zài yàtài de hùdòng jiāohuàn le yìjiàn.

여섯째, 양국 국가원수는 아태 지역의 상황과 중·미의 아태에서의 상호 작용에 대해 의견을 교환했다.

亚太地区(yàtài dìqū)：아시아태평양〔아태〕지역. 약칭은 亚太.

形势(xíngshì)：상황. 형세. 정세. 4-4.

交换(jiāohuàn)：교환하다. 매매하다. 서로 바꾸다. 9-6.

意见(yìjiàn)：견해. 의견. 9-6.

23) 双方认为应加强沟通协调，减少摩擦，努力形成良性互动格局，给中美以及整个地区带来发展机遇。

shuāngfāng rènwéi yīng jiāqiáng gōutōng xiétiáo, jiǎnshǎo mócā, nǔlì xíngchéng liángxìng hùdòng géjú, gěi zhōng měi yǐjí zhěnggè dìqū dàilái fāzhǎn jīyù.

쌍방은 마땅히 소통 협조를 강화하고, 마찰을 감소시키고, 양성의 상호 작용 구조를 노력해서 형성하고, 중·미 및 전체 지역에 발전의 기회를 가져와야 한다고 생각했다.

认为(rènwéi)：여기다. 생각하다. 2-8.

应(yīng)：[동] 마땅히〔응당〕…해야 한다. 대답하다. 응하다. 승낙하다.

协调(xiétiáo)：협조(协调)〔조정, 조화〕하다. 7-6.

减少(jiǎnshǎo)：[동] 감소하다〔시키다〕. 줄다. 줄이다. 축소하다. 삭감하다.

摩擦(mócā)：[동] 마찰하다. 비비다. [명] 마찰. 알력. 불화. 충돌.

形成(xíngchéng)：형성하다〔되다〕. 구성하다. 1-9.

良性(liángxìng)：[형] 양성의. 좋은 효과를 일으키는. 악영향이 없는.

给(gěi)：…에게. …을 향하여. …을 위하여. …을 대신하여.

整个(zhěnggè)：[명] 온. 전체. 모든 것. [부] 완전히. 충분히. 족히.

带来(dàilái)：가져오다. 가져다 주다. 초래하다. 7-四.

机遇(jīyù)：(좋은) 기회. 찬스. 시기. 호기. 4-四.

24) 七是两国元首同意继续深化中美在多边机构内的合作，在国际和地区
热点问题上保持密切协调和配合，进一步加强在全球性问题上的合
作，为促进世界的和平·稳定与繁荣发挥积极作用。

일곱째, 양국 국가원수는 중 · 미의 다자 기구에서의 협력을 계속 심화시키고, 국제와 지역
의 핫 이슈에서 밀접한 협조와 협동을 유지하고, 전세계적 문제에서의 협력을 더욱 강화하
고, 세계의 평화 · 안정과 번영을 촉진하기 위해 적극적 역할을 발휘하는 데 동의했다.

a) 七是两国元首同意继续深化中美在多边机构内的合作，

qī shì liǎng guó yuánshǒu tóngyì jìxù shēnhuà zhōng měi zài duōbiān jīgòu nèi
de hézuò,

일곱째, 양국 국가원수는 중 · 미의 다자 기구에서의 협력을 계속 심화시키고, … 데 동의했다.

※ 同意는 주어 两国元首에 대한 서술어로서, 이하 전체를 목적어로 이끈다.

继续(jìxù) : 계속하다. 계속해서. 2-四.

多边(duōbiān) : 다국적인. 다자적인. 7-6.

机构(jīgòu) : 기구. 3-12.

b) 在国际和地区热点问题上保持密切协调和配合，

zài guójì hé dìqū rèdiǎn wèntí shàng bǎochí mìqiē xiétiáo hé pèihé,

국제와 지역의 핫 이슈에서 밀접한 협조와 협동을 유지하고,

热点(rèdiǎn) : 인기 장소. 핫 뉴스. 주관심사. 관심거리. 7-四.

热点问题(rèdiǎn wèntí) : 핫 이슈. 주관심사.

保持(bǎochí) : 유지하다. 지키다. 보지하다 .2-四.

密切(mìqiē) : 밀접하다. 긴밀하다. 4-四.

配合(pèihé) : 협동〔협력, 호응〕하다. 8-20.

c) 进一步加强在全球性问题上的合作，

jìnyíbù jiāqiáng zài quánqiúxìng wèntí shàng de hézuò,

전세계적 문제에서의 협력을 더욱 강화하고,

进一步(jìnyíbù) : (한 걸음 더) 나아가. 진일보하여. →더욱. 4-4.

d) 为促进世界的和平·稳定与繁荣发挥积极作用。

wèi cùjìn shìjiè de hépíng · wěndìng yǔ fánróng fāhuī jījí zuòyòng.

세계의 평화 · 안정과 번영을 촉진하기 위해 적극적 역할을 발휘하다.

为(wèi) : …하기 위하여. …을 위하여 (…을 하다). 1-1.

促进(cùjìn) : 촉진시키다. 촉진하다. 1-9.

稳定(wěndìng) : 안정. 1-12.

繁荣(fánróng) : 번영. 번창. 4-四.

10-3 번역 시진핑·오마바 회담: 중·미 관계의 새 구조를 열다

현재 시간 6월 7일 ~8일, 중국 국가주석 시진핑은 미국 캘리포니아 주 에넌버그 대 농원에서 미국 대통령 오바마와 회담을 거행했다. 이번 회담은 양국 정부 교체 이후 중·미 국가원수의 최초 대면 접촉과 교류일 뿐만 아니라, 또한 중·미 고위층 왕래의 최초 행동이다.

환영 의식이 없고, 예포 21발이 없고, 넥타이를 매지 않고, 행한 것은 두 차례 회담, 한 차례 만찬회이고, 함께 산책한 것이며, 두 국가원수가 동일한 캘리포니아 홍삼목 장의자에 앉아서 하는 대면 대화이다. 8시간의 회담과 교류를 넘어서, 시진핑·오바마 담화 내용은 각자 국내 상황과 치국통치 경험을 포함할 뿐만 아니라, 또한 중·미 관계 와 국제 지역 문제가 있으며, 정치 안전 문제가 있을 뿐만 아니라, 또한 경제 금융 문제 가 있으며, 양국 문제가 있을 뿐만 아니라, 또한 네트워크 안전·기후 변화 등 전세계 적 문제가 있으며, 협력을 토론할 뿐만 아니라, 또한 상호 차이를 피하지 않으며, 모든 면에 빈틈이 없기를 구하지 않고, 단지 철저히 솔직하기를 구할 뿐이다.

형식을 중시하지 않고 단지 실효를 구하는 이번 중·미 고위층 교류는 상호 작용의 시간과 질, 아니면 교류의 깊이와 넓이를 막론하고, 모두 역사상 유례가 없고, 쌍방의 중·미 관계에 대한 매우 높은 중시를 반영했고, 새로운 시기 중·미 관계 발전의 요 구에 적응했고, 중·미 관계의 전략적 의의와 전세계적 영향을 구현했다.

성과는 상상을 초과하다
국무위원 양제츠는 시진핑·오바마 회담의 7대 성과를 총결산했다 :
첫째, 쌍방은 본국의 국내 상황과 정부의 집권 이념을 서로 소개했다.
둘째, 양국 국가원수는 모두 중·미 관계의 중요성을 강조했고, 쌍방은 공동으로 노력하여 신형의 대국 관계를 구축하고, 상호 존중하고 협력 상생하며, 양국 국민과 세계 국민에게 행복을 가져오는 데 동의했다.
셋째, 쌍방은 각계각층의 대화 소통을 강화하고, 상호 이해와 신뢰를 부단히 증진하 는 데 동의했고, 쌍방은 곧 올해 여름에 거행될 제5회 중·미 전략과 경제 대화 및 제4 차 중·미 인문 교류 고위층 협의가 긍정적이고 실용적 성과를 획득하도록 장차 공동 으로 추진할 것이다. 중국 국방장관과 외교장관은 장차 초청에 응해 적당한 시기에 미 국을 방문할 것이다.

넷째, 쌍방은 부단히 양국의 경제무역·투자·에너지·환경·인문·지방 등 영역에서의 실용적 협력을 강화하고, 전방위적 이익의 융합 구조를 심화시키는 데 동의하며, 기후 변화·네트워트 안전 문제에 대해 대화와 협력을 강화하고, 관련 업무조의 역할을 충분히 잘 발휘하는 데 동의했다. 쌍방은 모두 양군 관계의 개선과 발전의 중요성을 강조했고, 중·미 신형 군사 관계 수립의 추진을 희망했다. 중국측은 장차 초청에 응하여 2014년 태평양 군사훈련을 참가할 것이다.

다섯째, 시진핑은 중국측의 타이완 문제에 관한 원칙적 입장을 거듭 천명했고, 타이완 문제는 13억 중국 국민의 민족 감정과 관련됨을 강조했으며, 미국측이 중·미 3개 공동성명서를 엄수하고, 하나의 중국 정책을 견지하고, 실제 행동으로써 양안 관계의 평화적 발전을 지지하고, 타이완에 대한 무기 판매를 중지하기를 희망했다.

여섯째, 양국 국가원수는 아태 지역의 상황과 중·미의 아태에서의 상호 작용에 대해 의견을 교환했다. 쌍방은 마땅히 소통 협조를 강화하고, 마찰을 감소시키고, 양성의 상호 작용 구조를 노력해서 형성하고, 중·미 및 전체 지역에 발전의 기회를 가져와야 한다고 생각했다.

일곱째, 양국 국가원수는 중·미의 다자 기구에서의 협력을 계속 심화시키고, 국제와 지역의 핫 이슈에서 밀접한 협조와 협동을 유지하고, 전세계적 문제에서의 협력을 더욱 강화하고, 세계의 평화·안정과 번영을 촉진하기 위해 적극적 역할을 발휘하는 데 동의했다.

10-4 练习

跨越太平洋的合作

习近平在7日会晤开始时说，他同奥巴马总统举行会晤，主要目的就是为中美关系发展规划蓝图，开展"跨越太平洋的合作"。

中国国际贸易学会中美欧研究中心共同主任何伟文表示，通过庄园会晤，中美两国元首阐明了本国经济的发展目标和期望，就构建中美新型大国关系达成了共识，在战略定位上，在各方面都本着合作共赢的关系谋求发展。本次会晤的主要成就不局限在具体的哪一点上，而主要是增强战略互信，削减两国的"信任赤字"。

何伟文指出，经济上，中国和美国是位居世界前两位的经济体和贸易国，本着互信共赢的理念发展经贸往来是大国责任的体现，也可为世界经济的强劲增长提供动力。中美经贸关系密切对全球经济增长有正面的影响。

在8日的会晤中，习近平表示，中方希望美方能采取负责任的宏观经济政策，关注本国经济金融政策的外溢性影响，坚持自由贸易，反对保护主义，放宽对华高技术出口限制，为中国企业赴美投资提供公平环境，保障中国在美资产安全。

清华大学中美关系研究中心高级研究员周世俭表示，习主席对美国的批评恰到好处，对两国未来的经济发展都有利。美国不负责任地实行量化宽松推高了世界通胀；限制高技术出口实际是作茧自缚，给欧洲腾出了在华市场空间；为中企营造更好的投资环境才有利于美国吸引外资，创造就业机会。

단어 정리

- 跨越(kuàyuè) : 통 뛰어넘다. 건너뛰다.
- 学会(xuéhuì) : 명 학회. 학술상의 단체.
- 中心(zhōngxīn) : 명 한가운데. 중심. 복판. 핵심. 중심지. 중요 지역. 센터.
- 中美欧(zhōng měi ōu) : 중국 · 미국 · 유럽.
- 何伟文(hé wěi wén) : 명 허웨이원. He Weiwen.
- 阐明(chǎnmíng) : 통 (이치를) 천명하다. 명백하게 밝히다.
- 期望(qīwàng) : 통 기대하다. 바라다. 소망하다. 명 희망. 기대. 바람.
- 定位(dìngwèi) : 자리매김. 확정된 위치. 정해진 자리. 5-13.
- 本着(běnzhe) : …에 근거하여. …에 입각하여. 7-四.
- 谋求(móuqiú) : 모색하다. 8-17.
- 在各方面都本着合作共赢的关系谋求发展 : 협력 상생의 관계에 입각하여 각 방면에서
　　　모두 발전을 모색하다 → 협력 상생의 관계에 입각하여 여러 방면의 발전을 모색하다.
- 成就(chéngjiù) : 성취. 성과. 1-4.
- 局限(júxiàn) : 통 국한하다. 한정하다. 제한하다.
- 哪一点(nǎyìdiǎn) : 어떤 점. 어떤 것.
- 互信(hùxìn) : 상호 신뢰. 7-9.
- 削减(xiāojiǎn) : 통 감퇴하다. 약해지다. 감소하다〔시키다〕. 줄(어들)다.
- 信任(xìnrèn) : 신임. 신뢰. 9-四.
- 赤字(chìzì) : 명 적자. 결손.
- 信任赤字 : 신뢰의 적자 → 신뢰 결핍. 신뢰 부족.
- 位居(wèijū) : 통 …(의 자리)에 위치하다. …(의 자리)를 차지하다.
- 前两位(qián liǎng wèi) : 앞 두 자리.
- 位居世界前两位 : 세계의 앞 두 자리에 위치하다 → 세계 2위.
- 经济体(jīngjìtǐ) : 명 경제 실체.
- 贸易国(màoyìguó) : 명 무역국.
- 往来(wǎnglái) : 왕래. 거래. 교류. 8-16.
- 责任(zérèn) : 책임. 책임 소재. 5-4.
- 体现(tǐxiàn) : 구현. 구체적인 표현. 2-四.
- 强劲(qiángjìn) : 강력한. 8-17.
- 正面(zhèngmiàn) : 명 정면. 앞면. 겉면. 좋은 면. 긍정적인 면. 적극적인 면.
- 负(fù) : 통 부담하다. (임무를) 맡다. 책임지다. 당하다. 입다. (짐을) 지다. 메다.
- 宏观经济(hóngguān jīngjì) : 거시경제. 7-13.

- 关注(guānzhù) : 주시하다. 관심을 가지(고 중시하)다. 배려하다. 5-四.
- 外溢(wàiyì) : 통 밖으로 넘치다. (재산 등이) 외부로〔외국으로〕유출되다.
- 外溢性影响 : 외부 유출의 영향.
- 自由贸易(zìyóu màoyì) : 명 자유무역.
- 保护主义(bǎohù zhǔyì) : 명 보호주의.
- 放宽(fàngkuān) : 통 완화하다. 느슨하게 하다. 늦추다.
- 对华(duì huá) : 대중. 7-15.
- 高技术(gāojìshù) : 명 첨단기술. 하이 테크놀로지.
- 赴美(fù měi) : 미국에 가다. 미국을 방문하다.
- 中国企业赴美投资 : 중국 기업이 미국에 가서 투자하다 → 중국 기업의 미국 투자.
- 在美(zài měi) : 미국 안에서. 미국 내. 재미.
- 资产(zīchǎn) : 명 재산. 자산.
- 清华大学(qīnghuá dàxué) : 명 청화대학교. 〔교육부 직속의 북경 명문 종합대학〕
- 高级(gāojí) : 형 (품질 · 수준이) 고급의. (단계 · 급수가) 상급의. 고급의. 선임의.
- 研究员(yánjiūyuán) : 명 연구원.
- 高级研究员 : 선임연구원.
- 周世俭(zhōu shì jiǎn) : 저우스잰. Zhou Shijian.
- 批评(pīpíng) : 통 비판〔지적, 질책〕하다. 꾸짖다. 비평하다. 명 비판. 비평.
- 恰(qià) : 부 (때)마침. 공교롭게도. 바로. 알맞게. 꼭. 형 적합하다. 적당하다.
- 好处(hǎochu) : 명 이로운 점. 이점. 장점. 좋은 점. 뛰어난 점. 은혜. 도움. 이익.
- 好处(hǎochǔ) : 형 어울리기 쉽다. 교제하기 쉽다.
- 恰到好处(qiàdàohǎochù) : (말 · 행동 등이) 꼭 들어맞다. 아주 적절〔적당, 적합〕하다.
- 有利(yǒulì) : 형 유리하다. 유익하다. 이롭다. 좋은 점이 있다.
- 不负责任地(bú fù zérèn di〔de〕) : 무책임하게.
- 量化(liànghuà) : 통 계량화하다.
- 宽松(kuānsōng) : 형 넓다. 여유가 있다. 시원하다. 편안하다. 넉넉〔풍족, 부유〕하다.
- 量化宽松(liànghuà kuānsōng) : 양적 완화.
- 通账(tōngzhàng) : 通货膨胀(tōnghuò péngzhàng). 통화팽창. 인플레이션.
- 作茧自缚(zuòjiǎn zìfù) : 누에가 고치를 만들어 스스로를 옭아 넣다.
  지승자박(自绳自缚). 자신의 말과 행동으로 자신이 옭혀 곤란하게 되다.
- 腾出(téngchū) : 통 (시간을) 내다. (공간을) 비우다.
- 在华(zài huá) : 중국 안에서. 중국 내. 재중. 재화.
- 中企(zhōngqǐ) : 중국 기업.
- 营造(yíngzào) : 경영〔건설, 조성〕하다. 만들다. 짓다. 세우다. 수립하다. 5-四.
- 才(cái) : 부 비로소. 이제야. 겨우. 고작. 방금. 막.

- 有利于(yǒulìyú) : …에 유리하다. 6-20.
- 吸引(xīyǐn) : 통 흡인하다. 끌어당기다. 유인하다. 매료〔매혹〕시키다. 유치하다.
- 外资(wàizī) : 명 외자. 외국 자본.
- 创造(chuàngzào) : 창출하다. 5-4.
- 就业(jiùyè) : 통 취직하다. 취업하다. 명 취직. 취업.

번 역

태평양을 뛰어넘는 협력

시진핑은 7일 회담이 시작될 때, 그가 오바마 대통령과 회담을 거행하는 주요 목적은 바로 중·미 관계의 발전을 위해 청사진을 계획하여, "태평양을 뛰어넘는 협력"을 전개하는 것이라고 말했다.

중국 국제무역학회 중국·미국·유럽연구센터 공동주임 허웨이원의 의견에 의하면, 대농원 회담을 통해, 중·미 양국 국가원수는 본국 경제의 발전 목표와 기대를 천명했고, 중·미 신형 대국 관계의 구축에 대해 공통 인식을 달성했고, 전략적인 위치에서, 협력 상생의 관계에 입각하여 여러 방면의 발전을 모색했다. 이번 회담의 주요 성과는 구체적인 어떤 것에 국한되지 않고, 주로 전략적 상호 신뢰를 증강하고, 양국의 "신뢰 결핍"을 감소시키는 것이다.

허웨이원의 지적에 의하면, 경제적으로, 중국과 미국은 세계 2위의 경제 실체와 무역국이고, 상호 신뢰와 상생의 이념에 입각하여 경제·무역의 왕래를 발전시키는 것은 대국 책임의 구체적 표현이고, 또한 세계 경제의 강력한 성장에 원동력을 제공할 수 있다. 중·미 경제·무역 관계의 밀접함은 전세계 경제 성장에 대해 긍정적 영향이 있다.

8일의 회담 중에서, 시진핑의 의견에 의하면, 중국측은 미국측이 책임지는 거시경제 정책을 채택하고, 본국 경제 금융 정책의 외부 유출 영향을 주시하고, 자유무역을 견지하고, 보호주의를 반대하고, 대중 첨단기술 수출 제한을 완화하고, 중국 기업의 미국 투자를 위해 공평한 환경을 제공하고, 중국 재미 자산의 안전을 보장할 수 있기를 희망했다.

청화대학교 중미관계연구센터 선임연구원 저우스잰의 의견에 의하면, 시진핑 국가주석의 미국에 대한 비평은 아주 적절했고, 양국 미래의 경제 발전에 대해 모두 유익했다. 미국이 무책임하게 양적 완화를 실행하여 세계 통화팽창을 제고했고, 첨단기술 수출의 제한은 실제로 자승자박이어서, 유럽에게 중국 내 시장 공간을 내주었고, 중국 기업을 위해서 더 좋은 투자 환경을 만드는 것은 비로소 미국이 외자를 유치하고, 일자리 기회를 창출하는 데 유익하다.

부록

단어 색인

A

爱国主义者(àiguózhǔyìzhě)：4-10
爱好(àihǎo)：5-四
安排(ānpái)：1-四
安全(ānquán)：5-9
按(àn)：3-四
按照(ànzhào)：5-12

B

巴西(bāxī)：8-3
把(bǎ)：1-14
把握(bǎwò)：1-5
百折不挠(bǎizhé bùnáo)：4-4
办(bàn)：9-18
半岛(bàndǎo)：7-1
半封建(bàn fēngjiàn)：4-8
半植民地(bàn zhímíndì)：4-8
帮助(bāngzhù)：6-7
包含(bāohán)：10-6
包括(bāokuò)：4-四
包容(bāoróng)：8-四
包容性(bāoróngxìng)：8-四
保持(bǎochí)：2-四
保护(bǎohù)：5-1
保护主义(bǎohù zhǔyì)：10-四

保障(bǎozhàng)：5-13
把握(bǎwò)：7-10
报道(bàodào)：2-9
报告(bàogào)：1-2
爆发(bàofā)：4-9
抱负(bàofù)：4-16
抱有(bàoyǒu)：7-20
被(bèi)：3-17
背景(bèijǐng)：2-四
本(běn)：6-15
本次(běncì)：8-4
本国(běnguó)：7-16
本着(běnzhe)：7-四
比(bǐ)：3-四
毕竟(bìjìng)：3-四
必然(bìrán)：3-26
必要性(bìyàoxìng)：5-4
必须(bìxū)：1-15
边界(biānjiè)：9-四
便(biàn)：4-四
便利(biànlì)：8-14
便利化(biànlìhuà)：8-14
变革(biàngé)：4-5
变化(biànhuà)：3-6
变幻(biànhuàn)：8-9
标志(biāozhì)：3-四
表决(biǎojué)：2-4
表明(biǎomíng)：4-四

C

D

达成(dáchéng)：7-四

达到(dádào)：9-17

打(dǎ)：10-4

打开(dǎkāi)：3-四

大大(dàdà)：3-23

大多数(dàduōshù)：3-15

大方向(dàfāngxiàng)：7-10

大幅(dàfú)：3-20

大规模(dàguīmó)：9-15

大会(dàhuì)：4-2

大家(dàjiā)：3-26

大家庭(dàjiātíng)：6-6

大力(dàlì)：5-2

大量(dàliàng)：2-11

大门(dàmén)：3-四

大气(dàqì)：5-四

大势(dàshì)：1-5

代表(dàibiǎo)：2-4

代价(dàijià)：5-10

带动(dàidòng)：8-四

带来(dàilái)：7-四

带领(dàilǐng)：1-四

单纯(dānchún)：6-四

单独(dāndú)：6-18

单位(dānwèi)：1-四

但(dàn)：10-9

但是(dànshì)：3-4

当成(dāngchéng)：4-18

当代(dāngdài)：1-5

当地(dāngdì)：10-2

当家作主(dāngjiā zuòzhǔ)：2-四

当今(dāngjīn)：1-5

当前(dāngqián)：1-6

当时(dāngshí)：4-9

当选(dāngxuǎn)：2-3

当作(dāngzuò)：3-四

党(dǎng)：1-5

党内(dǎngnèi)：3-12

党人(dǎngrén)：4-6

党政(dǎngzhèng)：3-12

导向(dǎoxiàng)：5-四

到(dào)：7-12

道理(dàolǐ)：3-10

道路(dàolù)：1-1

地(de)：2-3

德班(débān)：8-2

得到(dédào)：3-四

得力(délì)：2-14

得益(déyì)：9-四

得益于(déyìyú)：9-四

登上(dēngshàng)：2-10

等(děng)：9-13

等于(děngyú)：3-四

邓小平理论(dèng xiǎo píng lǐlùn)：1-14

邓小平(dèng xiǎo píng)：1-14

低碳(dītàn)：5-10

敌(dí)：9-四

底(dǐ)：3-2

地方(dìfāng)：6-15

地方政权(dìfāng zhèngquán)：6-四

地区(dìqū)：6-18

地位(dìwèi)：6-6

E

F

G

改革(gǎigé)：1-5
改善(gǎishàn)：5-10
改组(gǎizǔ)：4-18
概括(gàikuò)：3-14
干部(gānbù)：2-10
感(gǎn)：3-13
感情(gǎnqíng)：7-18
感谢(gǎnxiè)：7-19
纲领(gānglǐng)：1-9
纲要(gāngyào)：9-9
高层(gāocéng)：2-1
高潮(gāocháo)：9-20
高度(gāodù)：1-16
高端(gāoduān)：7-15
高级(gāojí)：10-四
高技术(gāojìshù)：10-四
高举(gāojǔ)：4-四
高水平(gāoshuǐpíng)：9-3
高校(gāoxiào)：9-21
革命(gémìng)：3-22
格局(géjú)：5-9
给(gěi)：2-7
各(gè)：9-6
各层次(gè céngcì)：10-15
各国(gèguó)：8-22
各级(gèjí)：2-四
各界(gèjiè)：3-3
各式各样(gèshì gèyàng)：3-3
各项(gèxiàng)：6-3
各自(gèzì)：7-13

各族(gèzú)：1-9
给(gěi)：10-23
根本(gēnběn)：3-6
根据(gēnjù)：2-四
更迭(gēngdié)：3-四
更替(gēngtì)：2-四
更(gèng)：1-3
更大(gèngdà)：8-22
更好(gènghǎo)：9-13
更好地(gènghǎodi)：9-13
更加(gèngjiā)：5-10
更为(gèngwéi)：1-6
攻坚(gōngjiān)：1-6
公平(gōngpíng)：8-1
公司(gōngsī)：2-9
公有制(gōngyǒuzhì)：3-7
功(gōng)：5-3
功能(gōngnéng)：5-13
功勋(gōngxūn)：4-7
功在当代(gōng zài dāngdài)：5-3
工程(gōngchéng)：5-四
工人(gōngrén)：4-14
工业化(gōngyèhuà)：8-4
工业园(gōngyèyuán)：7-15
工作(gōngzuò)：1-四
工作组(gōngzuòzǔ)：10-18
共(gòng)：4-18
共和(gònghé)：4-11
共识(gòngshí)：7-10
共同(gòngtóng)：4-7
共享(gòngxiǎng)：4-四
共赢(gòngyíng)：8-9

H

M

N

P

S

Y

作(zuò)：3-3

作出(zuòchū)：1-四

作茧自缚(zuòjiǎn zìfù)：10-四

作用(zuòyòng)：10-18

作为(zuòwéi)：3-13

做(zuò)：3-13

做出(zuòchū)：7-20

做法(zuòfǎ)：2-14

做好(zuòhǎo)：1-四

저자 소개

차성만(車城滿)

- 약력
  - 국민대학교 졸업
  - 國立政治大學(臺灣, National Chengchi University, Taiwan) 석사
  - 中國文化大學(臺灣, Chinese Culture University, Taiwan) 박사

- 현재
  - 서경대학교 국제비즈니스어학부 중어전공 교수

- 저서
  - 꽃보다시사중국어(백산출판사)
  - 경제시사중국어(백산출판사)
  - 무역시사중국어(백산출판사)

정치시사중국어-초급

2014년 1월 30일 초 판 1쇄 발행
2016년 8월 10일 개정판 1쇄 발행

지은이 차성만
펴낸이 진욱상
펴낸곳 백산출판사
교 정 편집부
본문디자인 박채린
표지디자인 오정은

저자와의
합의하에
인지첩부
생략

등 록 1974년 1월 9일 제1-72호
주 소 경기도 파주시 회동길 370(백산빌딩 3층)
전 화 02-914-1621(代)
팩 스 031-955-9911
이메일 edit@ibaeksan.kr
홈페이지 www.ibaeksan.kr

ISBN 978-89-6183-834-4
값 15,000원